suhrkamp taschenbuch
wissenschaft 946

»Womit handeln Banken?« – Dirk Baeckers Antwort auf diese Frage ist aktueller denn je. Sie lautet: mit den Risiken von Zahlungsversprechen. In den drei Kapiteln seines Buches entfaltet er zunächst eine Theorie der Banken als selbstreferentielle Systeme und gibt dann einen prägnanten Überblick über die Entwicklung des Bankgeschäfts seit den 1930er Jahren, der zeigt, daß Politik und Wirtschaft in einer unverzichtbaren Risikogemeinschaft miteinander verbunden sind. Schließlich wendet er sich dem Konzept des Risikos selbst zu, dem die Banken um so stärker ausgesetzt sind, je turbulenter es auf den Märkten zugeht. Seine Empfehlung: Die Banken sollten ihre Geschäftspolitik nicht an der Unterscheidung Risiko/Sicherheit orientieren, sondern an der Unterscheidung Risiko/Gefahr. Im Vorwort zur Neuauflage zieht Baecker eine kurze Bilanz seiner Überlegungen und schlägt eine Brücke zu den gegenwärtigen Ereignissen auf dem Finanzmarkt.

Dirk Baecker ist Professor für Kulturtheorie und Kulturanalyse an der Zeppelin University in Friedrichshafen.
Zuletzt sind im Suhrkamp Verlag erschienen: *Studien zur nächsten Gesellschaft* (stw 1856) und *Form und Formen der Kommunikation* (stw 1828).

Dirk Baecker
Womit handeln Banken?

Eine Untersuchung
zur Risikoverarbeitung
in der Wirtschaft

Mit einem Vorwort von
Niklas Luhmann

Suhrkamp

Bibliografische Information der Deutschen Nationalbibliothek
Die Deutsche Nationalbibliothek verzeichnet diese Publikation in der
Deutschen Nationalbibliografie; detaillierte bibliografische Daten
sind im Internet über http://dnb.d-nb.de abrufbar.

suhrkamp taschenbuch wissenschaft 946
Erste Auflage 1991
Neuauflage mit neuem Vorwort 2008
© Suhrkamp Verlag Frankfurt am Main 1991, 2008
Alle Rechte vorbehalten, insbesondere das der Übersetzung,
des öffentlichen Vortrags sowie der Übertragung durch
Rundfunk und Fernsehen, auch einzelner Teile.
Kein Teil des Werkes darf in irgendeiner Form
(durch Fotografie, Mikrofilm oder andere Verfahren)
ohne schriftliche Genehmigung des Verlages reproduziert
oder unter Verwendung elektronischer Systeme
verarbeitet, vervielfältigt oder verbreitet werden.
Umschlag nach Entwürfen
von Willy Fleckhaus und Rolf Staudt
Druck: Druckhaus Nomos, Sinzheim
Printed in Germany
ISBN 978-3-518-28546-6

2 3 4 5 6 7 – 14 13 12 11 10 08

Inhalt

Vorwort zur Neuauflage 2008 von Dirk Baecker i

Vorwort von Niklas Luhmann 7

Einleitung 13

I. Zahlungsversprechen 22
   1. Theorie der Banken 22
   2. Theorie selbstreferentieller Systeme 33
   3. Die Autopoiesis der Wirtschaft 40
   4. Die Autopoiesis der Organisation 45
   5. Zahlungsversprechen 47
   6. Bankgeschäfte 57

II. Entwicklungslinien des Bankgeschäfts 66
   1. Umkonditionierung 66
   2. Krisensignale 1931 68
   3. Öffentliche und private Hände 76
   4. Internationale Verschuldung 82
   5. Innovation und Verbriefung 94

III. Risiken 108
   1. Die Unterscheidung von Risiken 108
   2. Die Selbstreferenz des Risikos 117
   3. Die Unterscheidung riskanter Kommunikation 126
   4. Das Problem der Risikoattribution 131
   5. Risikostrukturen 135
   6. Risikomanagement 140
   7. Risikoinstrumente 158
   8. Bankenaufsicht und Notenbank 166
   9. Das Netzwerk der Risikoverarbeitung 175
   10. Zeithorizonte und Zahlungsversprechen 180

Literatur 187
Sachregister 205

Vorwort zur Neuauflage 2008
von Dirk Baecker

Die Schwächen dieses Buches liegen auf der Hand. Es ist vor 17 Jahren erschienen und berücksichtigt daher weder die aktuelle Literatur noch die seither wahrhaft lebendige Entwicklung des Bankgeschäfts. Ende der 1980er Jahre, als das Buch geschrieben wurde, hatte man gerade die Kreditkrise der damals noch so genannten Entwicklungsländer überstanden. Die übertriebene Bereitschaft, Liquiditätsüberschüsse in Entwicklungsländern anzulegen, deren politischen und wirtschaftlichen Eliten dadurch ein Anschluß an die Weltgesellschaft gesichert wurde, war in aller Munde, auch wenn die Machenschaften, dank denen es den Banken gelang, ihr Geld in diesen neuentwickelten Markt zu pumpen und wieder aus ihm herauszupressen, noch nicht bekannt waren. Bücher wie die *Confessions of an Economic Hit Man* von John Perkins erschienen erst später, in diesem Fall im Jahr 2004. Statt dessen wurde darüber spekuliert, ob es den Banken angesichts der Einführung des Computers nicht wie der Landwirtschaft Ende des 19. Jahrhunderts angesichts der Einführung von Düngemitteln ergehen würde: Man erwartete eine dramatische Entlassungswelle, weil das Weiterbetreiben der Kapitalsammel- und Kapitalvermittlungsfunktion mit einem Bruchteil des bisherigen Personals möglich sein werde.

Immerhin war die Entwicklung des Bankgeschäfts vom Einlagen- und Kreditgeschäft zu dem mit Provisionen aus der Finanzierung von Investitionen, Fusionen und Übernahmen und zum Geschäft mit der Konstruktion verbriefter und dadurch handelbarer Kreditinstrumente bereits deutlich erkennbar. Die Bank für Internationalen Zahlungsausgleich, auf deren Jahresberichte sich die empirische Untermauerung der vorliegenden Studie zum Teil stützt und die man im übrigen nach wie vor als eine hervorragende Quelle qualifizierter Einsichten zum Stand der Dinge nur wärmstens empfehlen kann,[1] hat bereits Ende der 1980er Jahre sowohl den Einfallsreichtum beschrieben, mit dem die Banken auf dem Feld des Provisions- und Verbriefungsgeschäfts unterwegs waren,

---

1 Siehe nur zur aktuellen Finanzkrise den 78th Annual Report, Basel: Bank for International Settlement, 30 June 2008.

als auch vor den Folgen gewarnt, mit denen man rechnen mußte, wenn man durch eine hochgetriebene Analyse und Verteilung von Einzelrisiken komplexer Geschäfte Märkte kreiert, deren Dynamik man schon deswegen nicht überschaut, weil man neue Anleger anlockt, deren Zahlungsbereitschaft nur darauf wartet, von den Banken mit immer wieder neuen Gewinnversprechen bedient zu werden.

Die Theorie, mit der dieses Buch arbeitet, fand damals und findet seither weder in der ökonomischen Theorie noch in der Praxis der Banker nennenswerte Resonanz. Die Annahme einer Autopoiesis der Wirtschaft, zu der die Autopoiesis der Organisation von Banken quer steht, widerspricht Kongruenzerwartungen, die davon ausgehen, daß Banken wie auch andere Unternehmen letztlich nichts anderes tun, als entweder nach allen Regeln der Verantwortung die Vernunft der Wirtschaft nur zu exekutieren – das ist die optimistische Variante – oder nach allen Regeln des Gewinnstrebens die Möglichkeiten der Wirtschaft nur auszubeuten – das ist die pessimistische Variante. Jeder Realismus unter den Beobachtern der Wirtschaft kann sich dann zwar viel darauf einbilden, den Optimismus und den Pessimismus für zwei Varianten desselben zu halten, aber damit wird die eigentliche Pointe verschenkt, die darin besteht, zwischen den Zahlungsdynamiken der Wirtschaft auf der einen Seite und der Entscheidungsdynamik in Banken und Unternehmen auf der anderen Seite eine im besten Sinne wechselseitig parasitäre Logik zu unterstellen, die eine schneidend kluge Ausbeutung von Nischenoptionen mit Blindheit für alles andere und alles Weitere kombiniert. Die von Banken angebotenen Kredithebel werden von Unternehmen und Anlegern auf eine Art und Weise mit Investitionsbereitschaft und Liquiditätsofferten beantwortet, die sich für die Banken in die Beobachtung eines Marktes übersetzt, von dem man nicht mehr in Rechnung stellt, daß man ihn selbst geschaffen hat.

Die Herausforderung für die Theorie der Wirtschaft besteht angesichts dieser nur noch ökologischen, das heißt nischennachbarschaftlichen Dynamik, der keine übergeordnete Vernunft zu Hilfe eilt, darin, nicht einfach auf die Annahme einer Abkopplung der »Symbolökonomie« von der »Realökonomie« umzustellen. Man kennt nicht zuletzt aus der jüngst so beliebt gewordenen Hirnforschung genug Beispiele, in denen die Fluktuationen, die Turbulenzen und die Volatilität eines Systems nicht etwa für die

Verselbständigung bloß imaginärer Operationen sprechen, sondern für die Probleme der Bearbeitung eines höchst realen Strukturübergangs. Verwirrung und Blasen positiver Rückkopplung sind Formen, in denen komplexe Systeme ihre Reproduktion strukturieren, wenn diese auf lineare Weise nicht mehr möglich ist. In dieser Situation hilft es deswegen nicht weiter, sich auf den angeblich so gesunden Menschenverstand zu verlassen und das System durch Maßnahmen welcher Art auch immer wieder in die Linearität zurückzuzwingen.

Der Ausgangspunkt der Theorie der Wirtschaft, mit der dieses Buch arbeitet, ist die Annahme, daß die Wirtschaft sich in der Gesellschaft nicht darin erschöpft, mit dem Problem der Knappheit der Ressourcen angesichts der unendlichen Bedürfnisse der Menschen einigermaßen effizient umzugehen und durch Gewinnsignale dafür zu sorgen, daß unsere Arbeit dort investiert wird, wo am ehesten Kundenwünsche zu befriedigen sind. Vielmehr wird die eigentliche Leistung (und Blindheit) der Wirtschaft erst dann deutlich, wenn man zusätzlich den Zeitfaktor berücksichtigt und in Rechnung stellt, daß Wirtschaften darin besteht, für zukünftige Möglichkeiten der Bedürfnisbefriedigung jetzt schon Vorsorge zu treffen, und dies paradoxerweise dadurch, daß man jetzt auf die Befriedigung von Bedürfnissen verzichtet. Wirtschaften heißt, Bedürfnisaufschub in Vermögensaufbau umzusetzen, entweder indem man spart oder indem man arbeitet. Nur wenn man diesen Zeitfaktor berücksichtigt, wofür von Xenophon bis Carl Menger, John Maynard Keynes und G.L.S. Shackle immer wieder kluge Ökonomen geworben haben, begreift man die dem Wirtschaften zwangsläufig inhärente Ungewißheit. Und nur wenn man diese Ungewißheit versteht, versteht man, was es heißt, wenn in diesem Buch im Anschluß an Maurice Allais davon gesprochen wird, daß Banken mit Versprechen, genauer: mit Zahlungsversprechen, handeln. Noch die sicherste Bank ist ein unsicheres Geschäft.

Die Konsequenz dieser expliziten Berücksichtigung des Zeitfaktors ist ebenso schlicht wie weitreichend. Wie jedem Konsumenten, jedem Arbeiter und jedem Unternehmen wird auch der Bank eine aktive Rolle in der Produktion ihrer Vermögensrisiken zugeschrieben. Risiken, das war der Vorschlag von Niklas Luhmann, den ich in dieser Studie aufgreife, sind keine unangenehmen Begleitumstände der unsicheren Welt, wie sie ist, sondern das Ergebnis der Entscheidung von wirtschaftenden Akteuren. Wenn eine

Bank keine Einlagen annehmen würde, stünde sie nicht vor dem Risiko eines Runs auf die Bank, falls sich herumspricht, daß sie nicht mehr zahlungsfähig ist. Noch William Bagehot konnte sich nicht genug darüber wundern, daß immer wieder Leute bereit sind, ihr Geld auf eine Bank zu tragen. Und wenn eine Bank keine Kredite vergeben würde, stünde sie nicht vor dem Risiko, daß der Kreditnehmer das Geld verschleudert oder es ihm gelingt, sich abzusetzen. Das passiert im übrigen auch im Normalgeschäft oft genug und wurde früher durch hinreichend satte Margen aufgefangen, als diese angesichts mangelnder Alternativen auf dem Kapitalmarkt noch durchgesetzt werden konnten. Heute geschieht das durch die rechtzeitige Verbriefung und den Weiterverkauf des zweifelhaften Kredits.

Nur wenn man sich diese Produktion von Risiken durch das ganz alltägliche Bankgeschäft vor Augen hält, wird auch deutlich, wie attraktiv es für eine Bank sein muß, statt auf eigene Risiken sich auf die Produktion von Risiken für Kunden zu kaprizieren und diesen gegen ergebnisunabhängige Kommissionen Vermögensanlagechancen zu verkaufen. Allerdings geht auch das nicht risikolos, weil man sich jetzt darauf konzentrieren muß, Kunden dafür zu finden, die man davon überzeugen muß, daß man die angeblich besseren Vermögensanlagechancen zu bieten hat als die Konkurrenz. Unter Umständen setzt man dann Versprechungen in die Welt, die man nicht rechtzeitig und unauffällig genug korrigieren kann, falls sich andere als die erwarteten Entwicklungen einstellen.

Dieses Buch wirbt dafür, die Beobachtung, strategische Reflexion und Überwachung der Geschäftspolitik einer Bank von der Unterscheidung zwischen Risiko und Sicherheit auf die Unterscheidung zwischen Risiko und Gefahr umzustellen. Solange man in Bankgeschäften unterstellt, man könne sich auf einer sicheren Seite bewegen, unterliegt man einer Selbst- und/oder Fremdtäuschung, die ironischerweise auch dann noch vorliegt, wenn man suggeriert, man könne sich mit Sicherheit für eine bestimmte Risikopräferenz entscheiden, um etwa hohe Risiken für hohe Gewinnaussichten und niedrige Risiken für geringe Gewinnaussichten einzugehen. Sobald man auf die Unterscheidung zwischen Risiko und Gefahr umgestellt hat, macht man sich und anderen deutlich, daß es Sicherheit zum einen nicht gibt und man zum anderen die Risiken selbst produziert, auf die man sich einläßt, und daß es genau deswegen darauf ankommt, sie zu strukturieren und zu überwachen. In der Praxis des Bankgeschäfts ist dies selbstverständlich, in der strategischen Reflexion, in Verkaufsgesprächen mit den Kunden, im Design der Instrumente des Risikomanagements und in der Diskussion mit Aufsichtsorganen jedoch nicht.

Es fehlt der Rückbezug des Risikos auf die eigene Entscheidung. Läge dieser Rückbezug vor, könnte man die Strukturierung des Risikos durch die Auswahl geeigneter Geschäftspartner, durch die Absicherung in Haftungsfragen und Vermögenswerten, durch die Garantie von Korrekturen und Rückzugsmöglichkeiten sowie durch die gleichzeitige Einnahme von Gegenpositionen (»hedging«) als das beschreiben, was sie tatsächlich ist: eine Form des Umgangs mit den Gefahren wirtschaftlichen Handelns, die daraus entstehen, daß niemand weiß, was gespielt wird, und man daher laufend mit unliebsamen Überraschungen rechnen muß, die sowohl auf gesellschaftliche als auch auf natürliche Umstände und nicht zuletzt auf deren Kombination zurückgerechnet werden können.

Die einzige Sicherheit, die in dieser Situation zu gewinnen ist, besteht darin, daß man sich bewußt auf Risikostrukturen einläßt, die aus der Vernetzung hinreichend vieler Akteure bestehen, welche in der Lage sind, die Teilrisiken, die sie eingehen, sowohl offenzulegen als auch zu verstehen und aus eigenen Mitteln zu beherrschen. Das ist das Gegenteil dessen, was der gegenwärtigen Finanzkrise, dem Anlaß der Neuauflage dieses Buches, zugrunde liegt. Denn die gegenwärtige Malaise ist daraus entstanden, daß man im großen Stil sowohl Kreditnehmer im Hypothekengeschäft als auch Geldanleger im Interbankengeschäft gewonnen hat, die ihre Risiken weder verstanden haben noch aus eigenen Mitteln beherrschen können.

Für die Gefahren kann letztlich nur der Staat, das heißt der politisch kalkulierte Rückgriff auf die Zwangszahlungen der Steuerpflichtigen, geradestehen. Auch das ist eine Lehre aus der gegenwärtigen Finanzkrise, die nur wiederholt, was man außerhalb der Wirtschaftswissenschaften immer schon wußte. Die Wirtschaftswissenschaften, die sich hier als in ihrer Autonomiebehauptung der Wirtschaft (Gleichgewichtstheorie!) ideologisch befangene Beobachter erweisen, unterschätzen systematisch das Ausmaß, in dem die Risikokalküle der Wirtschaft auf flankierende Maßnahmen der Politik angewiesen sind. Nicht nur wird die Geldmengenpolitik der Notenbanken zu einer bloß technisch begründeten Randbedingung der Wirtschaft marginalisiert, sondern man übersieht auch die aktive wirtschaftliche Rolle des Staates in der Kreditaufnahme und Geldanlage, in der Arbeitsplatzsicherung (zur Not durch eigene Beschäftigungsangebote), im eigenen Konsum und in der eigenen Produktion von Gütern und Dienstleistungen.

Und in der Tat, solange man davon ausgeht, daß der Zweck der Wirtschaft die Versorgung mit knappen Gütern ist, kann man die Rolle des Staates marginalisieren, weil er dann nur ein Akteur unter anderen ist. Wenn man jedoch davon ausgeht, daß die Funktion der Wirtschaft darin besteht, Vorsorge für die Zukunft zu treffen, stellt sich sofort die Frage, welche Zukunft in welcher Fristigkeitsstruktur in Rechnung gestellt werden kann. In dieser Situation ist der Staat kein Akteur unter anderen, sondern ein seinerseits höchst riskanter, weil Verläßlichkeit signalisierender, im Zugriff auf die Zwangszahlungen der Steuerpflichtigen abgesicherter Garant bestimmter Zukünfte, an denen sich alle anderen Wirtschaftsakteure orientieren. Darauf kann man nicht verzichten, das kann man jedoch auch nicht wirklich kalkulieren.

In der Wirtschaft schließen wir Wetten auf andere ab, deren Erfolge nur in Grenzen von uns selbst abzusichern sind. In der Wirtschaft gibt es den anderen als anderen; sie ist ein verteiltes System, in dem sich Fehleinschätzungen über kurz oder lang selbst korrigieren. In der Politik schließen wir Wetten auf uns selber ab, ohne zu wissen, worin unsere Erfolgsaussichten bestehen. In der Politik gibt es den anderen nur als den anderen Staat; sie ist ein asymmetrisches System, in dem sich der politische Wille zu Aggregationseffekten aufschaukeln kann, die nur langfristig, wenn überhaupt, wieder aus der Welt zu schaffen sind.

Wir brauchen daher eine Theorie der Wirtschaft, die nicht so tut, als könne sich die Wirtschaft von der Politik und dem Rest der Gesellschaft abnabeln, sondern die auch und gerade die Rationalität der Wirtschaft, ihre kleinen, scharfen Kalküle, zurückbezieht auf die gesellschaftlichen Voraussetzungen, in die sie eingebettet ist. Die Anomalien ansonsten effizienter Märkte entstehen daraus, daß man die Gesellschaft insgesamt in Rechnung stellen muß, wenn es darum geht, für eine ungewisse Zukunft dennoch in der Gegenwart Vorsorge zu treffen. Banken haben es, weil sie mit

Zahlungsversprechen handeln, mit einem potenzierten Zeitfaktor zu tun. Davon, daß damit ein eigener Produzent von Risiken und Gefahren auftritt, handelt dieses Buch. Darin, daß zusätzliche Berechnungen eine zusätzliche Unberechenbarkeit schaffen, liegt die Pointe des Buches. Denn wer rechnet, wird in der Gesellschaft auch berechnet. Und es kann dauern, bis die Akteure aus den Kulissen treten, die auf die neuen Rechnungen ihre eigenen Wetten abgeschlossen haben.
Basel, im Oktober 2008

Vorwort
von Niklas Luhmann

Man spricht heute von »Projekt«, wo es um ernsthafte, förderungswürdige, finanzierbare, das heißt in kurzer Zeit abschließbare Forschung gehen soll. Dirk Baeckers Buch ist aus einem solchen »Projekt« entstanden. Die zugrundeliegenden Theoriegedanken lassen sich jedoch schwer in diese Form pressen. Sie liegen im Kreuzpunkt verschiedener Fragestellungen, die die heutige Welt der Banken betreffen, und haben auch nicht die Form eines bestimmten Nichtwissens, das man durch Forschung in genau so bestimmtes Wissen verwandeln könnte. Der Deutschen Forschungsgemeinschaft und ihren Gutachtern ist dafür zu danken, daß sie sich gleichwohl zu einer Förderung entschlossen haben. Es scheint, daß die Wichtigkeit des Themas eingeleuchtet hat, und ich hoffe, daß die Ergebnisse überzeugen – auch und gerade in Hinsichten, in denen sie »nur theoretisch« formuliert sind und letztlich auf weitere Fragen hinauslaufen.

Wichtige Anregungen verdankt die hier vorgelegte Untersuchung neueren Entwicklungen in der allgemeinen Systemtheorie und verwandten, durchweg interdisziplinär angelegten Bemühungen sowie einigen Versuchen, deren Ergebnisse für sozialwissenschaftliche Forschungen fruchtbar zu machen. Hierbei geht es zunächst darum, daß mit dem Begriff des Systems nicht ein bestimmtes Objekt bezeichnet wird, sondern eine bestimmte Unterscheidung, nämlich die von System und Umwelt. Nichts anderes ist gemeint, wenn von einer bestimmten »Form« die Rede ist, nämlich von einer Form, die zwei Seiten hat mit der Möglichkeit, auf der Innenseite, auf der die Operationen anzusetzen sind, eine Außenseite zu reflektieren und für ein Kreuzen der Systemgrenze zugänglich zu halten. Wenn die Innenseite der Form (oder die bezeichnete Seite der Unterscheidung) ein System ist, so kommt die These hinzu, daß das System immer auf der Innenseite der Form, als immer nur intern operieren kann. Das ist zunächst ganz trivial, denn es versteht sich von selbst, daß kein System außerhalb seiner Grenzen operieren kann. Es wird schon weniger trivial, wenn man daraus den Schluß zieht, daß kein System mit eigenen Operationen die eigenen Grenzen überschreiten kann, denn das hieße ja: teils innen, teils außen operieren. Und es wird vollends verblüffend, wenn man daraus die Konsequenz zieht (aber wie könnte man sie vermeiden?), daß kein System in der Lage ist, seine eigenen Operationen zu benutzen, um die Umwelt zu kontaktieren oder gar System und Umwelt zu integrieren. Um diesen Sachverhalt zu bezeichnen, spricht man von »operativer Schließung«. Um die daraus folgende Notwendigkeit der Selbstreproduktion eigener Strukturen und Operationen durch eigene Operationen zu bezeichnen, spricht man von »Autopoiesis«. Und um die daraus folgenden Beziehungen zwischen System und Umwelt zu bezeichnen, die einiges einschließen und vieles ausschließen, spricht man von »strukturellen Kopplungen«.

Dies ist, aufs einfachste reduziert, das theoretische Repertoire, das Baecker am Fall der Wirtschaft und speziell am Fall der Banken ausprobiert. Dabei geht es nicht in erster Linie darum, diese hochabstrakte Theorie zu verifizieren. Sie ist logisch schlüssig genug, um eine Startplausibilität in Anspruch nehmen zu können. Mehr interessiert, ob man mehr und anderes als üblich sieht, wenn man die Wirtschaft im allgemeinen und die Banken im besonderen mit Hilfe dieses Instrumentariums beobachtet.

Der Titel »Womit handeln Banken?« klingt zunächst ganz unverfänglich. Aber doch auch irgendwie eine Frage wert. Ginge es um die Frage, womit die Spielzeugindustrie handelt, könnte man ja sagen: mit Spielzeug. Aber die Banken? Dieser Anfangszweifel verleiht dem Thema einen Schwung, der über die gegebene Antwort: mit »Zahlungsversprechen«, also mit Geld *und* Zeit, hinausreicht. Denn die Titelfrage, die für noch nicht gelesen habende Leser verständlich sein muß, verdeckt nur die dahinterstehende Frage: wie produzieren die Banken ihre eigene operative Schließung? Wie reproduzieren sie ihre Grenze, das heißt: eine Differenz zwischen System und Umwelt? Also letztlich: wie reproduzieren sie sich selbst aus ihren eigenen Produkten (Gewinnen), ohne mit eigenen Operationen ihre Umwelt kontrollieren zu können?

Wenn die Banken in ihrem eigenen Geschäft Zeitdifferenzen berücksichtigen müssen, wenn sie überhaupt ihr Geschäft als solches einer Bank erkennen wollen, liegt das Problem des Risikos auf der Hand. Zahlungen gehen ein oder verlassen die Bank. Insofern nimmt die Bank am System der Wirtschaft teil. Was aber die Bank weder einnehmen noch ausgeben kann, ist die geschäftliche Verantwortung für die Zeitdifferenz. In dieser, und nur in dieser Hinsicht handelt es sich um ein operativ geschlossenes System. Die Banken übernehmen die geschäftliche Verantwortung für den Ausgleich von Zeitdifferenzen, die im Gesamtsystem der Wirtschaft laufend anfallen, und in dieser Hinsicht sind sie autonom. Die Risiken, auf die sie sich dabei einlassen müssen, sind die Risiken der Fortsetzbarkeit ihres eigenen Geschäfts, die Möglichkeit oder das Scheitern der Fortsetzung ihrer eigenen »Autopoiesis«.

Für Soziologen hätte es vielleicht näher gelegen, beim Thema der Macht der Banken anzusetzen. Durch die von Baecker gewählte Problemstellung sollte dieses Thema keineswegs ausgeschlossen oder auch nur bagatellisiert werden. Aber ein solcher Ausgangspunkt hätte nur auf die Frage der Machtquelle zurückgeführt und die Problematik in viele Themen hinein verlängert – etwa in die Frage des Industriebesitzes der Banken, in Fragen des interlocking directorate, in Fragen der Beratung bei Personalentscheidungen. Achtet man dagegen auf die für Banken spezifische Machtquelle, so führt das zurück auf den Umgang mit Risiken. Da Banken ihr Geschäftsrisiko selbst tragen müssen, können sie ihre eigene Risikobereitschaft anbieten oder auch zurückhalten. Mit Entzug des Wohlwollens kann man gelegentlich drohen – gerade wenn die Umwelt sich an Kredite und Kreditverlängerung gewöhnt hat. Oder man kann voraussetzen, daß man gar nicht erst drohen muß, weil der Geschäftspartner von selbst entsprechende Ahnungen pflegt. In den positiven Leistungen sammelt sich ein Potential für negative Sanktionen – diszipliniert freilich durch die Erfordernisse und Probleme des eigenen Geschäftserfolgs, mag man diesen nun an eigenen Profiten oder am Halten oder Vergrößern eines Marktanteils ablesen. Die Frage des Risikomanagements dürfte deshalb der Schlüssel für die Anschlußprobleme der Bankenmacht sein. Und wenn allgemeine Forschungen über Risikoverhalten auch hier gelten, dürfte man annehmen, daß die Risikobereitschaft, aber auch die Möglichkeiten der Machtausübung, größer sind, wenn es um die Vermeidung von Verlusten geht, als bei der Frage größerer Gewinne.[1] Doch das bedürfte speziell im Kontext von Machtchancen einer weiteren Untersuchung.

1 Siehe z. B. Kenneth R. MacCrimmon/Donald A. Wehrung, Taking Risks: The Management of Uncertainty, New York 1986, S. 99 f.

Schließlich war für die Untersuchung eine weitere Unterscheidung bestimmend, nämlich die zwischen dem Gesamtsystem der Wirtschaft, definiert als Bereich aller Zahlungsvorgänge mit den an sie gebundenen weiteren Operationen, und den Organisationssystemen, die an der Wirtschaft teilnehmen. Von den Organisationen aus gesehen ist die Wirtschaft der »Markt«, speziell für Bankorganisationen der Geldmarkt. Orientiert man sich an dieser Unterscheidung, dann fällt zunächst auf, daß die internationalen Finanzmärkte erhebliche Turbulenzen aufweisen, teils als Folge des Volumens, teils als Folge von Ungleichgewichten, teils als Folge neuer Finanzinstrumente und der dadurch verstärkten »Volatilität« von Anlagen. Das führt auf die Frage, ob Bankorganisationen diese Veränderungen aufnehmen, sich ihnen anpassen, sich responsiv verhalten können; oder ob man wenigstens sagen könnte, wie sie es tun sollten, um Fehler zu vermeiden. Man spricht von »risk management« und bezeichnet damit eine Kunst, für den Fall, daß es schief geht, nachweisen zu können, daß man keine Fehler gemacht hat, sondern das Risiko so gut wie irgend möglich »verwaltet« hat. Entsprechend ist Baecker mit Fragen nach dem Risikomanagement bei den Banken auf erhebliches (organisationsbedingtes!) Interesse gestoßen. Weniger ergiebig war dann der Befund.

Man weiß heute noch relativ wenig über organisationsbedingte Eigentümlichkeiten des Umgangs mit Risiken. Die üblichen Studien, die auf einer Befragung von Managern über ihre Einstellung zu Risiken beruhen, geben darüber nur wenig, nur indirekten Aufschluß.[2] Allgemein muß man davon ausgehen, daß vorausblickende Beurteilungen und rückblickende Beurteilungen scharf divergieren, wenn das Unglück eingetreten, der Schuldner notleidend geworden, die Katastrophe passiert ist. Im Rückblick sind die früheren Erwartungen und Unsicherheiten, Hoffnungen, Chancen und Befürchtungen kaum noch verständlich zu machen, kaum wiederzubeleben. Und folglich erscheint das Risiko von einst größer, ja eigentlich unverantwortlich, wenn etwas passiert ist. Bürokratien legen jedoch größten Wert darauf, diese Ungleichheit der Urteilskriterien zu vermeiden. Man möchte vorher wissen, nach welchen Regeln man nachträglich beurteilt werden

---

2 Für einen Überblick siehe James G. March/Zur Shapira, Managerial Perspectives on Risk and Risk Taking, Management Science 33 (1987), S. 1404-1418.

wird. Und Risikomanagement hat nicht zuletzt den Sinn, diese Identität der Kriterien auch für Risikolagen zu garantieren.
Als Bürokratien haben Banken daher Schwierigkeiten, gestiegene Umweltrisiken in veränderte Organisation oder in Entscheidungsprogramme umzusetzen. Allgemein gelten Organisationen als risikoavers (was für die Führungsebene nicht unbedingt gelten muß), und man weiß auch, daß Organisationen sich lieber im Bereich ihrer Technologien auf Risiken einlassen als im Bereich der Organisation selbst.[3] So nimmt es denn nicht wunder, daß auf der Ebene der Organisation und der Programme zwar ein Problembewußtsein zu verspüren war, aber wenig Reaktion, die der Größenordnung der Umweltveränderungen entspräche. Statt dessen tendieren die Banken eher dazu, Risiken in Anlageformen einzubauen, zu diversifizieren – und wieder zu verkaufen.
Projiziert man diese Ergebnisse in den allgemeinen gesellschaftstheoretischen Kontext zurück, dem sie entstammen, dann mag man sich fragen, was aus einer Gesellschaft werden wird, die für alle wichtigen Aufgaben Organisationen bilden muß und in allen Funktionssystemen Risiken über Risiken erzeugt, aber auf der Ebene ihrer Organisationen nicht in der Lage ist, diesem Sachverhalt Rechnung zu tragen. Also eine Neuformulierung des Bürokratieproblems, ein neues Rationalitätsparadox im Stile Max Webers?
Dirk Baecker sieht es anders. Für ihn ist das Risiko ein Zentralproblem der Wirtschaft, das mit der Zeitverzögerung der Zahlungen zu tun hat. Es tritt als Problem auf, sobald die Operation beobachtet und deren Beobachtung beobachtet wird. Die Banken operieren auf dieser Ebene der Beobachtung zweiter Ordnung. Für sie wird das Problem des Risikos ein selbstreferentielles Problem. Das heißt: Es entsteht überhaupt erst mit der Entscheidung, der das Risiko zugerechnet wird, und kontaminiert dann alle Varianten der Entscheidung, einschließlich der Entscheidung, nicht zu entscheiden. Im Beobachtungsmodus des Risikos gibt es dann auch keine »sicheren« Alternativen mehr, auch wenn es die Möglichkeit gibt, auf Chancen zu verzichten, so daß diese mit Sicherheit nicht realisiert werden können; denn eine Chance ist etwas Unsicheres, und in bezug auf Unsicheres kann nie Sicherheit erreicht werden;

---

[3] Siehe dazu Günter Ortmann et al., Computer und Macht in Organisationen: mikropolitische Analysen, Opladen 1990, insb. S. 455 ff.

oder mit anderen Worten: ob der Verzicht überhaupt ein Verzicht ist, kann man gegenwärtig noch nicht wissen.

Risiko ist demnach eine Form der Beobachtung zweiter Ordnung, die überall in der Wirtschaft angestellt werden kann, für Banken aber die Logik ihres Geschäfts ausmacht. Banken müssen deshalb ihre Geschäftspartner im Hinblick auf deren Risikoneigung beobachten und dabei auch in Rechnung stellen, wie diese Geschäftspartner von anderen Wirtschaftsteilnehmern beobachtet werden – etwa anhand der Börsenkurse. Die sogenannte »Risikoaversion« der Banken ist daher keine für sie mögliche Option. Die Banken finden sich dem Risiko ausgesetzt, es ist die Form ihres Geschäfts, die Form ihrer Autopoiesis. Oder: in der Beobachtungsweise der Banken wird das Risiko der Wirtschaft reflexiv, reflektiert die Wirtschaft, könnte man sagen, sich selber. Daher bleibt den Banken nur die Möglichkeit, Risiken zu transformieren und zu verteilen sowie die Muster, in denen das geschieht, laufend auf deren eigene Riskanz zu überwachen und sie gegebenenfalls durch wiederum riskante Operationen variieren. Das Risikomanagement ihrer eigenen Organisation ist nur ein Aspekt des Problems unter anderen. Hier trifft man auf die bekannten Phänomene der Bürokratie, des »Euphorieeffekts« (Baecker), des »illusion of control«. Im Gesamtsystem der Wirtschaft gibt es aber außerdem noch weitere Formen der Risikoteilhabe, etwa die Risikoabsicherung durch das Interbankensystem oder die Diversifikation von Finanzinstrumenten, die es den Wirtschaftsteilnehmern ermöglichen, mit – und zunehmend auch ohne – Vermittlung von Banken die ihnen passenden Formen zu wählen.

Für alle Einzelheiten sei der Leser auf das III. Kapitel des Buches verwiesen. Aber vielleicht erleichtert ihm der Hinweis den Zugang, daß diese Theorie, obwohl dezidiert systemtheoretisch konzipiert, nicht von Institutionen ausgeht, sondern von Operationen und Beobachtungen, die sich unter Bedingungen der Evolution und der rekursiven Autopoiesis zu Systemen verdichten. Und Banken werden folglich als Kondensate des operativen Risikos der Wirtschaft gesehen mit dem dadurch erreichten Vorteil, Operationen und Beobachtungen des Marktes unter dem sehr spezifischen Gesichtspunkt der Risikokommunikation beobachten zu können.

Bielefeld, im Januar 1991 Niklas Luhmann

Einleitung

Banken handeln mit Geld und mit Zeit. Gegenüber anderen Wirtschaftsteilnehmern zeichnet sie aus, daß sie dies ohne Umschweife tun. Andere Wirtschaftsteilnehmer greifen auf externe Sachverhalte wie Arbeit, Güter und Dienstleistungen zurück, um Mittel und Wege zu finden, ihre Zahlungsfähigkeit zu reproduzieren. Die Banken dagegen bewegen die Selbstreferenz der Wirtschaft. Wie jedem anderen Unternehmen geht es auch den Banken darum, sich als Wirtschaftsteilnehmer zu erhalten. Aber im Unterschied zu anderen Unternehmen setzen sie Techniken der Anschlußsicherung und Verkettung von Zahlungen an die Stelle der schieren Kontingenz des cash flows. Diese Substitution von Kontingenz durch Technik funktioniert allerdings nur temporär. Die Banken transformieren das generelle Problem der Wirtschaft, die Schaffung, Kontinuierung und Erweiterung der Zahlungsfähigkeit in der Zeit, in provisorische und darum befristete Lösungen dieses Problems. Mit diesen befristeten Lösungen handeln sie. Ihr Risiko besteht darin, daß sich während des Ablaufs dieser Fristen die Voraussetzungen nicht erfüllen, die die Grundlage des Bankgeschäfts waren. Die Erwartungen, aufgrund derer eine Bank eine Finanzierungstechnik an die Stelle der Kontingenz der Reproduktion von Zahlungsfähigkeit setzte, können sich als falsch herausstellen. Das Risiko der Banken besteht darin, Entscheidungen treffen zu müssen, obwohl sie vorher schon wissen, daß Entwicklungen eintreten können, die dazu führen, daß sie die Entscheidungen bereuen.
Risikoverarbeitung findet in der Wirtschaft überall statt. Überall werden Vorkehrungen getroffen, die es ermöglichen, Entscheidungen zu treffen, von denen man weiß, daß man sie eventuell bereuen wird. Aber in den Ressourcen der Risikoverarbeitung gibt es große Unterschiede. Güter und Dienstleistungen produzierende Unternehmen bewältigen ihre Risiken, indem sie auf Bedürfnisstrukturen rekurrieren, die Erwartungen darüber auszubilden erlauben, wie stark die zahlungsfähige Konsumbereitschaft ist, die bestimmten Produkten gegenübersteht. Diese Technik der Risikoverarbeitung funktioniert paradoxerweise um so verläßlicher, je mehr sich die Produzenten darauf verlegen, nicht

die Konsumenten daraufhin zu beobachten, was sie möglicherweise zu kaufen beabsichtigen könnten, sondern andere Produzenten daraufhin zu beobachten, womit diese bereits Erfolg haben. Georg Simmel formulierte diese Einsicht unter dem Titel der interaktionsfreien Konkurrenz, Harrison C. White unter dem Titel der Beobachtung der Wirtschaft im »Spiegel der Märkte«.[1]
Bei dieser Risikoverarbeitung geht es um Risiken, die sich aus dem Ablauf der Wirtschaft ergeben. Uns geht es im folgenden generell nur um in diesem Sinne ökonomische Risiken, um Risiken der Reproduktion von Zahlungsfähigkeit. Das heißt, es geht uns nicht um Risiken, gegen die man sich versichern könnte. Es geht uns nicht um das Risiko wirtschaftsexterner Unfälle, die man als Zufälle behandeln und entsprechenden statistischen Kalkülen unterwerfen kann. Wir beschäftigen uns nicht mit Versicherungen, sondern mit Banken. Wir beschäftigen uns nicht mit der Verarbeitung desjenigen Risikos, daß Kosten auftreten, die man nicht bewältigen kann, sondern mit der Verarbeitung des Risikos, daß sich Gewinne nicht einstellen, mit denen man gerechnet hat. Eine entsprechend geringere Rolle werden Wahrscheinlichkeitskalküle als Techniken der Risikoverarbeitung spielen, obwohl Banken dort, wo sie auf Diversifikation setzen, auf Wahrscheinlichkeitskalküle zurückgreifen.
Auch Banken beobachten ihre Konkurrenten im Spiegel des Marktes. Aber sie beobachten sie nicht im Hinblick auf die Bedürfnisstrukturen, die von außen an die Wirtschaft herangetragen werden. Sondern sie beobachten sie im Hinblick auf Fristen und auf Konditionen, zu denen sie bereit sind, provisorisch Zahlungsfähigkeit an die Stelle von Zahlungsunfähigkeit (Kredite) oder zukünftige Zahlungsfähigkeit an die Stelle gegenwärtiger Zahlungsfähigkeit (Einlagen) zu setzen. Sie beobachten sie im Hinblick auf ihre Bereitschaft, Finanzierungstechniken an die Stelle der Kontingenz der Reproduktion von Zahlungen, also Organisationsentscheidungen von Banken an die Stelle von Systemereignissen der Wirtschaft zu setzen. Wir werden im folgenden zeigen, daß diese Beobachtung nicht ausreicht, eine effiziente und verläßliche und vor allem ausreichend schnelle operative Risikoverarbeitung in den Banken zu gewährleisten.
Wir werden zeigen, daß die Risikoverarbeitung, die die Banken in

1 Siehe Simmel 1903 und White 1981/82.

der Wirtschaft leisten, keine Risikoverarbeitung in Banken, sondern eine Risikoverarbeitung durch Banken ist, die nur deswegen funktioniert, weil sie die Beobachtung der Märkte durch Organisationen durch eine Beobachtung der Organisationen durch Märkte ergänzt. Anders wären die Probleme, auf die man stößt, wenn man die Selbstreferenz der Wirtschaft durch Rekurs auf die Selbstreferenz der Wirtschaft zu bewegen sucht, nicht zu entfalten. Die Fristen, zu denen Banken bereit sind, mit Geld und mit Zeit zu handeln, sind die Voraussetzung dafür, daß sich anderes ereignen kann, das zu klären erlaubt, ob die Erwartungen, auf die sich die Banken einlassen, berechtigt waren oder nicht. Der Kreis muß sich immer wieder schließen. Aber er kann das nur, wenn genügend Wirtschaftsteilnehmer das Risiko eingehen, sich auf schwebende Geschäfte einzulassen.

Im folgenden 1. Kapitel werden wir versuchen, aus der soziologischen und der ökonomischen Theorie der Banken jene Momente herauszusuchen, die uns Hinweise auf die Frage geben können, womit Banken handeln und wie sie die Risiken bewältigen, die mit ihrem Geschäft einhergehen. Die Soziologie ist immer dann, wenn sie sich überhaupt einmal an einer Theorie der Banken versuchte, auf Paradoxien gestoßen, die ihr als Hinweis darauf galten, interessanten Phänomenen auf der Spur zu sein. Allerdings gab sie bis heute keine Antwort auf die Frage, womit Banken handeln, und hat es bisher vermieden, sich mit der Frage nach den Techniken der Risikoverarbeitung durch Banken zu befassen. Wir werden sehen, daß uns die ökonomischen Theorien bis zu jenem Punkt weiterhelfen, wo sie selbst – leider vergeblich – versuchen, den eigentlichen »Output« der Banken zu identifizieren. An diesem Punkt scheitern die Beschreibungen sowohl des Binnengeschehens der Banken wie auch der Funktion, die Banken im Zusammenhang der Gesamtwirtschaft erfüllen.

Wir werden daher an genau diesem Punkt von ökonomischen auf soziologisch-systemtheoretische Konzepte umschalten und die Input/Output-Vorstellung durch die Idee der operationalen Geschlossenheit sowohl der Bankorganisation wie auch des Wirtschaftssystems ersetzen. Wir setzen uns dadurch dem Zwang aus, das Verhältnis von Bank und Wirtschaft neu und anders zu formulieren als bisher gewohnt, gewinnen dadurch jedoch die Möglichkeit, einen Begriff zu entwickeln, der, wenn auch unter vollkommen anderen Bedingungen, genau dort eingesetzt werden kann, wo die ökonomische Theorie nach einem »Output« suchte. Das Verhältnis zwischen Bank und Wirtschaft beschreiben wir als einen »random walk« und der Begriff, den wir an die Stelle des »Outputs« setzen, ist der Begriff des Zahlungsversprechens. Die Risiken, die die Banken zu bewältigen haben, sind die Risiken, die mit Zahlungsversprechen einhergehen.

Nach diesem Überblick über soziologische und ökonomische Angebote einer Theorie der Banken schlagen wir in den weiteren Abschnitten des 1. Kapitels zwei Schritte vor, die uns auf den Weg zu einer soziologisch-systemtheoretischen Beschreibung der Banken bringen, die in der Lage ist, über die Frage Auskunft zu geben, womit die Banken handeln. Ein erster Schritt stellt das Theorieinstrumentarium vor, das zur Erarbeitung einer Theorie der Banken genutzt werden kann. Dabei handelt es sich im wesentlichen um die soziologische Theorie selbstreferentieller, autopoietischer Systeme, um die Kybernetik zweiter Ordnung und um die Medientheorie. Im Sinne dieser Theorien besteht das begriffliche Instrumentarium aus dem Einsatz dreier Unterscheidungen: der Unterscheidung von System und Umwelt, der Unterscheidung von Operation und Beobachtung und der Unterscheidung von Form und Medium. Im zweiten Schritt wird zunächst geprüft, ob die Wirtschaft und die Banken als je unterschiedliche autopoietische Systeme gelten können, um dann aus system-, differenz- und medientheoretischen Überlegungen eine spezifische Hypothese zum Verhältnis von Autopoiese der Wirtschaft und Autopoiese einer Bankorganisation zu gewinnen. Bei der Exposition des Theorieinstrumentariums beschränken wir uns, weil es andernorts ausführlicher nachgelesen werden kann,[2] auf eine Skizze.

Wir greifen auf die Mittel der soziologischen Systemtheorie zurück, weil sie ein ausreichend differenzierungsfähiges Analyseinstrumentarium bereitstellen. Den Zusammenhang und das Verhältnis von Banken, anderen Unternehmen, Märkten und Geldmedium beschreiben wir aus ihrer Differenz heraus. Zu diesem Zweck werden wir im folgenden die Konzepte der Abkopplung, Ausdifferenzierung und operationalen Geschlossenheit unterstreichen. Wir folgen damit dem generellen Eindruck, daß man die Dynamik der Wirtschaft nur beschreiben kann, wenn man die

---

2 Siehe Luhmann 1984; ders. 1988; Baecker 1988; ders. 1990a

Eigendynamik der an ihr beteiligten Systeme beschreibt. Und diese Eigendynamik folgt in einem Funktionssystem wie der Wirtschaft einer anderen Logik und, wenn man will, Rationalität als in Organisationssystemen wie den Banken oder anderen Unternehmen. Erst wenn die Differenz zwischen diesen Systemtypen deutlich genug verstanden ist, kann man Mechanismen der strukturellen Kopplung zwischen ihnen auf eine Art und Weise untersuchen, die den Autonomiespielräumen und Interdependenzen, die in der Wirtschaft herrschen, ansatzweise gerecht wird.

Die Antwort, die wir auf die Frage geben werden, womit Banken handeln, lautet: mit den Risiken von Zahlungsversprechen. Im Rahmen des Forschungsprojekts, dem die hier vorgelegten Überlegungen entstammen, haben wir einige Konsequenzen aus dieser Antwort getestet. Wir haben im Mai und Juni 1989 Experteninterviews mit insgesamt 29 Vertretern des mittleren und oberen Managements aus den Kreditabteilungen, Wertpapierabteilungen und den Vorständen von 13 in der Bundesrepublik (Frankfurt am Main, Köln, Düsseldorf, Bielefeld) ansässigen inländischen und ausländischen Banken (8 deutsche, 4 amerikanische Banken, 1 japanische Bank) durchgeführt. Wir nutzten eine Interviewtechnik, die standardisierte Fragen mit offenen Rückfragen kombinierte, um Risikobeurteilungen vor allem in der Kreditvergabe und in der Beurteilung von Anlageobjekten innerhalb der Vermögensberatung und im Eigengeschäft zu erfragen. Auf die Ergebnisse dieser Interviews werden wir im folgenden mehrfach zurückgreifen.

Eine Skizze einiger Grundzüge der Entwicklungen des Bankengeschäfts und Bankenmarkts seit der Weltwirtschaftskrise im 11. Kapitel soll dazu dienen, die Geschichte der strukturellen Kopplung zweier Systemtypen, Wirtschaft und Banken, zu veranschaulichen. Es geht uns dabei weniger um Hinweise auf die historische Tiefendimension eines Geschäfts, dem ausschließlich in der Gegenwart, in einer ständig verschwindenden Gegenwart, Möglichkeiten bereitstehen, mit den Problemen der Differenz von Zukunft und Gegenwart umzugehen. Es geht uns auch nicht nur darum, die Redundanz der Bankgeschäfte zu belegen, die auch und gerade das Tagesgeschäft noch trägt. Sondern es geht uns darum, einen Blick auf die Entwicklung sogenannter strukturdeterminierter Systeme zu werfen, in denen alles, was passiert, aufgrund der Eigenzustände der Systeme passiert und die Geschichte der Systeme diese Systeme nicht vorhersehbar, sondern gerade unvorhersehbar macht.[3] Die Banken ebenso wie die Wirtschaft sind, mit einem Ausdruck Heinz von Foersters,[4] sogenannte Nicht-Trivialmaschinen, die nicht wie stabile, vorhersagbare, gehorsame und historisch unabhängige Transformationsfunktionen eines Input in einen Output funktionieren, sondern wie Systeme operieren, die nur ihrer eigenen Stimme gehorchen und gerade deswegen, weil sie laufend auf ihre eigene Geschichte zurückgreifen, historisch abhängig und daher analytisch undeterminierbar und analytisch unvorhersagbar sind.

Diese Geschichte ist für einen externen Beobachter immer zu komplex. Wir haben uns daher in der Skizze auf einige Grundlinien der Entwicklung beschränkt und dazu auf allgemein zugängliche Literatur zurückgegriffen. Wir treiben keine Ursachenforschung, denn auch für die Geschichte der Bankgeschäfte gilt, daß es für jedes Ereignis immer zuviele und zugleich zuwenige Ursachen gibt, so daß wir mehr damit beschäftigt wären, unsere jeweilige Zurechnung auf bestimmte Ursachen zu begründen, als damit, eine Übersicht über einige interessante Wendepunkte zu geben. Schon die Auswahl solcher Wendepunkte ist problematisch genug, unterliegt man dort doch immer der Gefahr, Dinge zu dramatisieren, die nur neu scheinen, weil sie bisher der Aufmerksamkeit entgangen sind.

Einer der Banker, die wir interviewten, antwortete auf unsere Verwunderung darüber, wie auskunftsbereit unsere Gesprächspartner in der Regel waren, daß jeder Banker weiß, daß ein Außenstehender selbst dann, wenn man ihm tagelang erzählen würde, wie Bankgeschäfte ablaufen, immer noch kaum etwas ahnen würde von der Komplexität dieser Geschäfte. Für die Beurteilung jedes Einzelfalls gelten wieder Umstände, die man noch gar nicht erwähnt hat.

Genau das ist das Schicksal des Beobachters eines strukturdeterminierten Systems. Er hat gar keine andere Chance, als nicht nach der Komplexität selbst, sondern nach den Mechanismen der Reduktion der Komplexität zu fragen. Nicht was man alles sehen kann, interessiert ihn, sondern wie jeweils ausgewählt wird, was wichtig ist. Die Grundlinien der Entwicklung der Bankgeschäfte,

3 Vgl. zum Begriff des strukturdeterminierten Systems Maturana 1982, S. 242 f.
4 Siehe von Foerster 1984, S. 9 f.

die wir aufzeigen, können nur den Zweck erfüllen, einen Eindruck davon zu verschaffen, was für die Banken und die, die sie professionell beobachten (vor allem die Notenbanken und Institutionen wie die Bank für Internationalen Zahlungsausgleich), wichtig und problematisch ist, und was nicht. Die Geschichte, die wir nachvollziehen, ist nicht die Geschichte eines Gegenstands, sondern die Geschichte der selektiven und selbstreferentiellen Konstitution eines Gegenstands. In seiner Selektivität berichtet er mehr von sich als in seiner Realität, zu der immer auch all das gehört, was gerade nicht wichtig ist, aber bereits morgen wichtig sein kann. In der Beobachtung der Selektivität der Selbstkonstitution eines Gegenstands liegt also immer auch das Risiko, bereits morgen von ihm überrascht zu werden. Diesem Risiko setzt sich jeder Beobachter eines strukturdeterminierten Systems aus. Die Beobachtung der Wirtschaft und der Banken in ihr bietet nur den Vorteil, daß hier das Schicksal dieses Beobachters akzeptiert wird. In der Wirtschaft und in den Banken in ihr gibt es Erfahrungen mit Überraschungen in Hülle und Fülle.

Die Zielsetzung der im folgenden vorgelegten Überlegungen ist nicht nur theoretischer Art. Es geht nicht nur um einen Beitrag zu einer soziologischen Theorie der Wirtschaft, um einen Beitrag, der den Ort der Banken angibt. Das Konzept des »Zahlungsversprechens«, das wir vorstellen werden, erfüllt im wesentlichen diese Zielsetzung. Darüber hinaus geht es zugleich und daraus entwickelt um einen Versuch, die Risikoproblematik zu erhellen, der die Banken gegenwärtig, das heißt seit die Märkte turbulenter geworden sind, in einem stärkeren Maße ausgesetzt sind als je zuvor. Es geht um einen Versuch, die Techniken der Risikoverarbeitung durch Banken zu bestimmen. Darauf konzentrieren wir uns im III. Kapitel. Die Organisation der Banken ist mit dieser Problematik auf eine charakteristische Weise überfordert. Doch das sieht man erst, wenn man auf der Grundlage unseres theoretischen Unterbaus (oder eines ähnlich beschreibungsmächtigen) den Konnex zwischen Banken, Märkten und Geldmedium unter die Lupe nimmt.

Erst dann wird deutlich, daß die Risikoverarbeitung durch Banken nicht dort stattfindet, wo man sie sucht, also in den Vorständen, Kredit- und Risk Management-Abteilungen der Banken, sondern primär dort, wo man sie nicht sucht: in den Finanzierungsinstrumenten der Geld- und Kapitalmärkte. Erst unter der

Voraussetzung dieser Finanzierungsinstrumente, die wir als Risikoinstrumente beschreiben werden, können die Banken ihre Intelligenz entfalten, eine Intelligenz, die dann auch und wesentlich in der Weiterentwicklung dieser Finanzierungsinstrumente besteht. Doch muß man die Funktion dieser Risikoinstrumente verstehen, wenn man die Aktivitäten von Banken auf diesem Feld einschätzen können will. So raffiniert diese Risikoverarbeitung funktioniert, so unreflektiert vollzieht sie sich. Die hier vorgelegten Überlegungen verstehen sich als ein Vorschlag zur Anregung einer Reflexion, als ein Vorschlag im übrigen, der in vielen Einzelpunkten an die Literatur anschließt und nur den Zusammenhang aus einem Theorietypus gewinnt, der der Literatur ungewohnt ist. Die Frage ist, ob der Zusammenhang, den man zu sehen bekommt, den Einsatz der Theorie lohnt, zu der hier ein Beitrag geleistet wird. Und die Frage ist, wozu es führen kann, wenn der Zusammenhang reflektiert wird.

Wir waren ursprünglich mit der Idee gestartet, nach der Wahrnehmung von und dem Umgang mit Risiken in einer Branche zu fragen, der man auf diesem Gebiet nicht nur besonderen Konservativismus, sondern auch jahrhundertealte Erfahrungen zurechnen kann. Da der Umgang mit Risiken auch in der Gesellschaft allgemein zunehmend zum Thema und zum Problem wird, lag es nahe, einmal zu fragen, ob die Erfahrungen der Banken möglicherweise hilfreich für das Verständnis einer »Risikogesellschaft« sein können, die zunehmend Gefährdungen produziert, für die weder Verantwortlichkeiten ausgezeichnet noch Reaktionsmöglichkeiten ausgewiesen werden können.[5] Die Antwort auf diese Frage fiel positiv und negativ aus. Positiv, weil der Umgang mit Risiken in den Banken wie auch in der Wirtschaft insgesamt in der Tat auffällig vom Umgang mit Risiken in der Gesamtgesellschaft abweicht: In der Wirtschaft können angesichts allgemeiner Ungewißheit gerade dann verläßliche Erwartungen ausgebildet werden, wenn die Wirtschaftsteilnehmer voneinander wissen, welche Risiken sie zu übernehmen bereit sind. Je glaubwürdiger der Kreditnehmer dem Kreditgeber zu signalisieren versteht, daß er selbst bereit ist, Risiken zu übernehmen, und in der Lage ist,

---

[5] Siehe zur Diskussion über die »Risikogesellschaft« vor allem Douglas/Wildavsky 1982; Short 1984; Luhmann 1986; Luhmann, in Vorbereitung; Beck 1986; Beck 1988; Wildavsky 1988.

diese Risiken auch zu tragen, desto eher ist der Kreditgeber bereit, das Risiko einzugehen, ihm einen Kredit zu geben.

Die Antwort auf die Frage nach dem möglichen Beispielgehalt der Erfahrungen der Banken im Umgang mit Risiken mußte allerdings auch negativ ausfallen, weil erstens nur ganz bestimmte Risiken in diese Risikostrukturen eingehen und viele andere, zum Beispiel gerade die ökologischen Risiken, um die es heute geht, erst allmählich Berücksichtigung finden und, wichtiger noch, nicht in die ökonomischen Kalküle des verläßlichen Erwartungsaufbaus eingehen, und zweitens auch die Banken heute angesichts zunehmend turbulenter Marktverhältnisse vor neuartigen Problemen stehen, für die sie genauso nach Lösungen suchen wie andere Akteure der Risikogesellschaft. Die Banken richten neue Abteilungen des Risikomanagements ein und wissen kaum, wie sie die Probleme definieren können, die diese Abteilungen lösen sollen.

Dank

Dieser Text ist die überarbeitete Fassung des Abschlußberichts eines Forschungsprojekts zum Thema »Risikoverarbeitung durch Banken«, das von der Deutschen Forschungsgemeinschaft finanziert wurde. Niklas Luhmann, dem Leiter des Projekts, verdanke ich die entscheidenden Anregungen und Kay Junge eine hilfreiche Mitarbeit in der ersten Phase der Projektarbeit. Nicht nur für die Verbesserung der Milieukenntnisse, sondern auch für die Überprüfung einiger Hypothesen waren die Interviews mit den Bankern wichtig und unverzichtbar. Ihnen sei für die Geduld, mit der sie sich den Fragen eines Soziologen stellten, noch einmal ausdrücklich gedankt. Rudolf Wimmer organisierte dankenswerterweise ein Seminar mit Wiener Bankern, deren Erfahrungsaustausch untereinander dem Problemverständnis der Soziologen auf die Sprünge half.

1. Zahlungsversprechen

1. Theorie der Banken

Soziologische Auseinandersetzungen mit Banken sind so selten, wie andererseits die Faszination einiger Soziologen durch die Banken groß ist. Offensichtlich hat man den Banken immer schon eine Sonderstellung in der Wirtschaft zugewiesen. Auf den ersten Blick hat diese Sonderstellung drei Gründe: erstens handeln Banken mit Geld, und zwar mit dem Geld der anderen; zweitens sind sie aus diesem Grunde in einem besonderen Maße abhängig vom Vertrauen aller anderen; und drittens verfügen sie, seit die Wirtschaft in hohem Maße kreditabhängig operiert, über Macht wie kein anderer Typ wirtschaftlicher Unternehmen. Es ist auffällig, daß fast jede soziologische Untersuchung der Banken diese Sonderstellung auf den zweiten Blick in tieferliegenden Problemen verankert hat, die jeweils einen prägnant paradoxalen Gehalt haben.

Robert K. Merton sah sowohl die Stabilität des Bankensystems wie auch eine jederzeit mögliche Bankpanik von einer Dynamik von »self-fulfilling prophecies« abhängig: Die Kette der Zahlungsversprechen, die die Wirtschaft aufrechterhalten, hält nur, solange ihnen Glauben geschenkt wird; und sie reißt, sobald ihnen kein Glauben mehr geschenkt wird, und dies nur darum, *weil* man ihnen nicht mehr glaubt.[1] Talcott Parsons und Neil J. Smelser sahen das Banksystem, das für sie wesentliche Leistungen im Austauschprozeß zwischen Politik und Wirtschaft erfüllte, gleich durch zwei Paradoxien gekennzeichnet:[2] Einerseits kombiniere das Banksystem einen hohen Zentralisierungsgrad (nur *ein* letzter Verkäufer von Geld: die Zentralbank) mit einer extremen Flexibilität der Ökonomie und andererseits sei der Kapitalmarkt zwar direkt von der Organisation politischen, also unkalkulierbaren Vertrauens abhängig, zugleich aber auch von der Anwendung strikt ökonomischer Kalküle gekennzeichnet. Finanzinstitute sind für Parsons und Smelser wegen ihrer Aufgabe der Bereitstellung, Aufrechterhaltung und operativen Umsetzung von Ver-

1 Merton 1948.
2 Parsons/Smelser 1984, S. 161 ff.

trauen ebenso wie Gewerkschaften Pufferinstitutionen zwischen der Politik auf der einen und der Wirtschaft auf der anderen Seite. Auch Rudolf Hilferding sah das von ihm beschriebene »Finanzkapital« vor allem als ein Phänomen der Differenz. Im Finanzkapital nehme das Kapital »seine höchste und abstrakteste Erscheinungsform« an: »Der mystische Schein, der das Kapitalverhältnis überhaupt umgibt, wird hier am undurchdringlichsten. Die eigentümliche Bewegung des Finanzkapitals, die selbständig erscheint, obwohl sie reflektiert ist, die mannigfachen Formen, in denen sich diese Bewegung vollzieht, die Loslösung und Verselbständigung dieser Bewegung gegenüber der Bewegung des industriellen und kommerziellen Kapitals sind Vorgänge, die eine Analyse um so eher verlangen«, als ohne die Kenntnis der Funktion des Finanzkapitals wissenschaftliche Ökonomie und Politik unmöglich sind.[3] Hilferding durchdringt den »mystischen Schein« und bestimmt das Finanzkapital als »Kapital in der Verfügung der Banken und in der Verwendung der Industriellen.«[4] Das macht es zu einem Phänomen der Differenz, wie wir sagen können, zu einer operativen Einheit, die keine Einheit ist, weil sie immer nach zwei Seiten hin selektiv und entsprechend irritierbar ist, nach der Seite der Verwendung und nach der Seite der Verfügung. Das schließt es in unseren Augen aus, das Finanzkapital wie Hilferding als »einheitliche Macht, die den Lebensprozeß der Gesellschaft souverän beherrscht,«[5] zu beschreiben, weil es Kontrollmacht nur in dem Maße hat, als es sich selbst von dem kontrollieren läßt, was es kontrollieren will. Wir werden im Verlaufe unserer Überlegungen an der Stelle, an der Hilferding von einer Zweiheit auf eine Einheit hochrechnet, Ebenen der Ausdifferenzierung und Ebenen der Beobachtung unterscheiden und das Verhältnis zwischen Banken und Unternehmen als ein Verhältnis der Beobachtung von Beobachtungen beschreiben.
Michel Aglietta und André Orléan sehen das Problem, das die Banken zu lösen haben, im Medium des Geldes selbst: Das Geld erfülle seine Funktion der Ablenkung und Absorption der Gewalt in der Gesellschaft, solange es in zwei Formen vorkomme, in der Form der Homogenität, der Einheit, und in der Form der

---

3 Hilferding 1973, S. 17.
4 Hilferding 1973, S. 309.
5 Hilferding 1973, S. 323.

Fragmentierung, der Differenz.⁶ Fraktioniert steht das Geld bereit, für die Vielzahl der Zwecke ausgegeben werden zu können, die sich ihm bieten. Aber nur homogenisiert, nur als einheitliches Geld, besitzt es Geltung. Kaum irgendwo wird die ruhige Homogenität, die einsatzbereite, aber zurückgehaltene Indifferenz des Geldes, anschaulicher als auf den Konten der Bank. Aber gerade dort darf es nicht ruhen. Gerade dort wird es eingesetzt in den unruhigen und riskanten Zwecken, die sich ihm bieten. Nur auf den Konten der Bank ist das Geld Subjekt im Sinne Agliettas und Orléans. Aber gerade dort ist es immer auf dem Sprung, zum Objekt zu werden und sich zu verlieren unter den Objekten der Welt.

Karl Weick diagnostiziert den Sitz der Paradoxie in den Bankorganisationen selbst, die zur »Heuchelei« gezwungen sind, weil sie ihre Kunden simultan zum Sparen und zum Kreditaufnehmen auffordern müssen.⁷ Die Banken können diese Paradoxie laut Weick nur auflösen und invisibilisieren, indem sie entweder die eine oder die andere Geschäftsbasis zum Ausgangspunkt der Selbstdefinition und -beschreibung nehmen und die jeweils andere Aktivität diskreditieren, also trotzdem, trotz einer gegenläufigen Selbstbeschreibung, betreiben.

Niklas Luhmann treibt diese Vermutungen noch ein Stück weiter und plaziert die Paradoxie weder in den Grenzprozessen zwischen Wirtschaft und anderen Systemen (vornehmlich Politik) noch in dem Geldmedium als Differenz der Einheit von Homogenität und Fraktionierung oder in einem Zwang zur »Heuchelei« in den Organisationen, sondern in der Sonderstellung der Banken im »Doppelkreislauf« des Wirtschaftssystems.⁸ Dieser Doppelkreislauf besteht nach Luhmann darin, daß, wenn Geld verwendet wird, aller Weitergabe von Zahlungsfähigkeit in eine Richtung eine Weitergabe von Zahlungsunfähigkeit in der anderen Richtung entspricht. Wer zahlt, macht sich genau in der Höhe seiner Zahlung zahlungsunfähig. Man kann Geld nur einmal ausgeben. Wer zahlt, muß sich daher anschließend oder schon im Vorgriff darauf jemanden suchen, der ihm diese Zahlungsunfähigkeit abnimmt, das heißt zu einer Zahlung bereit ist, die seine Zahlungsfähigkeit wieder herstellt.

6 Aglietta und Orléan 1984, S. 53 ff.; vgl. dazu Baecker 1988a, S. 57 ff.
7 Weick 1985, S. 316 f.
8 Luhmann 1988, S. 144 ff.

Eine der Pointen dieser Überlegung besteht darin, daß man sich entscheiden kann, eine Wirtschaftstheorie zu schreiben, die die Weitergabe von Zahlungsfähigkeit beschreibt, oder eine Wirtschaftstheorie, die die Weitergabe von Zahlungsunfähigkeit beschreibt. Sie werden sich vom Typ her wahrscheinlich stark unterscheiden. Der überwiegende Teil der ökonomischen Theorien, die wir kennen, hat sich auf die Beobachtung der Weitergabe von Zahlungsfähigkeit kapriziert. Aber auch zur anderen Richtung des Doppelkreislaufes gibt es Überlegungen.[9] Eine soziologische Wirtschaftstheorie wäre als eine Theorie des Doppelkreislaufes darum bemüht, eine Wirtschaftstheorie zu erarbeiten, die beide Seiten der Medaille beschreiben kann. Und dabei stößt sie auf Banken: Banken, die einen Kredit gewähren, »kaufen« Zahlungsunfähigkeit, und sie tun dies gegen den Erwerb von Zahlungsfähigkeit (Zinsen). Banken sind darauf spezialisiert, geliehenes Geld auszuleihen, also ihre Schulden mit Gewinn zu verkaufen. Durch Konditionierung von Fristen ermöglichen sie es allen anderen, also Einlegern und Kreditnehmern, Geld zu haben und zugleich nicht zu haben.

Die ökonomischen Theorien der Banken ahnen weder in ihren betriebswirtschaftlichen noch in ihren mikroökonomischen Fassungen etwas von diesen Paradoxien. Walter Bagehot hatte zwar noch die Unwahrscheinlichkeit der Etablierung eines Banksystems herausgestellt, die darin liegt, daß eine große Anzahl von Einlegern einer kleinen Anzahl von Bankiers zu trauen beginnen muß, und die nach seiner Einschätzung nur dadurch bewältigt werden konnte, daß das Vertrauen, das sich gegenüber den Banknoten jahrzehntelang im Großen und Ganzen bewähren konnte, dann auch auf Depositen übertragen wurde.[10] Doch wurde die ökonomische Theorie der Banken schon wenig später auf eine ganz andere, mathematische Grundlage gestellt: »Probability is the foundation of banking.« Denn: »The solvency and profits of the banker depend upon the probability that he will not be called upon to meet at once more than a certain amount of his liabilities.«[11]

Die »theory of the banking firm«, die von Edgeworth ihren Ausgang nahm, ist hier zwar noch doppelt situiert, nämlich sowohl

9 Man denke nur an die Arbeiten von Bataille 1975.
10 Bagehot 1873, S. 42 f.
11 Edgeworth 1888, S. 113.

im statistischen Gesetz der Durchschnitte wie auch im statistischen Gesetz des Irrtums. Die Gleichverteilung der erwartbaren Abzüge der Gelder durch die Kontoinhaber wird also noch im Lichte der ebenfalls erwartbaren Abweichungen von diesen Frequenzen gesehen. Und in dieser doppelten Situierung ist sowohl die Unwahrscheinlichkeit wie die Möglichkeit der Kalkulierbarkeit der Bankgeschäfte konzeptionell noch aufgehoben. Doch gewinnt der Wahrscheinlichkeitskalkül bald so sehr die Oberhand, daß die ökonomischen Theorien der Banken soziologisch weitgehend unergiebig werden. Der Hinweis auf das Gesetz des Irrtums diente Edgeworth noch dazu, unterstreichen zu können, daß selbst dann, wenn Einflußfaktoren unterschiedlicher Art (vom Klima über die Ernte bis zur Konjunktur) auf das Bankengeschäft bekannt seien, letztlich »rules of chance« für die Banken gelten würden, doch ist gerade diese Vermutung immer nur statistisch und nie systematisch aufgenommen worden. Die statistische Wahrscheinlichkeitstheorie ist eine Formel zur Einführung von Ungewißheit in mathematische Modelle,[12] aber nicht zur Beschreibung des Umgangs mit Ungewißheit.

Es gibt verschiedene mikroökonomische Modelle der Bankunternehmung. Ulrich F. Grosch[13] zählt dazu zunächst die Multiplikatormodelle, die die Geschäftsbanken als Vollstrecker eines »mechanistisch« beschriebenen Multiplikatorprozesses einer von der Zentralbank geschaffenen Geldmenge ansehen. Der Multiplikator läßt sich durch die vom Publikum gewünschte Aufteilung zwischen Bargeld und Buchgeld und durch die freiwillige und eventuell gesetzliche Reservehaltung in Prozent der von den Banken geschaffenen Sichtguthaben bestimmen. Die linearen Planungsmodelle gehen einen Schritt weiter und analysieren die Banken nicht mehr als black boxes oder Transformationsfunktionen, sondern entweder – unter der Voraussetzung der Sicherheit – als lineare Programmierer oder – unter der Voraussetzung der Unsicherheit – als Unternehmen, die unter bestimmten *constraints* zufallsverteilte *chances* wahrnehmen. Portfoliotheoretische Modelle bestimmen die Vermögensanlageentscheidungen der Bank in einer durch Unsicherheit gekennzeichneten Umwelt als Zusammenstellung eines Portfeuilles ertrag- und risikoreicher Anla-

12 Siehe Orr/Mellon 1961, die genau diese Einführung von Ungewißheit an Edgeworth rühmen.
13 Siehe Grosch 1989.

gen unter der Voraussetzung, durch Diversifikation die Gesamtvarianz des Portfeuilles kleiner als die Einzelvarianz der einzelnen Titel halten zu können.
Lagerhaltungstheoretische Modelle versuchen zusätzlich das Liquiditätsrisiko zu berücksichtigen, indem sie das Entscheidungsproblem der Bank als eine Wahl zwischen hoher Reservehaltung bei Verzicht auf ertragbringende Kreditvergabe einerseits und ertragbringender Kreditvergabe bei Wahrscheinlichkeit hoher Refinanzierungskosten andererseits darstellen. Wie Soll- und Habenzinssätze determiniert werden können, wird in Monopolmodellen untersucht, die die Möglichkeit der Banken, Zinssätze festzusetzen, aus deren monopolistischer Stellung am Markt ableiten. Die Berücksichtigung von Produktionskosten schließlich, die erst eine Modellierung der Bankunternehmung als Unternehmung erlauben würde, versuchen produktionskostentheoretische Modelle. Doch diese Modelle stoßen auf das zentrale Problem der Bestimmung eines Output. Was ist der Output einer Bank? Einlagen, Kredite, Risikotransformationsleistungen sind alternative Antworten auf diese Frage, zwischen denen jedoch nur vor dem Hintergrund einer Bestimmung der Funktion der Banken eine Entscheidung zu treffen ist.
Die ökonomische Theorie der Banken nennt eine Reihe von Gründen, die erklären können, warum Banken existieren.[14] Erstens erfüllen Banken die Funktion der Vermögenstransformation (asset transformation): sie transformieren die größeren oder kleineren Vermögenseinheiten, die Sparer und Einleger auf ihren Konten deponieren, in die kleineren oder größeren Einheiten, die Kreditnehmer nachfragen. Schon hier müssen besondere Techniken der Risikobewältigung greifen, denn die Banken übernehmen in ihrer Vermittlungsfunktion stellvertretend für die Einleger und Kreditnehmer die Aufgabe, Einlagen und Kredite zu überwachen und Einleger und Kreditnehmer nach den Kriterien dieser Überwachung zu selegieren. Zweitens stellen Banken in der Form ihrer Einlagenverbindlichkeiten der Wirtschaft Zahlungsmittel zur Verfügung, wenn und solange entsprechende Zinseinnahmen sie dafür honorieren. Und drittens sind diese beiden Funktionen nur zu erfüllen, wenn die Bank zugleich Risikoarbitrage betreibt, das

---

14 Siehe dazu Santomero 1984, ferner Baltensperger 1980 und O'Hara 1983.

heißt ihre Einlagen und Kredite je nach Zinssätzen mit jeweils ungewissen Entwicklungsaussichten auf unterschiedlichen Märkten zur Geltung bringt.
Man kann diese drei Punkte zusammenfassen und formulieren, daß die Funktion der Banken darin besteht, Transformationsleistungen im Medium des Geldes zu erfüllen. Die erste und wichtigste Transformationsleistung besteht in der Risikokonsolidierung, die unter Ausnutzung des Gesetzes der großen Zahl eine Abnahme des relativen Risikos herbeiführt.[15] Der Inbegriff des Bankengeschäfts ist jedoch erst die Übernahme des Risikos der Fristentransformation, das heißt die wichtigste Transformationsleistung erbringen die Banken in der zeitlichen Hinsicht des Managements und Ausgleichs der unterschiedlichen Fristigkeiten von Einlagen und Krediten.[16] Die Banken siedeln sich mit ihrer Transformationsfunktion genau dort an, wo längerfristige Verschuldung mithilfe kürzerfristiger Einlagen ermöglicht und finanziert wird. Die Streuung des Bankgeschäfts auf verschiedene Adressen und auf verschiedenen Märkte dient letztlich der Ausnutzung und Bewältigung dieses Zeitproblems.
Die Herausarbeitung der Rolle der Bank in der »zeitlichen Streuung des Wirtschaftsprozesses«[17] ersetzt zunehmend die ältere Betrachtung der Bank als »Zahlungsorgan«.[18] Damit das Risiko in zeitlicher Hinsicht bewältigt werden kann, werden auch die übrigen Mechanismen der Risikopolitik, die Risikoverteilung in räumlicher, personeller und sachlicher Hinsicht, die Risikokompensation durch den Aufbau von Gegengeschäften sowie die Risikoüberwälzung durch Vermarktung von Risiken und die Bildung von Risikoreserven zum Einsatz gebracht.[19] Die Voraussetzung eines erfolgreichen Bankmanagements ist somit die ständige Auseinandersetzung mit dem Risiko der Fristentransformation, das darin besteht, »daß die zur Abwicklung der eingegangenen kurzfristigen Engagements benötigten Zahlungsmittel u. U. nur zu hohen ›Kosten‹ beschafft werden können. Man spricht insoweit von ›Kosten‹ zur Sicherung des rechtzeitigen Geldanschlusses; übersteigen diese Kosten zur Sicherung des rechtzeitigen

15 Siehe Baltensperger/Milde 1987, S. 5.
16 Vgl. dazu vor allem Stützel 1961/1962, Stützel 1983 und Stützel 1988.
17 So Röpke 1960, S. 118.
18 Siehe etwa De Viti de Marco 1935.
19 Siehe dazu Haumer 1982.

Geldanschlusses die vorhandenen Eigenmittel, kommt es zur Insolvenz.«[20]
Diese Formulierung von Wolfgang Stützel bringt uns ein erhebliches Stück weiter. Wir kennen jetzt das Problem, auf dessen ständige Neulösung sich Banken konzentrieren können und müssen, wenn sie die Risiken bewältigen wollen, die mit ihrem Geschäft einhergehen. Dieses Problem besteht ganz einfach und grundsätzlich in der Sicherung des rechtzeitigen Geldanschlusses. Auf dieses nur scheinbar triviale Problem reduziert sich und daraus entfaltet sich die gesamte Komplexität des Bankgeschäfts. Dabei liegt der Akzent auf dem Problem der Sicherung, denn das Problem des Geldanschlusses, der Regeneration von Zahlungsfähigkeit, ist natürlich, wie wir noch sehen werden, das Problem der Wirtschaft insgesamt.
Jetzt erst, da wir das Problem kennen, können wir genauer fragen, wie es gelöst wird. Wir finden dazu in der Literatur der ökonomischen Bankentheorie generell drei Hinweise. Der erste Hinweis unterstreicht, daß sich das Problem wegen der grundsätzlichen Ungewißheit, die mit Bankengeschäften einhergeht, nicht, wie es noch Edgeworth glaubte, auf einen statistischen Kalkül der Wahrscheinlichkeiten der Einlöseforderungen von Einlegern reduzieren läßt. Das Problem der Banken ist längst nicht mehr als Finanzierungsproblem der Einlagen aus Einlagen zu fassen, sondern ganz anders als Refinanzierungsproblem von Einlagen und Krediten auf dem Geldmarkt aus dem Interbankengeschäft.[21] Schon die Einführung der Einlagenversicherung vollzog hier nur nach, welche Möglichkeiten sich auf dem Geldmarkt inzwischen ergeben hatten. Das aber bedeutet, daß die Möglichkeiten der Sicherung des Geldanschlusses nicht mehr durch die mehr oder weniger vertrauensvolle beziehungsweise mißtrauische Beobachtung der Bank durch die Einleger, sondern erstens durch die Beurteilung des Standing der einzelnen Bank durch andere Banken und zweitens durch die allgemeinen Liquiditätsversorgung des Geldmarktes konditioniert wird.
Der zweite Hinweis auf die Frage, wie das Problem der Sicherung des Geldanschlusses gelöst wird, läuft unter dem Stichwort der »informationellen Asymmetrie« und betrifft Techniken der Se-

---

20 Stützel 1961/1962, S. 113.
21 Vgl. Engels 1978.

lektion von Einlegern und Kreditnehmern durch die Bank.[22] Die Bank wird hier zusätzlich zu den bereits genannten Funktionen auch als Informationsproduzent gesehen, der aufgrund der Signale, die aktuelle und potentielle Einleger und vor allem Kreditnehmer über ihr gegenwärtiges und zu erwartendes Verhalten geben, Entscheidungen zu treffen hat, welche Engagements trotz der Möglichkeit des »moral hazard« einzugehen und welche zu verlängern sind.[23] Der Bank stehen zwei Wege offen, die Selektion ihrer Geschäftspartner zu steuern. Der eine Weg, vergleichbar der »consolidation« (»reduction by grouping«) im Sinne von Frank H. Knight,[24] besteht in der Rationierung der Kredite, die sicherstellt, daß zu moderaten Kreditzinssätzen verläßliche Geschäftspartner Kredite nachfragen und nicht etwa bei steigenden, Angebot und Nachfrage ausgleichenden Kreditzinssätzen nur noch extrem risikosuchende, also auch für die Bank riskante Investoren Kredite beantragen.[25]

Der andere Weg, vergleichbar der »specialization« (»selection of men to ›bear‹ the uncertainty«) im Sinne Knights,[26] besteht in der Selektion individueller Engagements über die Auswahl von Geschäftspartnern. Verläßlichstes Kriterium beziehungsweise Signal ist hier die glaubwürdige Risikobereitschaft und -mitträgerschaft durch den Geschäftspartner: Geschäfte kommen unter jeweils risikoaversen Partner dann zustande, wenn die Risiken des Geschäfts unter den Partnern so alloziiert werden, daß jeder Partner sein Engagement an dem Ausmaße deutlich werden läßt, in dem er seine jeweilige Risikoposition glaubwürdig tangieren läßt, das heißt sich weder zu vernachlässigbar gering noch zu hazardierend stark in das Geschäft einbringt.[27] Auf diese Fragen kommen wir später zurück.

Knight nennt vier weitere Techniken des Umgangs mit Ungewißheit, von denen zwei wohl auch für Banken in Frage kommen.

22 Vgl. Leland/Pyle 1977 und Campbell/Kracaw 1980 im Anschluß an Akerlof 1970 und Spence 1974.
23 Vgl. zu Prolongationsentscheidungen Schmoll 1985.
24 Knight 1921, S. 239.
25 Vgl. Freimer/Gordon 1965, Nahr 1980, Jaffee/Russell 1976, Stiglitz/Weiss 1981, Greenwald/Stiglitz/Weiss 1984.
26 Knight 1921, S. 239.
27 Siehe dazu, im Anschluß an Arrow 1964, Baecker 1988, S. 243 ff., und Baecker 1989.

Ausgeschlossen ist es wohl, darauf zu vertrauen, daß eine bessere Kontrolle der Zukunft oder mindestens verbesserte Möglichkeiten der Zukunftsvorhersage gangbare Wege sind. Beide Wege scheitern am Problem der Kontingenz der Zukunft. Aussichtsreicher scheint es da schon, einerseits auf eine »›diffusion‹ of the consequences of untoward contingencies« und andererseits auf die »possibility of diverting industrial activity more or less along lines in which a minimal amount of uncertainty is involved and avoiding those involving a greater degree« zu setzen.[28] Die Streuung der Konsequenzen und eine allgemeine Präferenz für konservative als vermeintliche sicherere Engagements sind tatsächlich der schon oft beobachtete Horizont des Bankverhaltens. »Men observe with the eye of the past«[29] – das gilt wohl selten so unumschränkt wie in Banken, in denen noch die vielbesprochenen Finanzinnovationen immer auch den Zweck haben, neue Möglichkeiten der Marktentwicklung auf bekannte Finanzierungsmechanismen projizieren zu können. Was sich dieser Beobachtung mit dem »Auge der Vergangenheit« nicht fügt, wird über Diffusion der Konsequenzen dissimuliert – und baut sich im Unbeobachtbaren zum »systemischen Risiko« auf.[30]

Den dritten Hinweis zu Antworten auf die Frage, wie das Problem der Sicherung des Geldanschlusses gelöst wird, finden wir in der Portfoliotheorie, die die Aufmerksamkeit der ökonomischen Theorie der Banken auf das Binnengeschehen in der Bank lenkt. Die Portfoliotheorie als Theorie der Streuung der Engagements zwecks laufender Überwachung, Festsetzung, Verteilung und eventueller Kompensation der Risiken formuliert Grundregeln zur Gestaltung der Aktiva- und Passivastruktur des Bankgeschäfts.[31] Sie resultiert in einem Bilanzstrukturmanagement, in dem je gegenwärtig und simultan die Fristigkeiten und Risiken der tendenziell eher kurzfristigen Passiva der Bank mit ihren tendenziell eher langfristigen Aktiva koordiniert werden, um die Risiken zu bewältigen, die aus der systematischen Einnahme offener Positionen[32] durch die Bank resultieren.

28 Vgl. Knight 1921, S. 239 f.
29 So Lundberg 1942, zit. nach König 1967, S. 109.
30 Vgl. z. B. Nunnenkamp/Junge 1985, S. 69 ff., und Dempfle 1988.
31 Vgl. dazu Stigum/Branch 1983, Köllhofer 1988, Schierenbeck 1984, Meyer zu Selhausen 1987, Harrington 1987.
32 So Niehans 1980, S. 206 f.

Alle drei Hinweise zusammen, der Hinweis auf die Refinanzierung der Banken am Geld- und Finanzmarkt, der Hinweis auf die informationellen Asymmetrien im Geschäft mit Einlegern und Kreditnehmern und der Hinweis auf die portfoliotheoretische Gestaltung des Bilanzstrukturmanagements, ergeben das Bild einer Bank, die zugleich ein operierendes und ein beobachtendes System ist. Die Risikoproblematik ist der Einheitspunkt sowohl ihrer Beobachtungen ihrer Umwelt, insbesondere ihrer Märkte, als auch ihrer Operationen der Auswahl von Geschäftspartnern und der Strukturierung ihres Portfolios an Aktiva und Passiva.[33] Möglicherweise kann man sogar noch einen Schritt weiter gehen. Ein neueres ökonomisches Konzept, das Konzept des »delegated monitoring« modelliert die Banken als das Produkt eines von jedem einzelnen Wirtschaftsteilnehmer vorgenommenen beziehungsweise immer neu vorzunehmenden Kalküls, nach dem die Beanspruchung von Finanzintermediären ökonomisch kostengünstiger ist als die Überwachung jeden einzelnen Schuldners durch jeden einzelnen Gläubiger.[34] Im Sinne dieses Konzeptes könnte man dann auch behaupten, daß die Bank sich primär als beobachtendes System ausdifferenziert und behauptet, in dem die dann selegierten operativen Entscheidungen strikt das Ergebnis dieser Beobachtungen und die Reichweite ihrer Operationen das Produkt der Kriterien dieser Beobachtungen sind. Die Bank ist das rückgekoppelte Ergebnis der Unterscheidungen, mit deren Hilfe sie beobachtet, was in der Wirtschaft geschieht.

Vor dem Hintergrund einer solchen Formulierung, die eher die observationalen denn die operativen Leistungen der Bank in den Fokus der Aufmerksamkeit bringt, wird verständlich, daß die ökonomische Theorie der Banken bisher vergeblich danach gefragt hat, worin denn eigentlich der Output der Bankunternehmung bestehe.[35] Womit handeln die Banken? Soweit wir sehen, gibt es auf diese Frage bisher nur eine Antwort, die ebenso vage wie bezeichnend ist: »An integration of the role of banks in the monetary process with their behavior as profit maximizing producers, leads us to suggest ›moneyness‹ as the measure of bank output. We define ›moneyness‹ as a flow of services (›utility‹)

---

33 Siehe auch Baecker 1989a.
34 Vgl. Diamond 1984.
35 Siehe zum Beispiel Klein 1971.

derived from bank deposits.«[36] Es ist nicht zu erkennen, wie diese Antwort, so plausibel sie ist, mit den anderen Elementen der ökonomischen Theorie der Banken integriert werden kann. Wir müssen unsere theoretischen Konzepte neu und anders ansetzen, um Antworten zu finden, die über die ad hoc-Überlegungen der ökonomischen Theorie hinausgehen. Das Ziel eines Neuansatzes wäre ein integratives Verständnis der Funktionsweise von Bankinstituten, Geld- und Finanzmärkten und Marktwirtschaft, wie es auch von der ökonomischen Theorie erstrebt wird.[37] Von der soziologischen Theorie wird dieses Verständnis entlang der Beschreibung des Verhältnisses von Organisation, Markt und Medium im Wirtschaftssystem gesucht.

2. Theorie selbstreferentieller Systeme

Ohne auf den Hinweis auf die »moneyness« verzichten zu wollen, schlagen wir vor, die Theorie der Banken mithilfe neuer Konzepte zu reformulieren, die nicht mehr von einer Input/Output-Schematisierung der beobachteten Systeme, sondern von operationaler Geschlossenheit ausgehen.[38] Freilich setzt das voraus, in ein ganz anderes Theoriegelände überzusetzen, in die Theorie selbstreferentieller Systeme. Wir müssen hier zunächst einige Grundelemente dieser Theorie vorstellen, bevor wir fragen können, wie sie unsere Beschreibung der Banken in der modernen Wirtschaft fördern kann. Wir werden sowohl das soziale System der Wirtschaft wie auch die einzelnen Bankorganisationen als *autopoietische Systeme* verstehen und versuchen, dieses Verständnis sowohl für das Binnengeschehen in Wirtschaft und Banken wie auch für das Verhältnis zwischen Wirtschaft und Banken zu explizieren.

Ein autopoietisches System ist ein System, das sich mittels der Reproduktion der Elemente, aus denen es besteht, durch die Elemente, aus denen es besteht, reproduziert. Wichtig an dieser Ausgangsdefinition ist weniger ihre Tautologie als vielmehr der Unterschied, den sie zwischen System und Elementen macht, und

36 So Goldschmidt 1981, S. 576.
37 Siehe vor allem Baltensperger 1983.
38 Vgl. die Unterscheidung zwischen »couplage par input« und »couplage par clôture« bei Varela 1983 und Varela 1984.

nur macht, um ihn gleich wieder einzuziehen. Das System besteht aus den Elementen, die es reproduzieren. Die Elemente sind das System, das sie reproduzieren und durch dessen Reproduktion sie sich selbst reproduzieren. Bei Humberto Maturana, dem Erfinder der Autopoiesis-Theorie, heißt es: »We maintain that there are systems that are defined as unities as networks of production of components that (1) recursively, through their interactions, generate and realize the network that produces them; and (2) constitute, in the space in which they exist, the boundaries of this network as components that participate in the realization of the network.«[39] Der Zusammenhang zwischen System und Elementen (components) wird hier noch weiter auseinandergezogen durch die Einführung eines Netzwerks der Produktion von Elementen und einer Systemgrenze, die ihrerseits als Element an der Produktion des Netzwerks, das die Elemente reproduziert, mitwirkt.

Die Verzeitlichung des Elementbegriffs zu Elementarereignissen, die Niklas Luhmann vorschlägt,[40] erlaubt es, das Netzwerk als die Strukturen zu verstehen, die es dem System ermöglichen, immer neu dem Reproduktionsbedarf weiterer Anschlußereignisse nachzukommen, die das System reproduzieren. Ereignisse tauchen auf und verschwinden – werden keine neuen Ereignisse gefunden, kommt die Autopoiesis des Systems zu einem Stillstand und damit auch das System selbst. Die Grenze des Systems wird durch nichts anderes als die Elementarereignisse selbst gesetzt, die, insofern sie vorkommen, das System von all dem unterscheiden, was es nicht ist. Die Elementarereignisse sind die Unterscheidungen, die die Grenze zwischen System und Umwelt setzen und immer wieder neu bestätigen. Die Elementarereignisse der Autopoiesis sind daher in einem elementaren Sinne die Operationen, die das System reproduzieren.

Für Ökonomen muß all das denkbar ungewohnt klingen. Ökonomen sind tendenziell noch immer Nationalökonomen, die, sobald sie Makroökonomie treiben, die Wirtschaft aus der Differenz zur Politik begreifen und, wenn sie Mikroökonomie betreiben, über dem Interesse an den logischen Bedingungen der Möglichkeit von Kalkülen die Wirtschaft als solche aus den Augen

39 Maturana 1981, S. 21.
40 Luhmann 1984, S. 387 ff.

verlieren.[41] Vielleicht ist der Autonomiebegriff, mit dem die Ökonomen sich vor den Eingriffsmöglichkeiten der Politik warnen und auf den Eigensinn der ökonomischen Kalküle besinnen, eine mögliche Brücke zum Konzept der Autopoiesis. Maturana definiert die Autonomie eines Systems wie folgt: »A system is autonomous if the relations that characterize it as a unity involve only the system itself, and not other systems.«[42] Vor dem Hintergrund dieses Autonomiebegriffs kann man versuchen, drei Problemdimensionen des Autopoiesiskonzepts zu nennen, nämlich Schließung, Abkopplung und Ausdifferenzierung.

Ein autopoietisches System ist ein operativ geschlossenes System. Es ist auf der Ebene seiner Operationen geschlossen, jedoch offen im Hinblick etwa auf Materie und Energie. Das Konzept der Schließung (closure) stellt die Systemtheorie vor neuartige Anforderungen der Beschreibung und Modellbildung eines Systems. Wie Heinz von Foerster gezeigt hat, operiert ein geschlossenes System unter der Beschränkung des Verlusts eines Freiheitsgrads: Jedes Ende muß, soll sich das System reproduzieren, zugleich ein Anfang sein.[43] Mit anderen Worten: Das System selbst hat weder Anfang noch Ende. Ein Ende findet das System erst dann, wenn es aufhört sich zu reproduzieren – aber das wäre dann ein Ende, das nur noch ein Beobachter und nicht das System selbst feststellen kann. Abgesehen davon gibt es allenfalls interne Episodenbildung, die aber dann vor allem dazu dient, jedes Ende einer Episode so zu gestalten, daß es zugleich als Anfang für eine neue Episode gelten kann. Mit dieser Begriffsfassung werden Versuche hinfällig, die Operationen des Systems unter Rekurs auf einen allgemeinen Zweck oder auch nur auf einen Prozeß (mit Anfang, Richtung und Ende) zu beschreiben.

Auch auf eine Beschreibung des Systems mittels einer Unterscheidung und Identifizierung von Input und Output und einer zwischengeschalteten Transformationsfunktion muß man dann verzichten: Das System kann nur durch eine Beschreibung des Netzwerks der Operationen, die es rekursiv reproduzieren, beschrieben werden.[44] Einer der wichtigsten Folgerungen aus der Idee der Schließung eines sozialen Systems lautet dann: Alle In-

41 Vgl. dazu Baecker 1988, S. 17 ff.
42 Maturana 1981, S. 21.
43 Vgl. von Foerster 1984.
44 Vgl. Varela 1983.

formationen, die ein soziales System verwendet, muß es selbst produzieren. Es kann Informationen weder importieren noch exportieren. Der Begriff der Information rückt damit sehr nahe an den Begriff der Operation heran. Ein operativ geschlossenes System versorgt sich über die rekursiven Vor- und Rückgriffe seiner Operationen mit den Informationen, die es braucht, um seine Operationen rekursiv vernetzen zu können. Freilich kann dies nur gelingen, wenn es seine Umwelt in Distanz setzt.

Ein operativ geschlossenes System operiert daher unter der Prämisse der Abkopplung. Das System hat eine Grenze, jenseits derer es nicht operieren kann. Das heißt, es gibt keinerlei das System konstituierende Operationen, mit denen das System über sich selbst hinausgreifen könnte. Das hat Folgen vor allem für den Realitätskontakt des Systems. Das System gewinnt seinen Realitätskontakt nicht dadurch, daß es gleichsam trotz seiner Schließung und gegen das eigene operative Prinzip verstoßend noch Mittel und Wege findet, sich an seine Umwelt anzupassen, sondern umgekehrt: Weil und indem es sich abkoppelt, kann es seine Operationen derart im rekursiven Vor- und Rückgriff vernetzen, daß es eine eigene, durchsetzungsfähige Realität gewinnt.[45] Die rekursiv operative Reproduktion des Systems *ist* der Realitätskontakt des Systems. Sie generiert in der Auseinandersetzung des Systems mit seiner Umwelt die Wirklichkeit, in der sich das System reproduziert.

Verständlich wird dies allerdings erst, wenn man den Faktor Zeit einführt und die elementaren Operationen eines autopoietischen Systems als Ereignisse faßt, die auftauchen und wieder verschwinden.[46] Die Produktion und Vernetzung dieser Elementarereignisse ist die Reproduktionsleistung des Systems. Zugleich ist diese Form der Inanspruchnahme und Einarbeitung von Zeit die entscheidende Form des Komplexitätsaufbaus im System. Abkopplung heißt dann nichts anderes, als daß das System Mittel und Wege findet, Ereignisse zu produzieren, die es selbst reproduzieren. Es kann keine Ereignisse aus der Umwelt importieren – wie es auch keine Ereignisse exportieren kann. Es besteht aus den Ereignissen, die es reproduzieren. Oder anders: Die Ereignisse

45 Siehe für den besonders »dramatischen« Fall der Erkenntnis Luhmann 1988a.
46 Vgl. zur »Temporalisierung von Komplexität« auch Luhmann 1984, insbes. S. 77 ff.

sind Operationen, die das System reproduzieren, indem sie Anschlüsse für Folgeoperationen bereitstellen. Das einzige Gesetz, unter das das System sich daher gestellt sieht, ist die Sicherung der Anschlußfähigkeit.
Die Schließung und Abkopplung ist die Voraussetzung der Autopoiese eines Systems, stellt dieses jedoch zugleich auch unter zunehmende Anforderungen, unter denen die Informationsverarbeitung und die Gedächtnisbildung die in unserem Zusammenhang wichtigsten sind.[47] Das System muß eine ausreichende Eigenkomplexität gewinnen, um diesen Anforderungen gerecht werden zu können. Es muß erstens seine Grenzen als steigerbare Leistungen behandeln können, das heißt seine Abkopplung forcieren können, um Zeit und Raum für die interne Anschlußfindung zu gewinnen, und es muß zweitens über die Möglichkeit der Selbstbeobachtung verfügen. Beide Aspekte zusammen wollen wir unter dem Stichwort Ausdifferenzierung behandeln,[48] da ein System seine Grenze offensichtlich nur dann als steigerbare Leistung behandeln kann, wenn es diese Grenze beobachtet. Da die Grenze nichts anderes ist als die Differenz von System und Umwelt, bedeutet diese Beobachtung der Grenze die Wiedereinführung der Differenz von System und Umwelt in das System. Aber auch umgekehrt: Für G. Spencer-Brown bedeutet der Wiedereintritt (re-entry) der Differenz von System und Umwelt in das System die Bedingung der Möglichkeit der Selbstbeobachtung.[49]
Der Hinweis auf die Möglichkeit der Selbstbeobachtung eines Systems markiert einen entscheidenden Schritt, mit dem das Autopoiesis-Konzept zum Konzept einer allgemeineren Theorie kognitiver Systeme wird. Gegen diesen Schritt hegt Maturana große Bedenken, weil für ihn Kognition (zu der auch Zellen, Nervensysteme, Immunsysteme fähig sind) noch nicht Selbstbeobachtung impliziert. Seines Mitstreiters Francisco Varela Theorie der Immunsysteme vollzieht den Schritt jedoch ein Stück weit mit, weil für ihn die Leistung der Immunsysteme nur aus der Fähigkeit der Selbstbeobachtung zu erklären ist.[50] Und für Soziologen ist dieser Schritt unverzichtbar, da Selbstbeobachtungsfähigkeit eine der wesentlichen Eigenschaften sozialer Systeme ist. Kognition ist

47 Vgl. zum Gedächtnis auch Baecker 1987 und Baecker 1991.
48 Vgl. zum ersten der beiden Aspekte Luhmann 1984, S. 54 f.
49 Vgl. Spencer-Brown 1979, S. 69 ff. und 102 ff. (insbes. S. 105).
50 Siehe Vaz/Varela 1978.

dann eine der Grundeigenschaften von Selbstreferenz; wo Selbstreferenz vorliegt, muß auch Kognition vorliegen. Das nun wiederum heißt nichts anderes, als daß das Autopoiesis-Konzept im Rahmen einer allgemeinen Theorie kognitiver, selbstreferentieller Systeme mit Konzepten der sogenannten »second order cybernetics« zu verbinden ist, die als eine Theorie der Unterscheidung von Operationen und Beobachtungen zu beschreiben ist.

Die second order cybernetics geht noch einen Schritt über die quantenphysikalisch angeregte Entdeckung des Beobachters und seiner unvermeidbaren Implikation in den Gegenstand, den er beobachtet, hinaus und postuliert, daß der Gegenstand selbst, insofern er ein System ist, nicht mehr nur als beobachtetes System, sondern zunächst und vor allem als seinerseits beobachtendes System zu konzipieren ist.[51] Das ist letztlich nichts anderes als die Konsequenz der Entdeckung, daß die organisierte Komplexität[52] unserer Welt und der organischen, psychischen und sozialen Systeme in dieser Welt sich den klassischen Beobachtungsansätzen entzieht, die mithilfe einer Ursache/Wirkung-, Zweck/Mittel- oder Input/Output-Schematisierung die Verhältnisse für Erkenntnis und Intervention bereits ausreichend asymmetrisieren zu können glaubten.

Die second order cybernetics schließt daraus jedoch nicht mehr auf die Unerreichbarkeit des Dings an sich und ein weiterhin inkrementalistisches Vorgehen im Zeichen einer asymptotischen Annäherung an die Wahrheit, sondern sie wechselt ihr Erkenntnisinteresse: Sie beobachtet nicht die Welt, sondern das, was andere Beobachter für die Welt halten. Nicht um Objektivität geht es ihr, sondern um die Beschreibung von Beobachtungen, die Rückschlüsse erlauben auf die Eigenschaften der Beobachter. Sie radikalisiert dieses Vorgehen bis hin zu der Einsicht, daß alle Arten von Unterscheidungen, also alle Arten von Sichtbarmachungen der Welt, ausschließlich beobachterabhängig sind. Mit anderen Worten: Die Logik der Welt ist die Logik der Beschreibung der Welt.

Der Beobachter ist seinerseits ein System. Anders wäre er weder abkopplungs- noch reproduktionsfähig. Das heißt, in dem Maße,

---

51 Siehe vor allem von Foerster 1981 (dt. Übers. 1985), von Foerster 1977 und Glanville 1988. Vgl. dazu Baecker 1985.
52 Siehe Weaver 1948.

wie er beobachtet, operiert er auch. Die Beobachtung ist eine Operation. Die Beobachtung ist die Verwendung einer Unterscheidung, deren eine Seite (Innenseite: marked state) im Unterschied zur anderen Seite (Außenseite: unmarked state) bezeichnet wird. Spencer-Brown spricht in seiner Logik von distinction und indication und verwendet den Haken ⌐ zur Notation der Unterscheidung und ihrer Asymmetrie. Beobachtungen sind Operationen, die unter Ausnutzung ihrer Selbstreferenz »blind« aneinander anschließen oder aber unter Einsatz der Differenz zwischen Selbstreferenz und Fremdreferenz auch Kontingenzchancen und Freiheitsspielräume wahrnehmen. Das können sie nur, indem sie Beobachtungen sind, die ihre Anschlüsse im Wechsel zwischen Selbstreferenz und Fremdreferenz gleichsam erst noch suchen, beziehungsweise: entscheiden müssen. Der sicherste Mechanismus der Anschlußfindung – wenn es solch einen Mechanismus überhaupt gibt – ist die Beobachtung der Beobachtung als Operation. Jede Operation verändert die Verhältnisse, variiert also die Bedingungen, unter denen Anschlüsse gesucht und gefunden werden können.

Der Beobachter ist ein autopoietisches System, und Beobachtung ist ein Phänomen der Autopoiese. Interessanterweise gilt der Beobachtungsbegriff dann für alle bisher erforschten autopoietischen Systeme, für Leben, Bewußtsein und Kommunikation, das heißt für organische, psychische und soziale Systeme. Alle diese Systeme sind kognitionsfähig in dem elementaren Sinne, daß sie Distinktionen zu setzen vermögen. Und sie müssen Distinktionen setzen, um sich auszugrenzen und zu reproduzieren, denn in der Umwelt gibt es keine Distinktionen.[53] Und alle diese Systeme enthalten Modelle ihrer Umwelt und ihres eigenen Reproduktionsnetzwerks, das heißt, sie fixieren Ausschnitte ihrer Beobachtungen in Form von Beschreibungen (in Form von genetischen Codes, fixen Ideen, Schaltplänen, Blaupausen, Semantiken, Programmen oder was auch immer), die eine raschere Anschlußfindung von Folgeoperationen ermöglichen.

Die second order cybernetics wechselt somit von der Beobachtung einer als real gesetzten (und sich dann laufend entziehenden) Welt auf die Beobachtung von Beobachtern, die jeweils eine Welt (ihre Welt) als real setzen. Sie weiß, Welten werden hervorge-

---

53 Vgl. Luhmann 1988a.

bracht, wenn und indem Distinktionen gesetzt werden,[54] und fragt daher nach den Distinktionen, die unterschiedliche Beobachter einsetzen, und nach den Beschreibungen, in denen bestimmte Beobachtungsmodi festgehalten sind. Aber die second order cybernetics geht noch einen Schritt weiter: Sie unterstellt ihr eigenes Vorgehen auch allen anderen Beobachtern, die je beobachten oder beobachtet werden können. Das heißt, der Realitätskontakt jeden Beobachters läuft über die Beobachtung anderer Beobachter. Niemand kann sich unabhängig von den Distinktionen, die andere setzen, über Zustände der Welt informieren. Wenn das für jeden Beobachter gilt, dann gilt das auch für die Wirtschaft und für die Banken, wenn und insofern sie als beobachtende Systeme beschrieben werden können.

3. Die Autopoiesis der Wirtschaft

Die Banken der Wirtschaft sind Organisationssysteme in einem funktional ausdifferenzierten Subsystem der Gesellschaft. Wir haben es mit Organisationen und mit einem Funktionssystem zu tun, also mit zwei unterschiedlichen Typen sozialer Systeme,[55] von denen nicht ohne weiteres behauptet werden kann, es handele sich um autopoietische Systeme. In beiden Fälle muß geprüft werden, ob die Kriterien der selbstreferentiellen Reproduktion, nämlich Geschlossenheit, Abkopplung und Ausdifferenzierung, für diese Systeme gelten. Überdies ist damit zu rechnen, daß ein gesellschaftliches Subsystem andere Anforderungen an seine Autopoiese stellt und seine Autopoiese anders spezifiziert und strukturiert als ein Organisationssystem. Ob ein System autopoietisch ist oder nicht, läßt sich testen, indem entsprechend den genannten Kriterien nach a) den das System reproduzierenden Elementarereignissen, b) der das System von seiner Umwelt unterscheidenden Grenze und c) den Anschlußfähigkeit sichernden Strukturen gefragt wird.

Wir gehen davon aus, daß es sich sowohl beim Wirtschaftssystem als auch bei einer Bank um soziale Systeme handelt, also weder

---

54 »Draw a distinction!« ist daher die erste Instruktion in der Logik Spencer-Browns. Siehe auch Bateson 1981 und Maturana 1982.
55 Siehe zur Unterscheidung zwischen verschiedenen Systemtypen Luhmann 1982.

um Automaten oder Maschinen noch um Organismen oder Bewußtseine. Die Autopoiesis der Wirtschaft und der Bank, wenn es denn autopoietische Systeme sind, sind auf der Basis von Kommunikation definiert. Kommunikationen sind die Elementarereignisse und Elementaroperationen sozialer Systeme. Sie grenzen ein soziales System aus seiner Umwelt aus, indem sie auf der Grundlage von Sinnverweisungen Akte der Information, der Mitteilung und des Verstehens zu differenzieren und zu synthetisieren erlauben.[56] Kommunikationen sind Selektionen im Medium des Sinns. Indem sie ihre Elementaroperationen als Elementarereignisse fassen, sind soziale Systeme zugleich temporalisierte Systeme, die das Auftauchen und Verschwinden ihrer basalen Elemente zum Einbau von Zeit und zur Dynamisierung des Systems über die Prozedierung von Vorher/Nachher-Differenzen nutzen können.

Die Ausdifferenzierung sozialer Systeme vollzieht sich über den Aufbau von selbstsubstitutiven Erwartungsstrukturen, die im Medium des Sinns und unter fallweiser Beanspruchung der ebenfalls im Medium des Sinns operierenden psychischen Systeme in der Umwelt sozialer Systeme Anschlußmöglichkeiten für Folgeoperationen bereithalten. Bei zunehmender Komplexität eines sozialen Systems und entsprechend zunehmender Unwahrscheinlichkeit der Reproduktion des Systems können spezifische Medien entwickelt werden, die die Reproduktion des Systems insofern erleichtern (und beschleunigen) als sie ein Selektionspotential für Folgeoperationen laufend bereithalten.

Zu unterstreichen ist, daß die elementaren Operationen sozialer Systeme in der hier zugrundegelegten Formulierung der Theorie selbstreferentieller Systeme Kommunikationen und nicht Handlungen sind. Das hängt unter anderem damit zusammen, daß bereits Talcott Parsons die Komplexität einer Handlung nur beschreiben konnte, indem er davon ausging, daß eine Handlung ein System ist. Das legt einen Rückgriff auf das »basalere« Element der Kommunikation nahe, zumal es präziser im Kontext des soziale Systeme definierenden Sinnmediums gefaßt werden kann, als das mit dem Begriff der Handlung etwa im Anschluß an Max Weber[57] je gelungen ist. In unserem Zusammenhang wichtiger ist,

56 Vgl. vor allem Luhmann 1984, S. 191 ff.
57 Siehe zu den Begriffen des »sozialen Handelns« und der »sozialen Beziehung« Weber 1972, S. 1 und S. 13.

daß wir mit diesem Ausgangspunkt die Möglichkeit eines eleganten Einbaus der Frage der Informationsgewinnung und -verarbeitung in die Analyse sozialer Systeme gewinnen. Die etwa am Mitteilungsaspekt der Kommunikation ansetzende Zurechnung von Kommunikationen auf Handlungen ist dann ihrerseits als Technik der Selbstversorgung des Systems mit Informationen über eigene Zustände, mit bestätigten oder enttäuschten Erwartungen, zu beschreiben.

Was ist nun die basale Operation, der elementare Kommunikationsakt der Wirtschaft? Welcher kommunikative Akt wäre geeignet, spezifische Informations-, Mitteilungs- und Verstehensakte derart zu synthetisieren, daß eine hinreichend robuste basale Operation zur Verfügung steht, die geeignet ist, durch rekursive Vor- und Rückgriffe das Wirtschaftssystem zu schließen, abzukoppeln und auszudifferenzieren? Welche Kommunikation teilt mit, daß es um einen wirtschaftlichen Akt geht, informiert zugleich über Konditionen des wirtschaftlichen Aktes und macht überdies verständlich, daß sich die Konditionen gegenüber dem Faktum des wirtschaftlichen Aktes variieren lassen, so daß sich Annahme oder Ablehnung der Kommunikationsofferte mit Vorstellungen oder Vorschlägen für Folgeoperationen verknüpfen lassen?

Vieles spricht dafür, die Zahlung als die elementare Kommunikationsform der Wirtschaft anzusehen.[58] Die Zahlung informiert darüber, *welche* Preise für *welche* Leistungen gezahlt werden. Sie teilt mit, *daß* bestimmte Preise für bestimmte Leistungen gezahlt werden. Und wer sich auf eine Zahlung einläßt, hat verstanden, daß er innerhalb des Wirtschaftssystems operiert, daß das Verhältnis von Preis und Leistung kontingent, also variierbar ist und daß mit einer Zahlung eine spezifische Sinndimension angesprochen ist, die alle anderen Sinndimensionen, etwa ästhetische oder moralische, aber auch religiöse und politische, unbehelligt und unbeansprucht läßt. Und nicht zuletzt läßt sich an der Zahlung die Selbstreferenz der Wirtschaft auf ihr rekursives Netzwerk von Zahlungsoperationen und ihre je wechselnde Fremdreferenz auf unterschiedliche Bedürfnisse und Leistungen auseinanderhalten, so daß die Selbstreferenz der Zahlung als Hinweis auf die (immer noch) laufende Autopoiesis der Wirtschaft und ihre Fremdrefe-

---

58 So der Vorschlag von Luhmann 1988, insbes. S. 43 ff.

renz als Hinweis auf die Konditionen, nämlich bestimmte Preise, Leistungen und Bedürfnisse, zu denen diese Autopoiesis gegenwärtig läuft, genommen werden kann. Kurz: »Zahlungen haben alle Eigenschaften eines autopoietischen Elements: Sie sind nur aufgrund von Zahlungen möglich und haben im rekursiven Zusammenhang der Autopoiesis der Wirtschaft keinen anderen Sinn, als Zahlungen zu ermöglichen.«[59]
Das Wirtschaftssystem operiert geschlossen, denn es kann Zahlungen nur an Zahlungen anschließen. Nur über Zahlungen läßt sich Zahlungsfähigkeit regenerieren. Oder anders herum formuliert: Nur indem man andere zu Zahlungen veranlaßt, kann man eigene Zahlungsunfähigkeit abwälzen. Das System insgesamt hat keinen Anfang und kein Ende: Es reproduziert sich über die Reproduktion von Zahlungen, solange Zahlungen auftauchen, die Zahlungen reproduzieren. Über die variierende Höhe der Zahlungen, also sinkende und steigende Preise, versorgt sich das System auf der Basis seiner Operationen mit allen Informationen, die es braucht, um die rekursive Anschlußfähigkeit seiner Operationen zu sichern.
Über Zahlungen koppelt sich das Wirtschaftssystem von seiner Umwelt ab: Zahlungen stehen in Differenz zu natürlichen Randbedingungen, psychischen Zuständen und religiösen, politischen, wissenschaftlichen, pädagogischen oder anderen sozialen Sinnverweisungen. Und das heißt eben auch: Über Zahlungen wird im Hinblick auf Zahlungen entschieden. Die Differenz zur Umwelt des Systems steigert die Sensibilität des Systems für eigene Zustände. Das System gewinnt Zeit und es schafft sich in der Reproduktionsgeschwindigkeit der Zahlungen eine eigene Zeit, die es in dem Maße, indem ein Marktgeschehen wie etwa auf Geldmärkten oder an Börsen sich von der Rückbindung an die Transaktion von Leistungen temporär befreit, auch ungehindert nutzen kann. Das System gewinnt eine Dynamik, die nur noch von den Anforderungen der Buchhaltung gebremst wird.
Die Ausdifferenzierung des Wirtschaftssystems vollzieht sich im wesentlichen über die Auszeichnung von Preisen. Preise markieren die Erwartung, daß anschließende Kommunikation über Zahlungen läuft und nicht über Macht, Recht, Liebe oder Glauben. Preise halten fest, auf welcher Ebene das System operiert, und sie

---

59 Luhmann 1988, S. 52.

weisen zugleich Informationen aus, anhand derer im System beobachtet werden kann, was im System geschieht. Das System steuert sich selbst, indem es beobachtet, welche Preise bezahlt werden und welche nicht. An die Preisbildung ist damit auch die Bildung von Erwartungen geknüpft, über die im System Anschlüsse für Folgeoperationen vorstrukturiert und bereitgehalten werden, so daß das System über die Bestätigung beziehungsweise Enttäuschung von Erwartungen Informationen darüber gewinnt, welche Preise bezahlt werden und welche nicht. Erwartungsstrukturen werden in erster Linie aus der Beobachtung der Operationen des Systems und bei zunehmender Komplexität und Dynamik des Systems überdies aus einer die Möglichkeit von Operationen kalkulierenden Beobachtung von Beobachtungen gewonnen, die die Existenz von Märkten voraussetzt.[60]

Die Operationen der Wirtschaft sind über die Differenz Zahlung/Nicht-Zahlung binär codiert, wobei der positive Wert der Anschlußwert und der negative Wert der Reflexionswert der selbstreferentiellen Reproduktion des Wirtschaftssystems ist. Der negative Wert der Nicht-Zahlung repräsentiert somit im System die Kontingenz der Anschlußoperationen. Er dient zur Auszeichnung der Unwahrscheinlichkeit der Autopoiesis der Wirtschaft. Die Selbstreferenz der Operationen der Wirtschaft läuft über den positiven Anschlußwert im Spiegel des negativen Reflexionswerts. Von den Beobachtungen innerhalb der Wirtschaft gilt dagegen, daß sie im Spiegel des positiven Anschlußwerts, also im Spiegel von Zahlungen, den negativen Reflexionswert zum Ausgangspunkt einer differenzierenden und spezifizierenden Erkundung unterschiedlicher Möglichkeiten der Nicht-Zahlung nehmen. Von hier aus können Beobachtungen anhand einer Rekonstruktion verschiedener Akzeptions- und Rejektionswerte[61] von Zahlungsentscheidungen die Anreiz- und Risikohorizonte anderer Wirtschaftsteilnehmer, etwa von Kunden oder Konkurrenten, in ihre eigenen Kalküle miteinbeziehen.[62]

---

60 Vgl. Baecker 1988, S. 198 ff.
61 Diese Begriffe finden sich bei Günther 1976, S. 287 ff.
62 Vgl. Baecker 1988, S. 227 ff.

4. Die Autopoiesis der Organisation

Wie steht es nun mit Organisationen? Sind auch Organisationen temporalisierte soziale Systeme, die sich über die Reproduktion spezifischer Elementarereignisse reproduzieren und über der rekursiven Vernetzung dieser Elementarereignisse schließen? Sind Organisationen autopoietische Systeme, die sich von ihrer Umwelt abkoppeln und anhand des Ausweises eigener Strukturen ausdifferenzieren? Die basale Operation der Entscheidung erfüllt alle Forderungen, die man an ein autopoietisches Element stellen kann.[63] Entscheidungen sind Kommunikationen, die den Mitteilungsakt herauspräparieren zur Spezifizierung von Anschlußoperationen, über deren Konditionen der Informationsakt Auskunft gibt. Eine Entscheidung wird verstanden, wenn diese Engführung einer kommunikativen Situation auf nur noch wenige und in Entscheidungsprogrammen unter Umständen vorab festgelegte Anschlußentscheidungen verstanden wird. Entscheidungen sind somit Kommunikationen, die sich als Grundelemente von Zweck- und Konditionalprogrammen vor allem darum eignen, weil im Anschluß an Entscheidungen fast nur noch Entscheidungen gefällt werden können. Organisationen sind soziale Systeme, die sich in diesem Sog der Entscheidungen installieren, in dem auch beliebige andere Kommunikationen fast immer als Entscheidungen ausgelegt werden können, an die andere Entscheidungen angeschlossen werden können.[64]

Über die rekursive Verknüpfung von Entscheidungen mit Entscheidungen schließen sich Organisationen. Jede Entscheidung setzt ein Ende, das zugleich als ein Anfang interpretiert werden können muß. Die operationale Geschlossenheit äußert sich dann auch darin, daß Kommunikationen in die Form der Entscheidung gebracht werden müssen, sollen sie für die Organisation von Relevanz sein oder in der Organisation Effekte bewirken. Zugleich koppeln sich Organisationen über diese Spezifikation ihrer Elementaroperationen von ihrer Umwelt ab, indem sie in Organisationsstrukturen, Entscheidungsprogrammen und Mitglied-

---

63 Siehe hierzu und zum folgenden Luhmann 1978 und Luhmann 1988b.
64 Nebenbei bemerkt, scheint dies der Grund dafür zu sein, daß es in Organisationen so leicht zu Intrigen kommt. Intrigen bauen sich auf aus den (Fehl-)Deutungen von Kommunikationen und Handlungen als Entscheidungen für oder gegen Personen.

schaftsregeln sachliche und personale Kriterien setzt, von wem welche Entscheidungen zu treffen sind. Und schließlich differenzieren sich Organisationen aus, indem sie durch eigene Entscheidungen Erwartungsstrukturen spezifizieren, in denen festgelegt oder zumindest eingeschränkt werden kann, welches Handeln als Entscheiden behandelt werden kann. Strukturen spielen eine wichtige Rolle in der Reproduktion der Organisation, denn sie dienen zur »Überbrückung der Distanz von Entscheidung zu Entscheidung.«[65] Indem Entscheidungen an Entscheidungen anknüpfen und auf Entscheidungen vorgreifen, bildet sich eine zeitliche Rekursivität heraus, innerhalb derer Strukturen sowohl eingeführt als auch getestet, umgangen und aufgelöst werden können.

Entscheidungen sind Ereignisse, die auftauchen und wieder verschwinden. Soll die Organisation sich reproduzieren, müssen Entscheidungen produziert werden. Das einzige Mittel, das dazu zur Verfügung steht, sind Entscheidungen, die sich in wesentlichen Hinsichten wiederholen und doch natürlich nicht immer dieselben sein dürfen. Die je besondere Gemengelage von Redundanz und Varianz hängt, im Falle von Unternehmensorganisationen innerhalb der Wirtschaft, unter anderem von der Stabilität oder Turbulenz des Marktes ab, auf dem sich die Organisation zu bewähren sucht.[66] Mittels Redundanz schränkt die Organisation Entscheidungsspielräume ein, mittels Varietät reagiert sie auf Turbulenzen in der Umwelt.

Die Umwelt wird von der Organisation als Irritation, Störung oder Rauschen erfahren. Es ist allerdings bemerkenswert, daß sie darauf tendenziell mit Redundanzsteigerung, also Rigidisierung ihrer Entscheidungsstrukturen reagiert. Man hat noch nie von Organisationen gehört, die sich in ihre Umwelt aufgelöst hätten. Es ist, als bilde Entropiesteigerung trotz oder gerade wegen allem

---

65 Luhmann 1988b, S. 172.
66 Vgl. Emery/Trist 1965, für die sich eine turbulente Umwelt vor allem dadurch auszeichnet, daß die Organisation Effekte ihres eigenen Wirkens auf die Umwelt zu spüren bekommt. Solche Rückkopplungen verstärken die Unprognostizierbarkeit der Geschehnisse, indem sie eine größere Komplexität möglicher Interdependenzen ins Spiel bringen. Neuerdings wird die Turbulenz des Marktes wieder als entscheidende Herausforderung für das Management von Unternehmen gesehen. Vgl. etwa Peters 1988.

»organizational slack« für Organisationen keine wirkliche Gefahr. Woran liegt das eigentlich? Das Schicksal von Organisationen ist auffallend häufig die Rigidisierung mit anschließendem Zerbrechen, wenn die Umwelt sich derart verändert hat, daß ihr Rauschen in der Kombination mit eigenen Entscheidungsprogrammen kein Selektionspotential für die Entscheidungen der Organisationen mehr darstellt.

Banken sind Organisationen innerhalb des Wirtschaftssystems. Auch sie reproduzieren sich autopoietisch anhand der Reproduktion von spezifischen Entscheidungen, die sie zu einem individuellen Netzwerk rekursiver Operationen schließen, von ihrer Umwelt abkoppeln und über den Aufbau besonderer Erwartungsstrukturen aus ihrer Umwelt ausdifferenzieren. Banken unterscheiden sich somit sowohl von der Autopoiesis der Wirtschaft selbst wie auch von anderen Unternehmensorganisationen innerhalb der Wirtschaft. Das heißt, die Autopoiesis der Banken ist identisch zu setzen weder mit der schieren Reproduktion von Zahlungen, die die Autopoiese der Wirtschaft kennzeichnet, noch mit operativen Fokussierungen auf je besondere Kopplungen von Selbst- und Fremdreferenzen, also Preis/Leistungs-Verhältnisse, die die Unternehmen der Wirtschaft auszeichnen. In Banken geht es auch um die Reproduktion von Zahlungen und auch um die Einbringung besonderer Preis/Leistungs-Verhältnisse in die Wirtschaft, aber das Spezifikum der Banken liegt woanders: Es liegt in der Respezifikation der Autopoiesis der Wirtschaft als Medium für spezifische Formbildungen.

5. Zahlungsversprechen

Für alles Weitere ist entscheidend, wie wir uns das Verhältnis der Autopoiesis der Wirtschaft zur Autopoiesis der Banken vorzustellen haben. Grundsätzlich gilt, daß Organisationen die Autopoiesis eines gesellschaftlichen Subsystems mit Entscheidungsfähigkeit anreichern. Unternehmen wie auch Banken interpretieren den binären Code der Wirtschaft, der streng symmetrisch gebaut ist, als eine Asymmetrie, in der der positive Wert als Anschlußwert zu präferieren ist. Sie kopieren sich, wenn man so sagen darf, in die Autopoiesis der Wirtschaft hinein, indem sie die Reproduktion von Zahlungen zum Selektionswert ihrer Entscheidungen machen. Anders formuliert: sie konditionieren ihre Reproduktion von Entscheidungen durch Entscheidungen durch das aus der Wirtschaft internalisierte Kriterium der Steigerung oder mindestens Regeneration von Zahlungsfähigkeit. Profitabilität oder Rentabilität ist die Form, über die die Autopoiesis der Wirtschaft in die Entscheidungsprogramme der unternehmerischen Organisationen hineinkopiert wird. Umgekehrt leisten diese Organisationen einen wesentlichen Beitrag zur Autopoiese der Wirtschaft, indem sie Zahlungsbereitschaften bereithalten, die an den kontinuierlichen Empfang von Zahlungen gebunden sind.

Banken sind als Organisationen soziale Systeme mit je spezifischen Umwelten, in denen Kommunikation, Bewußtsein, Leben, Energie und Materie vorkommen, also alles, was auch innerhalb der Organisation sei es als Voraussetzung, sei es als Randbedingung rekursiv verknüpfter Entscheidungsstrukturen eine Rolle spielt. Wir können annehmen, daß soziale Systeme, vor allem die Wirtschaft, aber auch die Politik, die Wissenschaft oder die Erziehung und besondere Eigenschaften psychischer Systeme, etwa Ängstlichkeit, Unbeirrbarkeit oder Risikobereitschaft, primäre Relevanz unter all dem haben, was Banken in ihrer Umwelt vorfinden. Das Rauschen der Umwelt besitzt für eine Bank bereits eine besondere Struktur – auch wenn jeder andere Beobachter andere Strukturen unterscheiden würde. Da uns im folgenden vor allem das Verhältnis der Banken zur Wirtschaft interessiert, lassen wir in dieser Untersuchung viele Aspekte der für Banken relevanten Umwelt beiseite, ohne darauf zu verzichten, sie unter Umständen fallweise wieder einzubeziehen. Wichtig ist nur, festzuhalten, daß das, was im folgenden über das Verhältnis der Banken zur Wirtschaft gesagt wird, mithilfe einer Fragestellung gesagt wird, die man auch auf andere Aspekte der System/Umwelt-Differenz von Banken fokussieren könnte – natürlich mit anderen Ergebnissen. Wir konzentrieren uns jedoch auf das Verhältnis der Banken zur Wirtschaft, weil wir hier besondere Relevanzdominanzen vermuten, deren Beschreibung Entscheidendes sowohl zum Verständnis der Wirtschaft wie auch zu jenem der Banken beitragen kann.

Die Bank beschreibt und reflektiert sich selbst als ein Unternehmen der Wirtschaft. Alle Ungewißheiten über diesen Punkt können immer wieder dadurch ausgeräumt werden, daß die Bank Profitziele verfolgt. Für uns bedeutet diese Relevanzdominanz der Wirtschaft jedoch zunächst, daß wir die Frage stellen müssen, wie die Bank aus dem Rauschen ihrer Umwelt Spezifika der Wirtschaft herausliest, oder kürzer: *Wie* liest die Bank das Rauschen der Wirtschaft? Die Antwort auf diese Frage wird lauten: Sie liest es in ihren eigenen Büchern – aber dort steht nicht alles geschrieben. Ein wichtiger Punkt ist damit schon angedeutet: Die Bank schließt selbstreferentiell auf Aspekte ihrer Umwelt, sie erschließt Fremdreferenzen aus der Selbstreferenz. Wie das?

Unsere Hypothese ist, *daß die Bank ihre Umwelt als Medium reinterpretiert, in dem eigene Formbildungen möglich sind*. Den Konnex der Banken mit ihrer wirtschaftlichen Umwelt bildet ein »form trading«, in dem sowohl die Banken als auch andere Teilnehmer an der Wirtschaft als Urheber von Formbildungen in Frage kommen. Das entscheidende Medium ist natürlich das Geld, die wichtigsten Formen sind Zahlungen.[67] Soweit gilt dies jedoch für alle Organisationen (Unternehmen, Haushalte), die in der Wirtschaft tätig sind. Sie alle sind um die Regeneration ihrer Zahlungsfähigkeit bemüht, um so die Voraussetzung dafür zu schaffen, an der Autopoiesis der Wirtschaft weiterhin partizipieren zu können. Worin besteht darüber hinaus das Spezifikum der Banken?

Das Spezifikum der Banken besteht darin, daß sie mit Zahlungsversprechen handeln, das heißt sie kaufen Zahlungsversprechen und sie verkaufen Zahlungsversprechen. Sie kaufen Einlagen und sie verkaufen Kredite. Derselbe Sachverhalt, unter einem anderen, nämlich rechtlichen Blickwinkel formuliert, ist gemeint, wenn man sagt, daß Banken durch den Verkauf von Krediten Forderungen erwerben und durch den Verkauf von Einlagen Forderungen verkaufen – wobei in diesem Fall die zweifache Rede

---

67 Die Unterscheidung von Form und Medium ist im Anschluß an die im Zusammenhang wahrnehmungspsychologischer Überlegungen entwickelte Differenz von Ding und Medium bei Heider 1926 formuliert. Siehe zur Anwendung auf die Geldtheorie und in der Auseinandersetzung mit Simmel 1900 auch Baecker 1990b. Wenn wir von Geld als dem *entscheidenden* Medium sprechen, von Zahlungen als den uns primär interessierenden Formen, ist damit nur etwas über besondere Relevanzen ausgesagt. Es wäre nach dem oben Gesagten natürlich auch denkbar, Spezifika der Bankorganisation etwa im Hinblick auf Formbildungen im Medium der (inner- wie auch zwischenbetrieblichen) Macht (bindende Entscheidungen) zu untersuchen.

von Verkauf den Blickwinkel des Marketings seitens der Bank reflektiert. Wir folgen jedoch dem Vorschlag von Maurice Allais, primär von Zahlungsversprechen (promises to pay)[68] und nicht von Forderungen zu sprechen, um unsere Analyse ökonomisch zu situieren und nicht vorzeitig mit Engführungen auf das Rechtssystem zu belasten. Allais erläutert: »The term ›promise to pay‹ is much more significant from an economic viewpoint than the ›claim‹. At first sight there is nothing objectionable about the accumulation of claims, but the drawbacks become evident immediately when one speaks of the accumulation of promises to pay.«[69] Der Erwerb und Verkauf von Zahlungsversprechungen ist an Zusatzbedingungen geknüpft, die über die Sicherung von Versprechungen durch Forderungen weit hinausgehen und generell die auch künftige Zahlungsfähigkeit dessen, der das Versprechen abgibt, im Blick haben und nicht nur die rechtliche Durchsetzbarkeit der eigenen Forderung.

Ein Zahlungsversprechen ist eine durchaus komplexe Einheit. Es wird nur unter besonderen Bedingungen abgegeben und es wird nur unter besonderen Bedingungen angenommen. Erstens ist nur derjenige bereit, ein Zahlungsversprechen abzugeben, der im Austausch für dieses künftig einzulösende Versprechen gegenwärtige Zahlungen erwerben kann, die es ihm erlauben, temporäre Zahlungsschwierigkeiten im Hinblick auf Zahlungserwartungen zu überbrücken. Einen Kredit erwirbt und ein Zahlungsversprechen verkauft derjenige, der eine momentane Zahlungsunfähigkeit ausgleichen will. Und Einlagen (oder eigene Kredite) erwirbt und Zahlungsversprechen verkauft diejenige Bank, die Zahlungsfähigkeit gewinnen will, um die Zahlungsunfähigkeit anderer im Kreditgeschäft gewinnbringend ausnutzen zu können. Es geht demnach jeweils um die Substitution von Nicht-Zahlungen, denen die temporäre Zahlungsunfähigkeit geschuldet ist, durch anderweitig erworbene Zahlungen – es geht um für den Finanzmarkt typische Transaktionen.[70]

Zweitens zwingt das Zahlungsversprechen zur Beobachtung sowohl der in Aussicht gestellten Zahlungsfähigkeit als auch der immer denkbaren Zahlungsunfähigkeit dessen, der das Versprechen abgibt – also des Kreditnehmers im Fall des Kredits und der

68 Siehe Allais 1987, S. 495 f.
69 Allais 1987, S. 537, Anm. 25.
70 Vgl. zum Finanzmarkt: Baecker 1988, S. 281 ff.

Bank im Fall der Einlagen. Das Zahlungsversprechen rechnet sowohl mit Zahlungen als auch mit Nicht-Zahlungen. In der Form des Zahlungsversprechens ist somit eine Referenz sowohl auf den Anschlußwert der Autopoiesis der Wirtschaft (Zahlungen) wie auch auf den Reflexionswert dieser Autopoiesis (Nicht-Zahlungen) enthalten. Und um dies formulieren zu können, müssen wir *in der Form* des Zahlungsversprechens begrifflich sowohl das Versprechen selbst als auch die Beobachtung des Versprechens im Hinblick auf seine erwartbare Erfüllung unterbringen. Genau darum dürfen wir – und müssen wir – sagen, daß das Zahlungsversprechen ein kommunikativer Sachverhalt ist (also nicht etwa nur eine Handlung, die dann mehr oder weniger orientiert nach Mittätern sucht...), der einerseits eng in die Autopoiesis der Wirtschaft verwoben ist und andererseits Organisationen voraussetzt, die das Versprechen abgeben und entgegennehmen. Und die Autopoiesis der Bankorganisation besteht in Entscheidungen über die Abgabe und Annahme von Zahlungsversprechen und in Entscheidungen, die diese Entscheidungen reproduzieren.

In beiden Fällen geht es um komplexe Gemengelagen von Zahlungen und Nicht-Zahlungen, die durch Zurechnung auf unterschiedliche Zeithorizonte, unterschiedliche Organisationen und möglicherweise auch unterschiedliche Warenbündel derart aufgesplittet werden, daß sie etwa zwischen Banken und Einlegern oder Banken und Kreditnehmern handelsfähig werden.

Wir können daher jetzt genauer formulieren, daß Banken mit Einheiten (Zahlungsversprechen von der Bank und an die Bank) handeln, die Formbildungen im Medium der Differenz von Zahlungen und Nicht-Zahlungen sind.[71] Was das im einzelnen heißen kann, werden wir uns am Beipiel einzelner Bankgeschäfte detaillierter ansehen können.[72] Einstweilen ist nur hervorzuheben, daß wir mit dieser Formulierung das Verhältnis der Autopoiesis der Banken zur Autopoiesis der Wirtschaft bestimmt haben: Die Banken reproduzieren sich über die Reproduktion von Entscheidungen, die jeweils auf den Handel mit Formen zielen, die die Differenz von Zahlungen und Nicht-Zahlungen, über die sich die

---

71 Vgl. Anregungen zu dieser Formulierung bei Luhmann 1988a, S. 49, wo es darum geht, daß die Sprache ihre spezifische *Differenz* von Form und Medium sozialen und psychischen Systemen *als Medium* zur Verfügung stellt.
72 Siehe unten, Abschnitt 1.6.

Autopoiesis der Wirtschaft vollzieht, zu momentanen und wiederauflösbaren Einheiten bringt. Die in der Wirtschaft locker gekoppelten und sich im Gang der Geschäfte je unterschiedlich reproduzierenden Differenzen von Zahlungen und Zahlungserwartungen (reflektiert im Spiegel der Möglichkeit von Nicht-Zahlungen) werden von Banken zu Einheiten fest verkoppelt, die sich im Kredit- und Einlagengeschäft auf vielfältige Weise rentabel oder profitabel, also die Autopoiesis der Zahlungen wiederum fördernd, ausbeuten lassen.

Um nun diese Differenz von Form und Medium, über die wir das Verhältnis von Banken und Wirtschaft rekonstruiert haben, wieder an den Ausgangspunkt der Differenz von System (Banken) und Umwelt (Wirtschaft etc.) zurückzubinden, brauchen wir nur zwei zusätzliche Aussagen zu treffen. Erstens: Die Bank liest im Rauschen ihrer wirtschaftssysteminternen Umwelt dank der Applikation der Differenz von Zahlungen und Nicht-Zahlungen. Gleichzeitig operiert die Bank ihrerseits ökonomisch, das heißt sie bindet ihre eigenen Entscheidungprozesse an die Bedingungen der Autopoiesis der Wirtschaft. Die Bank operiert somit in der Wirtschaft und sie bezieht zugleich einen Beobachtungsposten, da ihr über die Formen, die sie produziert und in der Wirtschaft verkauft,[73] ein unmittelbarer Zugriff auf den Reflexionswert der Wirtschaft (Nicht-Zahlungen) nicht nur möglich, sondern laufend abverlangt wird. Die Bank operiert demnach als Beobachter der Wirtschaft in der Wirtschaft.[74]

Zweitens jedoch setzt die Bank die Wirtschaft, also ihre Umwelt, auf eine spezifische Weise auf Distanz. *Sie interpretiert ihre wirtschaftssysteminterne Umwelt nicht nur als Medium, sondern zugleich auch als Zufallsgeschehen*. Die Hypothese des Zufallsgeschehens oder des random walk hat einen sehr präzisen Sinn: Sie behauptet nicht, daß die Preise auf einem Markt willkürlich erra-

---

73 Aus dem Blickwinkel der Wirtschaft sind die von den Banken produzierten Formen Leistungen: Dienstleistungen.
74 Dieser Satz gilt natürlich auch für andere Unternehmensorganisationen – mit dem ausschlaggebenden Unterschied allerdings, daß die Formen (Leistungen), die diese Unternehmen produzieren, die Differenz zwischen Zahlungen und Nicht-Zahlungen, die von den Banken zeitlich entfaltet und auf das Medium selbst projiziert wird, sachlich entfalten und auf Bedürfnisstrukturen von Konsum und Produktion beziehen.

tischen Bewegungen folgen; sie behauptet auch nicht, daß die Preisänderungen generell unvorhersagbar sind. Die Hypothese des Zufallsgeschehens postuliert vielmehr, daß auf der Grundlage einer gegebenen Preisentwicklung die beste Vorhersage des künftigen Preises der gegenwärtige (oder der jüngste verfügbare) Preis ist.[75] Eine bereits ökonomische Interpretation der Hypothese sagt darüber hinaus, daß diese Unmöglichkeit, Preisänderungen besser als aufgrund gegenwärtiger Preise vorherzusagen, gilt, weil alle irgend verfügbaren Informationen über künftige Preisänderungen dank entsprechender Anpassungsreaktionen der Marktteilnehmer bereits im gegenwärtigen Preis enthalten (»diskontiert«) sind.[76] Der Einsatz dieser Hypothese in unserer Untersuchung der Banken bedeutet, daß wir vermuten, daß die Banken prinzipiell nicht versuchen, Marktentwicklungen unabhängig von den tatsächlichen und je aktuellen Preisentwicklungen aufgrund eigener Modellvorstellungen konjunktureller und struktureller Prozesse zu prognostizieren. In diesem Sinn orientieren sich die Banken an rationalen Erwartungen:[77] Die beste Prognose der künftigen Entwicklung ist die gegenwärtige Entwicklung.
Ob wir uns mit dieser Annahme der Hypothese des Zufallsgeschehens auch für einen wahrscheinlichkeitstheoretischen Ansatz der Beschreibung des Bankverhaltens entscheiden, müssen wir an dieser Stelle offen lassen.[78] Jeder wahrscheinlichkeitstheoretische

75 Das Random Walk Modell wurde für die Untersuchung organisierter spekulativer Märkte, vor allem des Aktienmarktes, entwickelt und dort auch erfolgreich getestet. Wir begründen unseren Versuch, das Modell auch auf den Markt der Banken und die Einschätzung und Vorhersage relevanter Preisänderungsparameter durch die Banken anzuwenden durch die Beobachtung, daß die Banken auf *ihren* Markt ebenso reagieren wie die Investoren (Spekulanten) auf die Unvorhersagbarkeit der Preise auf dem Aktienmarkt: nämlich durch Portfoliodiversifikation. Siehe zum Modell Morgenstern/Granger 1970, S. 71 ff.
76 Siehe Black 1971 und Samuelson 1976.
77 Muth 1961 und die anschließende Diskussion – vgl. Lucas/Sargent, Hrsg., 1981 – sahen rationale Erwartungen dann gegeben, wenn die Wirtschaftsteilnehmer zu denselben Erwartungen kommen, wie sie auch die ökonomische Theorie begründen kann. Nach der Hypothese des random walks sind rationale Erwartungen diejenigen Erwartungen, zu denen das ökonomische System, ablesbar an den je gegenwärtigen Preisen, insgesamt bereits gelangt ist.
78 »Probability is the foundation of banking.« Mit diesem Einleitungsatz

Ansatz hat den Nachteil, zwecks Bestimmung der Wahrscheinlichkeit des Eintretens einzelner Ereignisse entweder eine Bestimmung des gesamten Ereignisraumes, dessen Wahrscheinlichkeit dann mit 1 gleichgesetzt wird, oder die Gültigkeit des Gesetzes der großen Zahl voraussetzen zu müssen.[79] Genau dies scheint uns jedoch in der Abschätzung der Autopoiesis der Wirtschaft durch die Banken nicht möglich zu sein. Wir werden uns daher auch bei der Frage des Risikobegriffs gegen einen probabilistischen und für einen possibilistischen Begriff entscheiden.[80]

Die Banken verzichten generell auf eigene Prognosen des Marktgeschehens. Damit soll natürlich nicht behauptet werden, daß Banken es nicht immer wieder versuchen, spezielle Entwicklungen besser vorherzusagen als andere Marktteilnehmer. Die Hypothese des Zufallsgeschehens setzt voraus, daß jeder es versucht, besser zu prognostizieren als andere, und auf diese Weise alle neuen Informationen sofort in das Marktgeschehen Eingang finden und sich in Preisänderungen zu erkennen geben. Allerdings soll behauptet werden, daß dies den Banken nicht besser gelingen kann als allen anderen und vor allem nicht besser als dem Durchschnitt aller Marktteilnehmer. Jedoch ist noch eine weitere Einschränkung am Platz: Es soll auch nicht bestritten werden, daß sich bestimmte Banken mit Erfolg besonderen Ausschnitten des Marktgeschehens widmen und aufgrund solider Erfahrungen und genauer Branchenkenntnis nicht darauf angewiesen sind, sich ausschließlich an Preisbewegungen zu orientieren. Allerdings folgt dies dann aus einer besonderen Struktur des Portfolios der Bank. Von primärer Bedeutung ist der Akt der Distanznahme gegenüber dem Marktgeschehen über die Interpretation der

---

des bahnbrechenden Artikels von Edgeworth 1888, S. 113 startet, wie bereits gesagt, bis heute die ökonomische Theorie der Banken. Selbst wenn man im Hinblick auf die Entdeckung des »Bodensatzes« der bei den Banken ruhenden Einlagen, der für Kreditschöpfung eingesetzt werden kann, den zweiten, unmittelbar folgenden Satz bei Edgeworth verstehen kann: »The solvency and profits of the banker depend upon the probability that he will not be called upon to meet at once more than a certain amount of his liabilities«, so ist doch unklar, ob auch für die Mehrzahl der heute dominierenden Bankgeschäfte das Gesetz der großen Zahl gilt.

79 Vgl. nur Weaver 1963.
80 Siehe unten, Abschn. III.2.

Preisentwicklungen als Zufallsgeschehen. Über die wie auch immer implizite Hypothese des Zufallsgeschehens koppelt sich die Bank aus dem Marktgeschehen aus, das ihr eben dadurch zum Rauschen wird, das eigene Informationsverarbeitung erzwingt und ermöglicht. Erst diese Differenzierung zwischen der Bank einerseits und der Wirtschaft andererseits erfüllt die Voraussetzung jeder Informationsgewinnung und -verarbeitung. Denn, so Gregory Bateson: »Um die Nachricht von einem Unterschied, d.h. Information, zu produzieren, braucht man zwei (reale oder imaginäre) Entitäten, die so beschaffen sind, daß der Unterschied zwischen ihnen ihrer wechselseitigen Beziehung immanent sein kann.«[81] Ist diese Differenz zwischen den Banken und der Wirtschaft und eine entsprechende Distanz erst einmal etabliert, mag es dann durchaus möglich sein, zu versuchen, mithilfe »fundamentaler« Analysen (im Sinne der Ableitung der gegenwärtigen und künftigen Preisentwicklung aus zugrundeliegenden konjunkturellen und strukturellen Ursachen) dem Marktgeschehen vorauszugreifen.

Man sieht, daß die Hypothese des Zufallsgeschehens der Beschreibung des Verhältnisses zwischen Banken und Wirtschaft mithilfe der Differenzen von System und Umwelt und von Form und Medium zuarbeitet. Die Hypothese stellt sicher, daß sich die festen Kopplungen der Formen, die die Banken jeweils aus der Differenz von Zahlungen und Nicht-Zahlungen gewinnen, anschließend wieder in die lose Kopplung des Mediums auflösen können, so daß die Formen regeneriert und in die Zeit- und Sachdynamik der Autopoiesis der Wirtschaft eingepaßt werden können. Es gibt kein verläßliches Wissen über die Wirtschaft außerhalb des Wissens, das sich in deren täglichen Operationen zu erkennen gibt.[82]

Das Geschäft der Banken besteht immer schon, also lange vor den gegenwärtigen internationalen Verschuldungskrisen, in einem »rescheduling of debt«. Und in diesem Sinne haben die Bankgeschäfte auch immer schon etwas von der Übermäßigkeit des Versprechens, von der Jacques Derrida spricht: »Ohne dieses wesentliche Übermaß würde es auf eine Beschreibung oder eine Erkenntnis der Zukunft hinauslaufen. (...) Von daher das *Un-*

---

81 Siehe Bateson 1982, S. 87.
82 Siehe auch Baecker 1987.

glaubliche und das Komische eines jeden Versprechens, und die pathetische Erklärung mit Gesetz, Vertrag, Eid und deklarierter Zusicherung von Treue.«[83] Man könnte eine soziologische und ökonomische Organisationstheorie der Banken aus den Formen des Umgangs mit Zahlungsversprechen ableiten. Wir halten statt dessen nur das Verhältnis von Distanz und Engagement, von random walk und Zahlungsversprechen, fest, das die strukturelle Kopplung zwischen Banken und Wirtschaft kennzeichnet. Wesentlich ist uns hier ein Punkt, den schon Wilhelm Röpke im Zusammenhang mit seiner Bestimmung der Funktion der Banken genannt hat: Mit dem Ergebnis einer »zeitlichen Streuung des Wirtschaftsprozesses«[84] geht es um Prozesse der Geldschaffung und Geldlöschung, der Kreditschöpfung und Kreditvernichtung durch Entscheidungen über Zahlungsversprechen. In der Autopoiesis der Zahlungen in der Wirtschaft besteht die Funktion der Banken darin, diese Entscheidungen zu treffen. Darum handeln sie mit Zahlungsversprechen.

Wir haben, das sei hier nur angemerkt, den Bankern in unseren Experteninterviews einmal testeshalber die Frage vorgelegt, ob die Funktion der Banken in ihrem Selbstverständnis eher in der Kreditschöpfung oder in der Kreditvernichtung bestehe: Vier Fünftel der Befragten antworteten, daß Banken eher Kreditschöpfung denn Kreditvernichtung betreiben. Abgesehen davon, daß die Frage, die ein volkswirtschaftliches Verständnis der Rolle des Bankensystems voraussetzt, auf weites Unverständnis stieß, erschien es den Bankern nach Erläuterung zum Teil geradezu als absurd, die Rolle der Banken in der Kreditvernichtung zu sehen. Nur von einem Befragten wurde die Möglichkeit der Kreditvernichtung überhaupt in Betracht gezogen und eine möglicherweise zunehmende Bedeutung zugestanden. Die Hypothese, daß Banken vor dem Hintergrund ihres Handels mit Zahlungsversprechen Kreditschöpfung ebenso betreiben wie Kreditvernichtung muß daher einerseits als abgelehnt gelten, kann andererseits angesichts des dominierenden Selbstverständnis des Bankers als Kreditgeber aber nicht als widerlegt gelten. Der Banker blickt bei der Beobachtung seines Geschäfts in Richtung der Kreditvergabe und übersieht dabei die Selektivität seiner Entscheidungen, die er an-

---

83 Derrida 1988, S. 125 f.
84 Röpke 1960, S. 118.

dererseits dann unterstreicht, wenn er an seine Techniken des Risikomanagements denkt.

6. Bankgeschäfte

Eine bewährte, wenn auch umstrittene, Einteilung der Bankgeschäfte unterscheidet die verschiedenen Leistungen der Banken nach Aktiv- und Passivgeschäften. Diese Unterscheidung orientiert sich an der Bilanz der Bankunternehmung und rechnet alle Geschäfte, die die Kapital- (beziehungsweise Schulden-) oder Soll-Seite der Bankbilanz verändern, zu den Passivgeschäften, und alle Geschäfte, die die Vermögens- oder Haben-Seite der Bilanz verändern, zu den Aktivgeschäften. Wir bleiben bei dieser Unterscheidung. Sie gibt unmittelbar über einen wesentlichen Aspekt jedes Bankgeschäfts Auskunft, nämlich über die Frage, ob mit dem Geschäft ein Zahlungsversprechen gegeben (Passivgeschäft) oder entgegengenommen (Aktivgeschäft) wurde. Demgegenüber spielt der Einwand, auch Passivgeschäfte würden von Banken, die untereinander um Einlagen konkurrieren, aktiv betrieben,[85] keine erhebliche Rolle. Die Unterscheidung ist indifferent gegenüber der Frage, ob der Bankkunde oder die Bank die Initiative ergriffen hat, und fragt nur danach, wer Empfänger oder Abgeber des Zahlungsversprechens ist.

Das Risiko eines Bankgeschäfts besteht darin, daß Zahlungsversprechen nicht gehalten werden. Je nachdem, ob es sich um ein Aktiv- oder um ein Passivgeschäft handelt, wird das Risiko von der Bank oder von einem Bankkunden getragen. Erst im Anschluß an diese Unterscheidung ist es unter Umständen sinnvoll, zu fragen, wessen Aktivitäten zum Zustandekommen des Risikos geführt haben. Unter Umständen entscheidet sich die Bank riskant, um ihre Passivpositionen auszubauen. Man stellt möglicherweise fest, daß es für eine Bank riskant ist, ein Zahlungsversprechen (etwa an einen Einleger von Sparguthaben) abzugeben, wenn es ihr nur gelingt, dieses Zahlungsversprechen abzugeben, weil sie gleichzeitig weitere Versprechungen (etwa über Zinszahlungen) abgibt, deren Konsequenzen sie nicht präzise kalkulieren kann (etwa wegen des Zinsänderungsrisikos). Aber auch diese

---

85 So Süchting 1987, S. 8 f.

Anschlußfragen kann man nur stellen, wenn man zunächst die Grundunterscheidung von Aktiv- und Passivgeschäften beibehält und anwendet.
Die Unterscheidung hat einen weiteren Vorteil. Sie macht auf wachsende Geschäftsaktivitäten der Banken aufmerksam, *die dieser Unterscheidung entgehen*, und zwingt daher zur Frage, ob diese Geschäfte noch sinnvoll als Bankgeschäfte gefaßt werden können. In zunehmendem Maße tätigen Banken sogenannte bilanzunwirksame Geschäfte (off-balance-sheet activities), die weder die Aktiva noch die Passiva der Bankbilanz betreffen und verändern. Es handelt sich um Geschäfte, in denen die Bank aufgrund ihrer Kenntnisse des Kapital- und Geldmarktes als Vermittler tätig wird. Etwas mißverständlich spricht man auch von Dienstleistungsgeschäften. Ändert sich mit diesen Geschäften der Grundcharakter des Bankgeschäfts? Ändern sich damit auch die möglichen Determinanten der Risikoposition der Banken? Auf diese Fragen können wir nur dann eine Antwort finden, wenn wir genauer wissen, inwiefern Aktiv- und Passivgeschäfte charakteristische Bankgeschäfte sind und inwiefern auch bilanzunwirksame Geschäfte sich dieser Charakteristik noch fügen.
Wir hatten behauptet, daß Bankgeschäfte Formbildungen im Medium der Differenz von Zahlungen und Nicht-Zahlungen sind.[86] Dies gilt, so behaupten wir weiter, für alle Bankgeschäfte. Die These formuliert also die *Einheit des Bankgeschäfts*. Allerdings gilt sie für Passivgeschäfte, Aktivgeschäfte und bilanzunwirksame (Dienstleistungs-)Geschäfte in je unterschiedlicher Weise. Darin liegt die Stärke der These. Wir zeigen dies an einigen Beispielen.[87]
Das klassische Passivgeschäft der Banken ist das Einlagengeschäft.[88] Bei Sicht-, Termin- oder Spareinlagen handelt es sich um Ein-Zahlungen von Bankkunden auf ein Konto mit der Maßgabe,

---

86 Siehe oben, S. 51.
87 Wir können hier, wo es noch um eine allgemeine Systematik des Bankgeschäfts geht, auf eine Differenzierung verzichten, die regionale und historische Spezifizierungen der Organisation des Bankensektors berücksichtigt. Im allgemeinen denken wir an die Universalbanken einer modernen Wirtschaft etwa des Typs, wie sie gegenwärtig in Deutschland zu beobachten sind.
88 Zum Passivgeschäft der Banken gehört neben dem Einlagengeschäft die Kreditaufnahme (oder Aufnahme von Geldern) der Banken bei

für eine befristete oder unbefristete Zeit auf weitere Zahlungen aus der entsprechenden Geldsumme zu verzichten, und gegen das Versprechen der Bank, im Rahmen der verabredeten Fristen die eingezahlten Gelder wieder auszuzahlen und, im Falle von Termin- und Spareinlagen, die Einlagen für die Zeit ihres Ruhens auf einem Konto zu verzinsen. Die Bank verschuldet sich in der Höhe der Zahlungen plus verabredeter Zinszahlungen bei den Einlegern, oder andersherum: die Bankkunden erwerben mit ihren Einzahlungen Forderungen gegen die Bank in der Höhe ihrer ihnen von der Bank eingeräumten Guthaben einschließlich der Verzinsung dieser Guthaben. Die Höhe der Einlage beziehungsweise des Guthabens ist am Stand des entsprechenden Kontos (Girokonto, Termingeldkonto, Sparkonto) abzulesen.

Der zugrundeliegende Sachverhalt ist also einfach: eine Einlage ist eine Zahlung zugunsten eines Zahlungsverzichts und gegen ein Zahlungsversprechen. Der Zahlungsverzicht ist, wenn man so will, eine gegenwärtige Nicht-Zahlung, die dank des Zahlungsversprechens jederzeit wieder in eine Zahlung zurückverwandelt werden kann. Eine Einlage ist die Einheit der Differenz einer Zahlung zum Zeitpunkt t und einer Nicht-Zahlung zum Zeitpunkt t+1, die zum Zeitpunkt t+2 wieder in eine Zahlung zurückverwandelt werden kann. Die Differenzierung von Einlagen in Sicht-, Termin- und Spareinlagen konditioniert die Dauer des Zahlungsverzichts und die Höhe der Verzinsung als Gegenleistung der Bank. Den Umstand, daß sich eine Einlage, die auf einem Bankkonto ruht, für den Bankkunden temporär in eine Nicht-Zahlung verwandelt, kann die Bank ausnutzen und ruhende Gelder in ihrem Aktivgeschäft für anderweitige Zahlungen (etwa Kredite) einsetzen.

Interessant ist, daß das Einlagengeschäft der Banken sowohl historisch als auch rechtlich mit einer quantitativen Asymmetrisierung einhergeht: Ein Unternehmen betreibt erst dann ein bankmäßiges Einlagengeschäft, wenn der *einen* Bank *viele* (nach dem KWG: mindestens 25 bis 30) Einleger gegenüberstehen, die der Bank nennenswerte (zusammen mehr als 50 000 DM) Summen anvertrauen.[89] Und mit dieser quantitativen Asymmetrisierung steht die Frage des Vertrauens im Raum: »that a very large num-

anderen Banken sowie die Ausgabe von Inhaberschuldverschreibungen.

89 Vgl. Ashauer 1988.

ber of persons agree to trust a very few persons, or some one person.«[90] Der Bankensektor ist der verschuldetste Sektor der modernen Wirtschaft.[91] Die Schuldenaufnahme ist eines der wichtigsten Geschäfte der Banken. Und dennoch beherrscht das Aktivgeschäft der Banken, das Geschäft also, in dem sie selbst zu Gläubigern werden, das Bild, das sich die meisten Beobachter – einschließlich der Einleger – von den Banken machen. Die Banken werden immer als große Gläubiger und fast nie als große Schuldner gesehen.[92] Tatsächlich ergeben sich jedoch die wichtigsten Momente der Risikoposition der Bank erst aus ihrem Passivgeschäft, das heißt aus der jederzeitigen Möglichkeit, daß die vielen Einleger von der Bank die Einlösung ihres Zahlungsversprechens verlangen (Run) und die Bank sich mit der Notwendigkeit konfrontiert sieht, Guthaben auszuzahlen, über die sie anderweitig verfügt hat.

Das immer noch wichtigste Aktivgeschäft der Banken ist das Kreditgeschäft.[93] Hier gilt genau umgekehrt zum Einlagengeschäft,

90 So Bagehot 1873, S. 37.
91 In der Bundesrepublik Deutschland erreichte das Geschäftsvolumen aller Kreditinstitute laut Monatsbericht der Deutschen Bundesbank im März 1990 die Summe von 4302,9 Mrd. DM. Die Verschuldung der Banken bei anderen Kreditinstituten (Einlagen und aufgenommene Kredite) betrug im selben Zeitraum 1056,6 Mrd. DM, die Verschuldung bei Nichtbanken (Sicht-, Termin- und Spargelder sowie durchlaufende Kredite) insgesamt 2076,9 Mrd. DM. Inhaberschuldverschreibungen erreichten ein Volumen von 801,6 Mrd. DM. Das Kapital der Banken wird mit 166,1 Mrd. DM angegeben. Vgl. Monatsbericht der Deutschen Bundesbank, 42. Jg., Nr. 6, Juni 1990, S. 14*f. Zum Vergleich: im März 1990 betrugen die Kredite an inländische Unternehmen und Selbständige 1169,6 Mrd. DM, an inländische Privatpersonen 716,1 Mrd. DM, an Organisationen ohne Erwerbszweck 22,7 Mrd. DM (vgl. ebd., S. 40*). Die Verschuldung der öffentlichen Haushalte erreichte im Dezember 1989 ein Volumen von 929,2 Mrd. DM (ebd., S. 63*).
92 So auch das Bild der Banken in der ökonomischen Theorie, von der soziologischen zu schweigen. Eine der wenigen Ausnahmen von dieser Regel ist Somary 1934, etwa S. 3 f. Siehe dazu auch die schwungvollen Bemerkungen bei Martin 1988, S. 247 ff.
93 Wir behandeln im folgenden vor allem Kredite an Nichtbanken. Zum Aktivgeschäft der Banken zählen darüber hinaus Kredite an Banken, der Handel mit Schatzwechseln, Schuldverschreibungen eigener Emissionen und Beteiligungen.

daß die Bank, der Kreditgeber, ihre Zahlung sofort leistet, die Gegenleistung des Bankkunden, des Kreditnehmers, jedoch erst in Zukunft fällig wird.[94] Die Bank substituiert mithilfe des von ihr eingeräumten Kredits aktuelle Nicht-Zahlungen des Bankkunden durch Zahlungen: Sie macht den Kreditnehmer temporär zahlungsfähig. Der Kreditnehmer gibt im Gegenzug ein Zahlungsversprechen ab, das die Rückzahlung des Kredits und eine verabredete Verzinsung umfaßt.[95] Ein Kredit ist die Einheit der Differenz einer Nicht-Zahlung zum Zeitpunkt t und einer Zahlung zum Zeitpunkt t+1, die die Bank an den Kreditnehmer unter der Bedingung einer Rückzahlung und Verzinsung zum Zeitpunkt t+2 leistet. Die Rückzahlung plus einer Verzinsung versetzt den Kreditnehmer wieder in den Ausgangszustand der Nicht-Zahlung zurück, nachdem ihm der Kredit eine Frist eingeräumt hat, innerhalb derer er seine Zahlungsfähigkeit anderweitig, das heißt nicht nur provisorisch-prognostisch durch Finanzmarktzahlungen,[96] aufgefrischt hat.

Auffallend ist, daß den Zahlungen im Aktivgeschäft der Banken, also in der Kreditvergabe, kein erkennbarer Zahlungsverzicht gegenübersteht. Einer Kreditschöpfung im Sinne einer Mehrfachvergabe eingelegter (oder aufgenommener) Gelder auf dem Kreditwege sind nur risikopolitische und bankaufsichtsrechtliche

94 Vgl. von Stein/Kirschner 1988.
95 Die Kredite an Kreditinstitute betrugen im März 1990 insgesamt 1418,1 Mrd. DM, an Nichtbanken 2650,4 Mrd. DM, die Beteiligungen erreichten ein Volumen von 50,0 Mrd. DM. Vgl. Monatsbericht der Deutschen Bundesbank, 42. Jg., Nr. 6, Juni 1990, S. 12*f. Unter den Krediten an Nichtbanken waren im März 1990 419,0 Mrd. DM (mit Schatzwechselkrediten) kurzfristige, 190,9 Mrd. DM (mit Wertpapierbeständen) mittelfristige und 2040,6 Mrd. DM (mit Wertpapierbeständen) langfristige Kredite (ebd., S. 16*f.). Zum Vergleich der Fristenstruktur: die Einlagen und aufgenommenen Kredite von Nichtbanken betrugen kurzfristig 279,1 Mrd. DM (Sichteinlagen), mittelfristig 353,4 Mrd. DM (Termingelder 1 Monat bis unter 4 Jahre) und langfristig 1381,0 Mrd. DM (Termingelder über 4 Jahre, Sparbriefe und Spareinlagen) (ebd., S. 14*f.). Man erkennt unschwer die Erfüllung der Funktion der Fristentransformation: aus kurz mach' lang, das heißt die Banken verschulden sich eher kurzfristig, um aus den entsprechend aufgenommenen Geldern eher langfristige Kredite zu machen.
96 Vgl. wiederum Baecker, Information und Risiko in der Marktwirtschaft, a.a.O., S. 281 ff.

Grenzen gesetzt. Auch steht hier der Zentrierung des Risikos auf wenige Banken im Falle des Einlagengeschäfts eine Dezentrierung des Risikos auf zahlreiche Kreditnehmer entgegen. Diese Dezentrierung hat, wie wir sehen werden,[97] den wichtigen Vorteil, daß im Kreditgeschäft ein Risikomanagement über Diversifikation betrieben werden kann. Einlegern dagegen steht Diversifikation nur in einem geringen Maße zur Verfügung. Sie wird durch Einlagensicherungssysteme praktisch überflüssig gemacht.

Für das Passiv- und Aktivgeschäft läßt sich demnach unsere Hypothese, daß Bankgeschäfte Formbildungen im Medium der Differenz von Zahlungen und Nicht-Zahlungen sind, bestätigen. Sehen wir uns nun einige Beispiele für bilanzunwirksame (Dienstleistungs-)Geschäfte an, um zu prüfen, ob die Hypothese auch dort Sinn macht. Aus der breiten Palette bilanzunwirksamer Geschäfte wählen wir Beispiele aus dem Effekten- und Emissionsgeschäft, dem internationalen Geschäft und dem Investment Banking, die sich in dem Maße, in dem sie nicht Eigengeschäfte sind, also nicht zum Erwerb von Guthaben oder Forderungen durch die Banken selbst führen, nicht in der Bilanz niederschlagen.[98]

Das Effektengeschäft umfaßt Anschaffung und Veräußerung von Wertpapieren für andere und damit im Zusammenhang stehende Aufgaben wie Beratung, Bearbeitung technischer Anschlußfragen, Verwahrung und Vermögensverwaltung. Die Banken übernehmen im Auftrag der Kunden (wie auch im Rahmen ihrer Eigengeschäfte) insbesondere die Beobachtung der Märkte, die Analyse von Wertpapieren, die Untersuchung der Zinsentwick-

---

97 Siehe unten, Abschn. III.6.
98 Die Monatsberichte der Deutschen Bundesbank geben Zahlen zu den bilanzunwirksamen Geschäften bekannt. Danach erreichten Plazierungsverbindlichkeiten bzw. Übernahmeverpflichtungen (RUFs, NIFs usw.) im März 1990 die Höhe von 364 Mio DM, die Forderungen an ausländische Nichtbanken (aus Euronotes und Commercial Papers) 785 Mio DM, die Forderungen an ausländische Kreditinstitute (aus Einlagenzertifikaten und Commercial Papers) 357 Mio DM, die Swaps insgesamt 295 761 Mio DM (davon Zinsswaps: 239 449 Mio DM, Währungsswaps 16 014 Mio DM, kombinierte Zins-/Währungsswaps 40 298 Mio DM) und Verbindlichkeiten aus Termingeschäften mit festverzinslichen Wertpapieren 1143 Mio DM (Abnahmeverpflichtungen) plus 3322 Mio DM (Lieferverpflichtungen). Vgl. Monatsbericht Juni 1990, S. 21*.

lung und die Abschätzung internationaler Tendenzen.[99] Das banktypische Effektengeschäft besteht in der Vermittlung kapitalsuchender und kapitalanlegender Stellen. Die Banken wirken auf beiden Seiten des Geschäfts mit: sie ermöglichen dem Emittenten von Wertpapieren die Aufnahme von Mitteln am Kapitalmarkt und stellen andererseits dem Anleger ihren Service bei Beratung, Kauf und Verkauf, Technik und Verwaltung zur Verfügung.

Dem Emittenten von Wertpapieren stellen Banken Formen zur Verfügung, den aktuellen Zustand des Geldmangels, also der Nicht-Zahlung, durch den Erwerb von Zahlungen gegen die Abgabe eines später zu erfüllenden Zahlungsversprechens zu überbrücken. Nichts anderes impliziert die Aufnahme von Kapital: den Erwerb von Zahlungen gegen die Abgabe eines Zahlungsversprechens, den Erwerb von Zahlungen gegen Forderungen.[100] Und auf der anderen Seite des Geschäfts stellen die Banken den Anlegern Formen zur Verfügung, ihren akuten Zustand des Zahlungsüberschusses gewinnbringend gegen zinstragende Zahlungsversprechen in einen befristeten Zahlungsverzicht, also in Nicht-Zahlungen, zu transformieren. Im Effektengeschäft greifen die Banken zwar auf Formen der Einheit der Differenz von Zahlungen und Nicht-Zahlungen, die sich im Markt bereits entwickelt haben (Wertpapiere, ähnlich Wechsel), zurück, erbringen jedoch ihrerseits erst die Leistung der Kopplung spezifischer Transformationswünsche von Nicht-Zahlungen in Zahlungen und von Zahlungen in Nicht-Zahlungen, so daß die Formen sich halten können, differenzierter und spezifizierter werden und der Markt an Breite und Tiefe (Liquidität) gewinnt.

Ein zweites Beispiel für bilanzunwirksame Geschäfte sind die sogenannten Swaps, eine Form der Lösung von Finanzierungsproblemen, die erst seit Beginn der achtziger Jahre eine Rolle spielt.[101] Swaps sind im wesentlichen Austauschgeschäfte zwi-

---

99 Vgl. Breuer 1988.
100 Der Kapitalbegriff ergibt sich wesentlich und vollständig aus Praktiken der doppelten Buchführung. Seit Sombart 1916, Bd II, S. 110 ff., ist, soweit ich sehe, trotz einer Fülle historischer Arbeiten niemand mehr der Rolle der doppelten Buchführung in der Ausdifferenzierung von Unternehmenseinheiten und, ließe sich heute ergänzen, der Autopoiesis der Wirtschaft nachgegangen.
101 Vgl. Wermuth 1988, Bank for International Settlements 1986, Gondring/Hermann 1986.

schen Unternehmen, die Kredite zu spezifischen Konditionen oder in spezifischen Währungen oder Möglichkeiten der Währungskurssicherung suchen und diese nicht auf dem eigenen Markt, sondern nur auf dem Markt des Geschäftspartners finden. Swaps sind eine Form des Austausches von Marktvorteilen in einer Welt, in der der Zugang zu diesen Marktvorteilen nach Maßgabe politischer und rechtlicher Kriterien regional differenziert ist. Hinzu kommt, daß Unternehmen nur auf den Märkten besondere Vorteile haben, auf denen sie von Beobachtern wie Banken oder Investoren schon hinreichend lange verfolgt werden konnten. Wollen sie dann andere Märkte betreten, finden sie dort keine Banken oder Investoren, die aufgrund eigener Beobachtungen zur Einräumung besonderer Marktkonditionen geneigt sein können. In einem Swap-Geschäft werden demnach nicht nur politische und rechtliche Marktvorteile, sondern auch Zugänge zu Marktbeobachtern ausgetauscht, die günstige Konditionen einräumen. In diesen Geschäften treten Banken als »Marktmacher« auf, das heißt sie schließen nach Maßgabe ihrer Beobachtungen der Austauschmöglichkeiten von Marktvorteilen mit einzelnen Unternehmen zunächst auf eigene Rechnung Swapverträge ab, die sie dann gegen Provisionserträge an andere Unternehmen weitergeben.

Swapgeschäfte sind Transaktionen in banktypischen Geschäften. Sie setzen voraus, daß Formen, die die Differenz von Zahlungen und Nicht-Zahlungen zur Einheit bringen, bereits zustandegekommen sind und ausgetauscht werden können. Die Aufgabe der Banken besteht darin, den Transfer von Zahlungsversprechen zwischen Unternehmen zu vermitteln, die auf ihren jeweiligen Märkten Zugang zu je unterschiedlichen Marktvorteilen haben. Interessant unter Aspekten der Risikoübernahme ist, daß Banken diese Aufgabe nach Einschätzung von Beobachtern[102] nur erfüllen können, wenn sie Marktkenntnisse nicht nur durch Beobachtung, sondern durch laufende eigene Geschäfte erwerben. Das heißt, Formbildungen im Medium der Differenz von Zahlungen und Nicht-Zahlungen setzen auch hier voraus, daß Banken selbst die Risiken der Nicht-Zahlung zu tragen bereit sind.

Ein drittes Beispiel für bilanzunwirksame Geschäfte ist der Wachstumszweig des Investment Banking, zu deutsch: die Ver-

---

102 Siehe Carstensen 1988.

mittlung von Unternehmen und Beteiligungen.[103] Es geht im wesentlichen um Fusionen und Übernahmen (Mergers & Acquisitions) von Unternehmen, wobei die Banken die Aufgabe übernehmen, im Auftrag von Unternehmen Firmenübernahmen (Buy-outs, Leveraged Buy-outs), Firmenzusammenschlüsse und -verkäufe und Kapitalumstrukturierungsmaßnahmen vorzubereiten und zu planen. Den Einstieg in das Investment Banking finden die Banken über ihr Kredit-, Emissions- und Plazierungsgeschäft. Das heißt, die Voraussetzung für ein ausreichend kapitalkräftiges und plazierungsstarkes Investment Banking ist ein weltweit operierendes Passivgeschäft.[104] Erst dann können Banken Formen der Substitution von Zahlungen für Nicht-Zahlungen bereitstellen (bought deals), die Unternehmen die Möglichkeit eröffnen, in andere Unternehmen einzusteigen – sei es, um deren Zahlungsfähigkeit auszubeuten (Erwerb liquider Aktiva), sei es, um das Management auszutauschen und größere Gewinne zu machen, sei es, um Synergieeffekte mit eigenen Unternehmensabteilungen zu erzielen.

Auch die bilanzunwirksamen Geschäfte sind also banktypische Geschäfte in dem Sinne, daß sie Einheitsbildungen im Medium der Differenz von Zahlungen und Nicht-Zahlungen sind. Unter der Bedingung, daß das bilanzwirksame Passiv- und auch das Aktivgeschäft erst die Voraussetzung für bilanzunwirksame Geschäfte bilden, ist es nicht ausgeschlossen, Techniken des Bilanzstrukturmanagements und daraus abgeleiteten Risikomanagements zur Grundlage des Bankmanagements zu erklären.[105] Konnte man bisher die Funktion der Banken in der Aufgabe der Fristen-, Losgrößen- und Risikentransformation sehen,[106] so ist diese Aufgabe im Zusammenhang der Formbildung im Medium der Differenz von Zahlungen und Nicht-Zahlungen neu einzuschätzen und zu formulieren.

---

103 Vgl. Zimmerer 1988, Schneider-Gädicke 1987, Herrhausen 1987 und Gaytas/Mahari 1988.
104 Siehe etwa Herrhausen 1987
105 Vgl. unterschiedliche Konzepte bei Schierenbeck 1984, Köllhofer, 1988, Harrington 1987.
106 Siehe vor allem Stützel 1961. 1962, S. 89 f. und 113 ff., Stützel 1988, S. 48, ferner Arnold 1964.

II. Entwicklungslinien des Bankgeschäfts

1. Umkonditionierung

Die Entwicklung des Bankgeschäfts seit der Weltwirtschaftskrise ist von einer doppelten und gegenläufigen Bewegung gekennzeichnet. Einerseits ist es seit der Weltwirtschaftskrise und der mit ihr einhergehenden Bankenkrise ein Geschäftsziel der Banken, den Umgang der Kunden mit ihrem Geld von den Entscheidungen der Kunden abzukoppeln und von den Entscheidungen der Bank abhängig zu machen. Das geht angesichts der Eigentumsverhältnisse natürlich nur tendenziell und zeigt sich weitgehend auch nicht an einer »Entmündigung« des Kunden, sondern gerade im Gegenteil als Dienst am Kunden, und wird von den Banken selbst als Aktivierung des Bankgeschäfts, und zwar sowohl der Aktiv- wie der Passivgeschäfte, beschrieben.[1] Die Banken sind nicht mehr nur Empfänger von Einlage-, Anlage- und Kreditnachfrageentscheidungen, denen sie zu ihren Konditionen entweder nachkommen oder nicht, sondern sie greifen mit ihren Konditionen gestaltend in das Geld- und Vermögensmanagement ihrer Kunden ein, die ihrerseits, seit sie in einem früher unbekannten Ausmaße ihren Zahlungsverkehr und ihre Vermögensanlage über die Banken laufen lassen, ihre Entscheidungen von dem Konditionenangebot der Banken abhängig machen.

Andererseits, und darin liegt ein interessantes Paradox, werden die Banken in eben dem Maße, in dem es ihnen gelingt, ihr Geschäft zu aktivieren, von den Entwicklungen des Marktes abhängig. Dieselben Konditionen, die den Markt einst dank ausreichender Gewinnmargen zu segmentieren erlaubten und jeder Bank ihre Nische sicherten, egalisieren sich nun im steigenden Wettbewerb, bringen die Margen zum Schwinden und transformieren den Markt jeder Bank in einen »contestable market«, auf dem der Wettbewerb aufgrund potentiellen Markteintritts eines Konkurrenten ebenso wirksam, wenn nicht wirksamer ist als der Wettbewerb unter tatsächlichen Konkurrenten.[2]

[1] Siehe etwa Süchting 1987, S. 9, Harrington 1987, S. 13, und Carstensen 1987.
[2] Vgl. zum Konzept der »contestable markets« Baumol 1982 und Baumol

Zunächst handelt es sich bei diesen beiden Entwicklungstendenzen um nicht viel mehr als um eine Akzentverschiebung vom Depositen- und Kreditgeschäft mit privaten und staatlichen Kunden, das die Banken seit ihrer wahrscheinlich altgriechischen Entstehung vornehmlich betrieben,[3] zum Investitionsgeschäft, das die Banken bis hin zu ihrer Rolle in der Industrialisierung immer mehr an Gewicht gewinnen läßt und inzwischen gleichsam als der Kern ihrer Geschäftspolitik fungiert.[4] Je mehr die Banken ihr Geschäft weniger unter dem Aspekt des Kredits und stärker unter dem Aspekt der Investition betrachten, desto stärker werden auch die Depositen und Kredite selbst als Investitionen kalkuliert, und das heißt: mit alternativen Investitionen verglichen.

u. a. 1982. Einen ausgezeichneten Überblick über die Entwicklung des Bankgeschäfts unter der Bedingung zunehmenden Wettbewerbs vermittelt Bröker 1986 und Bröker 1989.

3 Schon in Babylon findet man seit dem 21. Jahrhundert v. Chr. den Agrar-, Handels- und Konsumkredit. Es gibt sogar bereits negoziable Kreditschuldscheine. Aber diese Bankgeschäfte werden von Handelshäusern betrieben, die nur nebenbei aus ihrem Kapital Geld verleihen. Die erste berufsmäßig betriebene Depositenbank dagegen, in der aus den Einlagen Kredite vergeben wurden, scheint von den Griechen nach der Ausbreitung der Geldwirtschaft gegen Ende des 5. Jahrhunderts v. Chr. eingerichtet worden zu sein, nachdem die Berufe des Geldwechslers und Münzprüfers schon im 4. Jahrhundert entstanden waren. Siehe dazu Bogaert 1980 und Bogaert 1986.

4 Die Literatur hierzu umfaßt die gesamte Bankenhistoriographie. Siehe nur Sweezy 1941. Schon in der späteren Buchausgabe in Sweezy 1953, S. 189-196, bezeichnet der Autor seinen Abgesang auf das Investment Banking als voreilig. Nach Hilferding 1973, S. 115 ff., gewinnt der Bankier erst dann Überlegenheit gegenüber dem Unternehmer, wenn er nicht mehr nur als Wechselhändler, sondern als Kapitalkreditgeber fungiert: Erst dann kann sich das Bankgeschäft verselbständigen und seine Schlagkraft darauf aufbauen, daß es über das Kapital »in seiner flüssigen, stets schlagfertigen Form« (S. 119) als Geldkapital verfügt, während das Unternehmen auf die Rückverwandlung der Ware in Geld angewiesen bleibt.

2. Krisensignale 1931

Die auf die Weltwirtschaftskrise folgende deutsche und amerikanische Bankenkrise waren jeweils Lehrstücke der im Bankgeschäft liegenden Gefahren. In beiden Fällen führten unter sich drastisch verschlechternden Randbedingungen individuell rationale, wenn nicht sogar unvermeidbare Reaktionsmuster zur Systemkrise. Die deutschen Banken befanden sich am Ende der 20er Jahre in einer labilen, krisenanfälligen Lage: das Verhältnis des Eigenkapitals zum Fremdkapital war gemessen an den Standards des Bankwesens mit 1 : 10,4 (bei den Berliner Großbanken 1 : 15,5) sehr schwach.[5] Zum Vergleich: Nach den Angaben von Born verlangte die klassische englische Banktheorie ein Verhältnis von 1 : 3, während es im deutschen Bankwesen als Regel galt, das Verhältnis etwa mit 1 : 7 anzusetzen, keinesfalls aber schlechter als 1 : 10 werden zu lassen. Wie schnell sich solche Regeln ändern und wie sehr sie von den Randbedingungen des Bankengeschäfts, etwa funktionsfähigen Geld- und Kapitalmärkten, die bis zu einem gewissen Grade als funktionale Äquivalente zum Eigenkapital gelten können, abhängig sind, sieht man daran, daß dieses Verhältnis in westdeutschen Banken gegenwärtig bei 1 : 26 liegt.[6] Ausschlaggebender als dieses schwache Verhältnis des Eigenkapitals zum Fremdkapital waren der sehr große Anteil der kurzfristigen Mittel am Fremdkapital, die hohe kurzfristige Auslandsverschuldung (40% der kurzfristig von den Banken hereingenommenen Kredite stammten aus dem Ausland) und vor allem die langfristige Ausleihung (Festlegung) der kurzfristig hereingenommenen Fremdmittel sowie schließlich die bei den privaten Aktienbanken auf 3,8% gesunkene Liquiditätsquote.

Nach dem durch einen Kredit der Bank von England noch einmal abgewendeten Zusammenbruch der Österreichischen Creditanstalt im Mai 1931, deren Verluste nicht, so Born, wie oft behaup-

---

[5] Vgl. hierzu und zum folgenden Born 1967, S. 19 ff.
[6] Welches Verhältnis zwischen Eigenkapital und Fremdkapital als »gesund« zu gelten hat, hängt nicht nur von Sicherheitsüberlegungen, sondern auch vom Entwicklungsgrad eines mit Liquidität versorgenden Interbankenmarktes ab. Inzwischen wird eine pauschale Aussage zum Verhältnis des Kapitals zur Bilanzsumme jedoch nicht mehr für sehr aussagekräftig gehalten. Wichtiger ist das Verhältnis des Eigenkapitals zu den mit ihrem Risikogehalt gewichteten Aktivpositionen.

tet, durch politisch motivierte Kreditabzüge ausländischer Banken, sondern nach der Übernahme der bankrotten Boden-Kreditanstalt rein wirtschaftlich und bankgeschäftlich bedingt waren,[7] setzt zunächst ein Run auf die österreichischen Banken und im Juni, nachdem Verluste bei der Karstadt AG und im Versicherungskonzern Nordstern bekannt wurden, dann auch auf die deutschen Banken ein. »Wochenlang mußten sie [die deutschen Banken] Tag für Tag 50 bis 100 Millionen Mark Kredite und Einlagen, die ihnen gekündigt wurden, zurückzahlen.«[8] Am 13. Juli mußte die Darmstädter und Nationalbank (Danatbank), die durch ein Engagement beim in Verluste geratenen Textilkonzern Nordwolle in Schwierigkeiten geraten war, ihre Schalter schließen. »Kaum war der Schalterschluß der Danatbank bekanntgeworden, da setzte der Ansturm des inländischen Publikums auf die Banken und Sparkassen ein.«[9] Für den 14. und 15. Juli mußten Bankfeiertage erklärt werden, nach deren Verkündigung »zahlreiche ausländische, vor allem Schweizer und niederländische Banken, ihre sämtlichen noch in Deutschland stehenden Kredite (kündigten).«[10]

Für den Ausbruch der Krise sind vor allem zwei Umstände mitverantwortlich. Erstens sind die Banken unter dem Eindruck optimistischer Konjunkturbeurteilungen Ende der 20er Jahre in einen starken Wettbewerb eingetreten, der über den Ausbau der Filialnetze der Berliner Großbanken und den Zwang der Sparkassen und Girozentralen, nach Verlust des Spareinlagen- und langfristigen Kreditgeschäfts in der voraufgehenden Inflation in das Geschäft mit Giroeinlagen und kurzfristigen Krediten einzusteigen, zu einem bankenuntypisch (!?) unvorsichtigen Gesamtverhalten vor allem in der Kreditvergabe und im Industriebeteiligungsgeschäft führte.[11] In den Großbanken stellte sich heraus, daß man in dank ungenutzter Kapazitäten unrentable Investitionen, in Betriebsmittel (Rohstoffe und Waren), deren Preise von

7 Born 1967, S. 64 f.
8 Born 1967, S. 9.
9 Born 1967, S. 107.
10 Born 1967, S. 109.
11 Vgl. Born 1967, S. 24 ff. und S. 158. Siehe dazu auch die Denkschrift des ehemaligen Reichsfinanzministers (1919) Bernhard Dernburg zur Bankenkrise und zu Problemen der Bankenpolitik an den Reichskanzler Brüning vom 9.9.1931, abgedruckt in Born 1967, S. 237-243.

Januar 1928 bis Januar 1931 auf fast die Hälfte gesunken waren und schließlich in Aktienkäufe und den Erwerb anderer Wertpapiere, die in ihrem Wert erheblich gesunken waren, investiert hatte.[12] Die Rivalitäten zwischen den Banken kamen erschwerend und wohl auch die Risikowahrnehmung dämpfend hinzu. Um Geschäftsbereiche und Einflußmöglichkeiten zu sichern, wurde die Industrie auch dann langfristig finanziert, wenn nur kurzfristige Refinanzierungsmöglichkeiten zur Verfügung standen. Diese Fristentransformation gehört zum normalen Geschäft der Banken. Problematisch wird es, wenn keine kontinuierliche Refinanzierung gesichert ist.

In der höchst prekären Lage der internationalen Finanzlage mit unterschiedlichen und zum Teil gegenläufigen Verpflichtungen aus Kriegsschulden, Reparationen und kommerziellen Schulden während der Weltwirtschaftskrise, in der England nicht mehr und die USA noch nicht als Garant des Systems auftreten konnten,[13] war genau diese kontinuierliche Refinanzierung nicht gesichert. Aber auch diese politische Empfindlichkeit der Weltwirtschaft führte erst in dem Moment zur Krise, als mehrere Signale die Krise bereits unübersehbar werden ließen. Diese Signale sind der zweite für den Ausbruch der Krise verantwortliche Umstand. Zu nennen sind als Auslöser zunächst die Verluste österreichischer Unternehmen und Banken, die auf eine möglicherweise allgemeine Schieflage aufmerksam machten. Wichtig ist dann ferner die »Ungeschicklichkeit« der Reichsregierung Brüning, die Maßnahmen der Notverordnung vom 5. Juni 1931, in der die Gehälter der Beamten und Angestellten des öffentlichen Dienstes sowie die Arbeitslosenunterstützung herabgesetzt wurden, zwecks Beruhigung der innenpolitischen Lage mit der Aussicht auf eine Revision des Reparationsabkommens zu verbinden, obwohl der Staatssekretär im Finanzministerium Hans Schäffer und der Reichsbankpräsident Hans Luther vor den Abzügen ausländi-

---

12 Siehe Henning 1973, S. 86.
13 Kindleberger 1973, S. 26 f., beschreibt die Weltwirtschaftskrise als Resultat dieses Führungsvakuums zwischen England, das bis 1913, und den USA, die ab 1936 als Garanten des Systems fungierten. »Garant des Systems« ist derjenige, der bereit ist, eine Überproduktion an Waren abzunehmen, einen kontinuierlichen Strom an Investitionskapital zu unterhalten und die Wechsel aller anderen zu diskontieren.

scher Kredite aufgrund des zu befürchtenden Vertrauensverlustes warnten.[14]

Die Selbstverstärkung der Krise ist dann aber schließlich einem anderen Signal anzulasten. Die Reichsbank, die der Dawes-Plan bis zu dessen Ablösung durch den Young-Plan im März 1930 unter internationale Aufsicht gestellt hatte, war gezwungen, wöchentlich den Stand ihrer Aktiva und Passiva zu veröffentlichen, darunter den Gold- und Devisenbestand, so daß die ausländischen Gläubiger leicht erkennen konnten, wie lange die deutschen Schuldner ihre Schulden in Devisen noch würden zurückzahlen können.[15] (Die Reichsbank war verpflichtet, eine 40 prozentige Deckung des Notenumlaufs durch Gold und Devisen aufrechtzuerhalten.) Die Existenz dieses Signals verschärfte den Druck, rechtzeitig zu handeln, bevor es zu spät ist, und damit den Ausbruch der Krise. Und noch schwerwiegender ist, daß ein solches Signal – im Unterschied zu immer noch unterschiedlich auslegbaren konjunkturellen und politischen Signalen – von den Kreditabteilungen der ausländischen Banken nicht negiert werden *durfte*, wollen sie ihre Entscheidungen nicht berechtigter hausinterner und bankaufsichtlicher Kritik aussetzen. Auf die Bedeutung solcher Signale machte bereits Felix Somary aufmerksam: »Während die Berliner Krise unter den schweren außenpolitischen Verhältnissen und in der weiten Öffentlichkeit eines demokratischen Regimes die schwersten Kreditschädigungen verursachte, konnte die italienische im diktatorischen Staat Mussolinis ganz still beigelegt werden.«[16]

Für die mangelnde internationale währungs- und kreditpolitische Koordination vor allem zwischen England, den USA und Deutschland war neben dem insbesondere die Franzosen beschäftigenden Reparationenproblem auch eine divergente Attribution des Krisensymptoms Devisenschwund verantwortlich. Während Luther und andere strikt an der Deutung festhielten, die etwa auch von Born übernommen wurde, der Abzug der ausländischen kurzfristigen Kredite habe die Krise ausgelöst, sahen die Engländer und Amerikaner, insbesondere der Direktor der Bank von England Montagu Norman und der Governor der Federal Reserve Bank of New York George Harrison die Ursache viel-

14 Siehe Born 1967, S. 68 f.
15 Born 1967, S. 29.
16 Somary 1959, S. 221 f.

mehr in der deutschen Kapitalflucht. Die letzte Anfrage Luthers nach einem weiteren Rediskontkredit der Bank von England scheitert an dieser unterschiedlichen Auffassung.[17]
Die amerikanische Bankenkrise hat zwei Jahre nach der deutschen ihren Höhepunkt. Ihr Ablauf zeigt die Möglichkeit eines weiteren interessanten Krisenselbstverstärkungsmechanismus. Es ist immer noch umstritten, ob die Krise im wesentlichen durch eine radikale Deflationierungspolitik ausgelöst wurde. Der Höhepunkt der Krise 1933 war ebensosehr von der maroden Lage der Provinzbanken, die mit sinkenden Agrarpreisen zu kämpfen hatten und denen der Glass-Steagall-Akt 1932 keine Abhilfe gebracht hatte, verursacht wie von starken politischen Rivalitäten zwischen Hoover und Roosevelt und einigen Senatoren sowie von Inflationsängsten und Diskussionen um die Möglichkeit des Abrückens vom Goldstandard.[18] Milton Friedman und Anna Jacobson Schwartz behaupten, daß die US-amerikanische Geldmenge von 1929 bis 1933 um ein Drittel fiel, Kindleberger findet diese Behauptung in den von Friedman und Schwartz vorgelegten

17 Siehe Luther 1964, S. 185 f. – Stucken 1964, S. 84, spricht davon, daß die Kapitalflucht ihrerseits auf die wegen der ausländischen Kreditabzüge schwindenden Devisenbestände der Reichsbank reagiert habe. Ebenso Wandel 1982, S. 18. James 1986, S. 295 ff., hält die amerikanische und englische Auffassung für im wesentlichen korrekt und verweist dazu einerseits auf die zeitgenössische Diskussion in Deutschland (die Frankfurter Zeitung schätzte am 22.8.1930 die Kapitalflucht bis August 1930 auf 5 Mrd RM) und andererseits auf die Steuerflucht unter deutschen Unternehmen, die in der voraufgehenden Inflation gelernt hatten, wie Gelder nach Belgien, in die Niederlande, in die Schweiz transferiert werden können, sowie das auf angesichts der politischen Krise kofferweise über die Grenzen getragene Bargeld. Aus den im Institut für Zeitgeschichte in München verwahrten Papieren von Hans Schäffer, von 1929 bis 1932 Staatssekretär im Reichsfinanzministerium, zitiert James (1986, S. 298) die Auffassung von Somary, die Ursachen der Krise lägen erstens in der Aufrechterhaltung des Goldstandards und im überbewerteten Pfund, zweitens in den Fehlern der Kreditpolitik der deutschen und italienischen Banken und drittens in dem in die Finanzierung der europäischen Regierungen engagierten Krueger Konzerns (Ivar Krueger, schwedischer Spekulant, Zündholzmonopolist und Gläubiger eines zusammen mit Lee Higginson, Boston, vergebenen Kredits an die Reichsregierung, beging 1932 Selbstmord; vgl. James 1986, S. 71 ff.).
18 Vgl. Kindleberger 1973, S. 194 ff. und 206 ff.

Zahlen nicht bestätigt.[19] Aber darauf kommt es unter Umständen nicht an. Entscheidende Determinante der Bankenkrise war nach Einschätzung von Friedman und Schwartz, daß die Banken auf die einmal ausgelösten Runs nur durch Verkauf der von ihnen gehaltenen Vermögenstitel reagieren konnten, was deren Wert senkte (Schuldtitel der Regierung fielen um 10%, Unternehmenstitel um 20%), woraufhin das Vertrauen der Einleger in die Banken weiterhin sank, der Run sich verstärkte und der Druck, weitere Vermögenstitel zu verkaufen, zunahm. »The impairment in the market value of assets held by banks, particularly in their bond portfolios, was the most important source of impairment of capital leading to bank suspension, rather than the default of specific loans or of specific bond issues.«[20]

Diese Deutung ist insbesondere ökonomisch einsichtig, unklar ist allerdings, ob die Einleger tatsächlich auf einen beobachteten Wertverlust der Schuldtitel reagierten oder eher auf die Beobachtung, daß andere Einleger ihre Gelder aus den Banken abziehen. Deutlich ist allerdings, daß es in den USA wie in Deutschland letztlich an Refinanzierungsmöglichkeiten, an der Zurverfügungstellung von »additional high-powered money«[21] fehlte, um die Liquiditätskrise in den einzelnen Banken auffangen zu können, bevor sie sich zu Solvenzkrisen ausweiteten. Und ebenso deutlich ist, daß gerade diejenigen Vermögenswerte, von denen man glaubte, sie könnten die Liquidität sichern, letztlich die Solvenz gefährdeten, weil selbst die besten Schuldtitel nichts mehr wert sind, wenn man sie in großen Mengen auf den Markt werfen muß.[22]

Im August 1931 wurde in Deutschland eine Sachverständigen-Kommission gegründet, der neben Luther, Dernburg, Rudolf Hilferding, Adolf Weber und anderen auch Robert Pferdmenges, Teilhaber des Kölner Bankhauses Sal. Oppenheim & Cie., angehörte. Seine Reaktion auf die Bankenkrise ist unter dem Aspekt der Risikowahrnehmung und Risikooffenlegung bezeichnend.

19 Siehe Friedman/Schwartz 1963, S. 352, und Kindleberger 1973 S. 142 f. Vgl. jedoch Kindleberger 1973, S. 200, wo Kindleberger wie selbstverständlich vom Fall der amerikanischen Geldmenge 1929-1933 um 33% spricht.
20 Friedman/Schwartz 1963, S. 355.
21 Friedman/Schwartz 1963, S. 356.
22 Siehe Friedman/Schwartz 1963, S. 355 f.

Das Protokoll der Sitzung der Sachverständigen-Kommission vom 29. August 1931 verzeichnet folgende Stellungnahme von Pferdmenges: »Direktor Pferdmenges ging näher auf die Entstehung der Krise ein und erklärte, es handle sich nicht um eine Bankenkrise. Die Schwierigkeiten seien lediglich eine Folge der allgemeinen Krise. Die kurzfristigen Kredite seien bei den Banken zunächst wohl als solche [nämlich als kurzfristige, D. B.] behandelt worden. Die an die Industrie weiter vergebenen Kredite seien bei dieser aber aufgezehrt worden, und zwar namentlich durch die hohen Abgaben und sozialen Lasten. Dadurch seien die kurzfristigen Kredite eingefroren und zu langfristigen geworden. Die Bankaufsicht brauche daher nicht zu weit zu gehen. Er stimme mit [dem Vorstandsvorsitzenden der Commerz- und Privatbank] Direktor Reinhardt darin überein, daß auch nur eine Bankaufsicht eingeführt werden dürfe, die der Reichsbank eingegliedert sei.«[23]

Noch in derselben Sitzung räumt Pferdmenges Mißstände bei der Privatwirtschaft und bei den Banken ein, sieht den Ausweg aus der »allgemeinen Schwierigkeit der Volkswirtschaft« jedoch darin, daß »durch billige Arbeit und Steigerung des Veredelungsverkehrs (...) Geld in das Land hereingeholt werden« müsse.[24] Es muß hier offen bleiben, ob die Reaktion von Pferdmenges für das unter Bankern vorherrschende Verständnis der Bankenkrise typisch war oder sich politischem Kalkül der Verhinderung der Einführung einer unter Umständen allzu eingriffsstarken Bankenaufsicht verdankte (oder, drittens, Ausdruck eines rheinländischem Temperament entsprechenden Krisenbewältigungsoptimismus ist).[25] In jedem Fall wirft die Reaktion von Pferdmenges die Frage auf, wodurch den Banken ein Gedächtnis ge-

---

23 Siehe den Auszug aus der Niederschrift des erweiterten Wirtschaftsausschusses, abgedruckt in Born 1967, S. 232-237, hier: S. 233.
24 Born 1967, S. 234 f.
25 Auch Stürmer/Teichmann/Treue 1989, S. 357, die über den Auftritt von Pferdmenges in der Kommission berichten, geben keine Aufschlüsse über den Hintergrund oder die Absichten seiner Äußerungen, sondern merken nur an: »Daß es in der schwersten Krise der deutschen Wirtschaft, in der tödlichen Krise der Republik und mitten in der europäischen Bankenkrise ohne die starke Hand des Staates abgehen würde, wird Pferdmenges selbst dennoch schwerlich geglaubt haben.«

macht werden kann – durch sie selbst oder durch die Bankenpolitik, speziell die Bankenaufsicht.

Zur Frage, wie weit ein Run auf die Banken das Bankensystem insgesamt gefährdet, ist die Bemerkung von Rudolf Hilferding in der genannten Sitzung bemerkenswert, daß der Run auf die Sparkassen wohl zumindest zum Teil damit etwas zu tun habe, daß die Gelder wegen der in der Notverordnung festgelegten Kündigungsklausel zu den Banken gebracht würden. Streiche man die Kündigungsklausel, würde das Geld unter Umständen zu den Sparkassen wieder zurückgebracht werden.[26] Dieser Hinweis auf eine notwendige Unterscheidung zwischen Run auf das Bankensystem und Run auf einzelne Banken ist später immer wieder gegeben worden, um die Bankenpolitik von Vertrauensschutzmaßnahmen zugunsten des Bankensystems abzubringen, die letztlich wettbewerbsbeschränkende und effizienzschmälernde Auswirkungen haben.[27] Daß schon bei so technischen Fragen Zurechnungsschwierigkeiten auftauchen, zeigt die Bemerkung von Brüning, die Gelder würden wohl eher abgehoben, weil die kleinen Einleger mit den geschmälerten Einkommen und den gekürzten Gehältern nicht mehr auskämen. Der Ministerialdirektor im preußischen Handelsministerium und spätere Reichskommissar für das Bankgewerbe Friedrich Ernst stimmte Hilferding dagegen zu, verwies jedoch gleichzeitig darauf, daß die Einleger den Sparkassen auch deswegen mißtrauten, weil sie in hohem Maße bei den Kommunen engagiert seien, die ihre Schulden gegenwärtig nicht zurückzahlen könnten.

Im Ergebnis der deutschen Bankenkrise hatte sich die Zahl der Berliner Großbanken durch die in einer Notverordnung aufgrund eines Vorschlags von Hilferding verfügte Fusion[28] von Dresdner Bank und Danat von 6 auf 5 verringert, die Zahl der Provinz- und Lokalbanken von 211 auf 157 und die Zahl der Privatbanken von 1100 auf 709 verringert. Das Eigenkapital aller privaten Kreditbanken war ebenso wie die fremden Mittel auf 67% des vorherigen Bestandes geschrumpft.[29] Das Reich hatte zur Kapitalaufstockung und zur Deckung von Verlusten rund 893 Mio RM aufgebracht, von denen 223,5 Mio endgültig verloren waren.

26 Siehe Born 1967, S. 236.
27 Siehe nur Kaufman 1986, S. 8.
28 Siehe Born 1967, S. 167.
29 Siehe Born 1967, S. 174.

Die Golddiskontbank brachte insgesamt 175 Mio RM auf. Die Dresdner Bank war nach der Sanierung zu 91%, die Commerz- und Privatbank zu 70% und die Deutsche Bank zu 35% im Besitz der öffentlichen Hand (Reich und Golddiskontbank).[30]
Die ersten Notverordnungen der Reichsregierung im Juli und August 1931 betrafen neben der Verkündung der Bankfeiertage Vorschriften zur Devisenbewirtschaftung, um die Kapitalflucht zu stoppen, sowie Stillhalteabkommen, um die ausländischen Kredite zu binden. Genauer gesagt, wurde die Rückzahlung der kurzfristigen Auslandskredite gesetzlich untersagt. Als Weichenstellungen zum Gesetz über das Kreditwesen 1934 erwiesen sich die Notverordnungen aus dem September 1931, die eine Aktienrechtsnovelle und die Einführung einer Bankenaufsicht betrafen.[31] Die Sparkassen wurden zu Körperschaften des öffentlichen Rechts ausgebaut und damit dem unmittelbaren Zugriff der Gemeinden entzogen.[32] Im Dezember 1931 wurde eine Zinssenkungsverordnung erlassen und ein von einem zu diesem Zweck eingerichteten Zentralen Kreditausschuß aus Vertretern aller Bankverbände und dem Reichskommissar für das Bankgewerbe kontrolliertes Konditionenzwangskartell verordnet.[33] Zur Mobilisierung der eingefrorenen Bankforderungen und Umwandlung in Beteiligungen (heute würde man von debt-equity-swaps sprechen) wurden 1932 die Finag (Finanzierungsgesellschaft) und zur Verteilung der bei Vergleichsverfahren von Schuldnern den Banken enstandenen Verluste auf mehrere Jahre die Tilka (Tilgungskasse) gegründet.[34]

3. Öffentliche und private Hände

Die weitere Entwicklung des Bankgeschäfts können wir anhand der Jahresberichte der Bank für internationalen Zahlungsausgleich und, später, der Monatsberichte zunächst der Bank deutscher Länder und dann der deutschen Bundesbank skizzieren.

30 Siehe Born 1967, S. 176. Die Sozialisierung der Banken wurde ab 1933 schrittweise wieder rückgängig gemacht.
31 Siehe Born 1967, S. 153 ff.; Wandel 1982 S. 18.
32 Siehe Born 1967, S. 164.
33 Siehe Born 1967, S. 165 ff.
34 Siehe Born 1967, S. 172 ff.

Diese Jahres- und Monatsberichte geben ein klareres Bild von der Auseinandersetzung der Banken mit den von ihnen geschaffenen Märkten als die unter diesem Titel geschriebene Bankengeschichte, die sich zumeist auf die Geschichtsschreibung einzelner Kreditinstitute oder Institutsgruppen beschränkt. Besondere Beachtung verdient bei der Entwicklung des Bankgeschäfts, wie vor allem die kurz- und mittelfristigen Geld- und Finanzmärkte, auf denen die Banken tätig sind, immer wieder von sequentiellen und simultanen Beanspruchungen durch private und durch öffentliche Hände ins Leben gerufen, gefördert und entfaltet werden.[35] Man hat immer wieder den Eindruck, daß die Riskanz dieser Märkte auch und gerade dadurch bewältigt wird, daß private Akteure beobachten, welches Vertrauen öffentliche Akteure in diese Märkte stecken und umgekehrt. Als »Instrumente« der Risikoverteilung und Risikobewältigung entfalten sich diese Märkte nur, weil es abwechselnd zu »Privatisierungen« und zu »Sozialisierungen« des Risikos kommt. Dieser Switching-Prozeß erlaubt jeweils einer Seite, die Möglichkeiten eines Marktes zu testen, während die andere Seite auf der Grundlage ihrer bisherigen Erfahrungen für die Liquidität des Marktes sorgt. Die Instabilität des Marktes für junk bonds, von dem sich die öffentliche Hand zurückgehalten hat, ist ein Beleg ex negativo für diese These.

In der ersten Hälfte der 30er Jahre kommt es wie schon während der Bankenkrise zu einem weiteren starken Rückgang der internationalen, also grenzüberschreitenden kurzfristigen Verschuldung. Die kurzfristigen und langfristigen Zinssätze bewegen sich nach unten; mehrere Zentralbanken verzeichnen die niedrigsten Zinssätze seit dem Krieg oder überhaupt.[36] 1934 bis 1938 kommt es zu starken, insbesondere 1938 jäh wechselnden[37] Kapitalbewegungen zwischen den Gläubigerländern England, Niederlande, Schweiz und USA, insbesondere allerdings aus Europa in die USA. »Zum großen Teil ist ›heißes Geld‹ – unstete Mittel, die in erster Linie auf der Suche nach Sicherheit sind – schuld an dem ungewöhnlichen Umfang dieser Bewegungen.«[38] Die internationale Kreditgewährung liegt danieder, die Zinsen bleiben niedrig,

35 Siehe dazu auch Friedman 1980.
36 Bank für Internationalen Zahlungsausgleich (BIZ) 6, 1936, S. 37 und 48.
37 BIZ 9, 1939, S. 83.
38 BIZ 8, 1938, S. 65.

im Zuge einer langsamen Wirtschaftserholung gewinnen die Kreditinstitute wieder an innerer Stärke.[39]

Erst die Staatsfinanzierung bringt ab 1939/40 wieder Stabilität in die Geld- und Kapitalmärkte der Welt, und zwar sowohl in den kriegführenden wie in den neutralen Ländern. Während die Zinssätze weiter sinken, verdreifacht sich in Deutschland die Kreditaufnahme (während die Steuern nur auf etwas mehr als das anderthalbfache steigen). Im Zuge der Geschäftsausdehnung der deutschen Banken auf die besetzten Gebiete wachsen die Einlagen etwa bei den Berliner Großbanken um ein Drittel, bei den vier großen Spezialbanken um mehr als die Hälfte.[40] Die Satzungen fast aller europäischen Zentralbanken werden geändert, »um ihnen mehr Bewegungsfreiheit bei der unmittelbaren Kreditgewährung an die Staaten zu geben (...).«[41] Die deutschen Banken passen sich den neuen Risikostrukturen rasch an und nutzen sie vor allem zur Expansion von Filialnetz und Geschäftsvolumen und zum Einstieg in unter dem Stichwort »Arisierung« laufende und ermöglichte umfangreiche Fusions- und Übernahmegeschäfte.[42] Als Gegenleistung stellten sich die Banken als Instrumente der »geräuschlosen« Kriegsfinanzierung zur Verfügung vor allem auf dem Wege der aus den Einlagen der Kunden finanzierten Übernahme von Kriegsanleihen einerseits und des Akzeptierens von als Handelswechsel (Mefo- und Sola-Wechsel) fingierten und somit bilanzfreundlichen Schuldtitel des Reiches andererseits.[43] Der Übergang zum »stückelosen Verkehr« im Wertpapiergeschäft, der durch das Ausschalten der privaten Anleger und die Konzentration des Wertpapiergeschäfts auf den Verkehr zwischen Reichsbank, Geschäftsbanken und Industrie-

39 BIZ 7, 1937, S. 61 ff. und 100; 8, 1938, S. 65 ff.
40 BIZ 11, 1941, S. 119 ff.
41 BIZ 11, S. 191.
42 Siehe zur Geschäftspolitik der Deutschen Bank und der Dresdner Bank während des Krieges die in den Nürnberger Kriegsverbrecherprozessen nicht mehr eingesetzten Ermittlungen der United States Finance Division, Financial Investigation Section, des Office of Military Government for Germany: OMGUS 1985 und OMGUS 1986. Vgl. zur Einschätzung der alliierten Bankenpolitik nach dem Krieg, deren weitreichende Pläne zur Umstrukturierung des deutschen Bankenwesens sich wechselseitig blockierten, Horstmann 1985.
43 Siehe dazu BIZ 12, 1942, S. 131 ff.; OMGUS 1985, S. 133 ff.; Wandel 1983.

betriebe erreicht wurde, konnte später als transaktionskostensenkende Innovation gefeiert werden.[44]
Nach der Kapitulation 1945 wird den Inhabern von Bankhäusern und Bankdirektoren die Ausübung aller Finanzgeschäfte zeitweilig untersagt, in der sowjetischen Zone werden alle Banken und Sparkassen geschlossen, in den Westzonen werden die drei Großbanken dezentralisiert und in 30 Teilinstitute mit regionalen Geschäftsbereichen aufgeteilt,[45] was sicherlich auch den Vorteil hatte, daß Erblasten unter das Dach der »Altbanken«, die noch drei Jahrzehnte weiterbestanden, eingebracht werden konnten. Erst 1956 werden die Teilinstitute wieder zu den alten Instituten vereinheitlicht. Die internationale Lage war nach Einschätzung der Bank für internationalen Zahlungsausgleich durch das Paradoxon gekennzeichnet, daß einerseits vor einer Dollarschwemme aus übermäßiger Krediteinräumung seitens der USA gewarnt wurde, während andererseits seit Anfang 1947 in den kriegsgeschädigten Ländern ebenso wie in den Ländern mit starker Währung eine Dollarknappheit herrschte.[46]
In Deutschland reduziert die Währungsreform 1948 das Zahlungsmittelvolumen um 90%, um den Überhang an Geld im Verhältnis zu den gezahlten Löhnen und dem Warenmangel zu beseitigen. Angesichts einer erhöhten Geldumlaufgeschwindigkeit und eines hohen Liquiditätsgrads sahen sich die Banken in der Lage, in großem Umfang neue Kredite zu geben: die Vergabe kurzfristiger Kredite steigt vom Juni bis zum Oktober 1948 um knapp das Dreifache.[47] Von diesen Krediten, die zu zwei Dritteln von den Kreditbanken und zu einem Fünftel von Sparkassen und Genossenschaften bereitgestellt werden, werden etwas mehr als 93% von Wirtschaftsunternehmen und Privaten und knapp 7% von den öffentlichen Händen aufgenommen.[48]
Im Rahmen des Wiederaufbaus geht die kurzfristige Kreditvergabe (68% aller Kredite) Ende 1950 zu 53% an Industrie und Handwerk, zu 34% an den Handel und zu 13 % an die übrigen Wirtschaftszweige, während die langfristigen Kredite überwie-

---

44 So Wandel 1983, S. 187.
45 Siehe dazu Pohl 1983.
46 BIZ 17, 1947, S. 148 ff.
47 BIZ 20, 1950, S. 208.
48 Bank deutscher Länder (BdL) Januar 1949, S. 19 f.

gend in den Wohnungsbau gehen.[49] In diesen Daten spiegeln sich entsprechende Risikoeinschätzungen wie natürlich auch öffentliche Wohnungsbaufinanzierungsprogramme. Erst allmählich verlagert sich das Schwergewicht auf mittel- und langfristige Kredite auch an die Industrie. Das ist Ausdruck einerseits noch unkonsolidierter Finanzverhältnisse wie auch des Fehlens eines leistungsfähigen Kapitalmarktes. Von Ende 1950 bis Ende 1960[50] sinkt der Anteil der kurzfristigen Kredite an der Kreditaufnahme insgesamt von 40% auf 19,6%, während sich der Anteil der mittel- und langfristigen Kredite verdoppelt und der Anteil der Wertpapiere und Konsortialbeteiligungen von 1,3% auf 7,8% steigt. Parallel dazu sank der Anteil der Sicht- und Termineinlagen an den Einlagen insgesamt von 40,1% auf 30,9%, während der Anteil der Spareinlagen von 11,1% auf 23,3% steigt.

Diese Bewegungen auf der Passivseite der Bankbilanzen spiegeln einen entsprechenden Vertrauensgewinn auch der Einleger in die Banken, deren Geschäftsvolumen sich von 1950 bis 1960 fast versechsfachte. Innerhalb dieser Zunahme des Geschäftsvolumens können die Kreditbanken ihren Anteil am kurz- und mittelfristigen Kreditgeschäft leicht ausbauen, während die Hypothekenbanken, öffentlich-rechtlichen Grundkreditbanken und vor allem die Sparkassen starke Zuwächse im mittel- und langfristigen Geschäft zu verzeichnen hatten.[51] Die Privatbankiers können ihre Rolle im Bankengeschäft nach rapidem Bedeutungsverlust in der ersten Hälfte des 20. Jahrhunderts (1913 gab es 1221, 1960 noch 232 Privatbanken) allmählich stabilisieren, wobei sie sich einerseits auf das Kreditgeschäft mit Privaten und Wirtschaftsunternehmen konzentrieren und dieses Geschäft mit Angeboten aus dem nicht bilanzmäßigen Dienstleistungsgeschäft (Effektenkommissionsgeschäft, Wertpapier- und Vermögensverwaltung, Vermittlung von Beteiligungen etc.) ergänzen, und andererseits Termineinlagen anziehen, weil sie von der Beschränkung der Höchstzinssätze ausgenommen sind.[52] Das erleichtert ihre Refinanzierung, die ansonsten stark von der Kreditaufnahme bei anderen Banken bestimmt ist.

Seit 1959 werden auch die Großbanken im privaten Kundenge-

49 BdL April 1951, S. 25 f.
50 Deutsche Bundesbank (BBk) März 1961, S. 28 f.
51 BBk März 1961, S. 33 f.
52 BBk November 1961, S. 11 ff.

schäft (Mengengeschäft) tätig, nachdem sie erkennen, welches Kundenpotential in dem ab 1960 verstärkt sich verbreitenden bargeldlosen Lohn- und Zahlungsverkehr und dem damit verbundenen privaten Kundenkreditgeschäft liegt.[53] In den sechziger Jahren wird mit dem raschen Aufschwung des Investmentsparens, das 1969 fast 20% der längerfristigen Geldvermögensbildung ausmachen wird, ein die Refinanzierungsbasis der Banken tangierender Bedeutungsverlust der Sparkonten augenfällig. Bei der Kreditvergabe dominiert weiterhin das Geschäft mit dem Unternehmenssektor, an den 1970 92% aller inländisch vergebenen Kredite gehen, während die verbleibenden 8% an Privatpersonen oder Organisationen ohne Erwerbscharakter gehen.[54] Am Verschuldungsgrad verschiedener Gewerbezweige kann man deren wirtschaftliches Wohlergehen ablesen: Die Verschuldung ist, gemessen am Umsatz, überdurchschnittlich hoch in der Kunststoff-, Gummi- und Asbestindustrie (12,8%) sowie im Leder-, Textil- und Bekleidungsgewerbe (14,6%), während sie in der chemischen Industrie und Mineralölindustrie (10,3%) und im Nahrungs- und Genußmittelgewerbe (7,6%) unterdurchschnittlich ist.[55] Man müßte diese Zahlen mit den Kreditkonditionen und Prolongationsentscheidungen der Banken an die unterschiedlichen Gewerbe vergleichen können, um daraus Hinweise auf Risikobewältigungsmechanismen zu gewinnen. Aber solche Vergleichszahlen haben wir nicht gefunden.

In den Jahren zwischen 1960 und 1970, in denen sich das BSP verdoppelt, verdreifacht sich das Geschäftsvolumen der deutschen Banken – im Jahrzehnt zuvor hatte es sich noch versechsfacht. Bei mit Ausnahme der Bausparkassen und Versicherungen, die dank staatlicher Sparförderungsprogramme ihre Bilanzsumme vervierfachen, insgesamt stabiler Geschäftsentwicklung halten die einzelnen Institutsgruppen ihre Geschäftsanteile, während sich nach der völligen Aufhebung der Zinsbindung im Frühjahr 1967 die Bankleistungen »universalisieren« und die Banken mit einer starken Ausdehnung des Filialnetzes um 30% zu den über Lohn- und Gehaltskonten neu gewonnenen Kunden weiterhin »Marktnähe« zu schaffen versuchen.[56]

53 Siehe Pohl 1983, S. 239f.
54 BBk Oktober 1970, S. 30ff.
55 BBk Oktober 1970, S. 32.
56 BBk April 1971, S. 30ff.

Der auf hohe Mittelzuflüsse aus dem Ausland, eine überdurchschnittliche Kreditausweitung der Banken an Private und Unternehmen (allein das Volumen der Konsumentenkredite nahm von Ende 1969 bis 1974 um 90% zu)[57] und Inflationsgefahren reagierende Restriktionskurs der Bundesbank ab März 1973 ließ die Banken die für sie offensichtlich überraschende Erfahrung machen, daß der für stets höchst liquide gehaltene Interbankenmarkt versagt, wenn die Bundesbank die Refinanzierung verteuert, so daß sich die Banken einerseits verstärkt um Refinanzierungsmöglichkeiten bei Einlegern kümmerten, das heißt die Sparzinsen erhöhten, und andererseits den Interbankenmarkt mit den in der Bundesrepublik ansässigen ausländischen Banken ausbauten.[58]

4. Internationale Verschuldung

Im Jahresbericht 1977 beschäftigt sich die Bank für internationalen Zahlungsausgleich zum ersten Mal ausführlich mit dem Risikoproblem der internationalen Verschuldung.[59] Nach einer Würdigung des Umstands, daß sich die Kreditvergabe der international tätigen Banken insbesondere an Entwicklungsländer per saldo als Stabilisierungsfaktor erwiesen habe, verweist der Jahresbericht auf die Gefahren, die darin liegen, daß sich die Kreditvergabe mehr und mehr von Krediten an private Gesellschaften auf Kredite an Institutionen des öffentlichen Rechts verlagert habe. Dadurch wären die geschäftlichen Risiken gesunken, jedoch die Länder- oder Hoheitsrisiken gestiegen. Letztere bestehen darin, daß ein Land aufgrund eines Zahlungsbilanzdefizits nicht mehr über die zur Bedienung der Schulden erforderlichen Devisen verfügt. Gefahr drohe dann weniger aus einzelnen Bankrotten als vielmehr aus einer Konsolidierung der Schulden (auf Länderbasis) oder einem Moratorium.

Die Banken sehen sich vor der für sie neuen Aufgabe der Bewertung von Länderrisiken. Einerseits müsse die politische und wirtschaftliche Entwicklung im Hinblick auf eventuelle Zahlungsbilanzprobleme im Zusammenhang betrachtet werden, andererseits würden erhebliche Informationsbeschaffungsprobleme

57 BBk Juni 1975, S. 14.
58 BBk Mai 1974, S. 24 ff.
59 BIZ 47, 1977, S. 108 ff.

auftreten, weil die Schuldnerländer erstens zum Teil nicht über die Einrichtungen zur Beschaffung der notwendigen Angaben verfügten und zweitens angesichts der starken Konkurrenz im internationalen Kreditgeschäft eine schwächere Verhandlungsposition der Banken nicht nur geringere Gewinne, sondern auch weniger umfassende Informationen zur Folge habe. Zur Akkumulation der Risiken aus der Kreditvergabe an ein einzelnes Land, das unter Umständen in Zahlungsbilanzschwierigkeiten gerät, kommt ferner die Gefahr von Kettenreaktionen unter den Gläubigerbanken hinzu, weil in einem Land immer mehrere Banken kreditvergebend tätig sind. Kurz, da sich die Struktur der Bilanzen und der Gewinn- und Verlustrechnungen bei vielen Banken als Folge des gegenüber der inländischen Kreditvergabe viel schnelleren Wachstums der internationalen Bankausleihungen sehr stark verändert habe, müsse die Organisation und Logistik der Banken (interne Kontrolle und Aufsicht) der neuen Lage angepaßt werden. Amtliche Organisationen könnten dabei in doppelter Weise tätig werden, nämlich einmal durch Verbesserung der Informationsversorgung und zum anderen durch eine eigene Beteiligung an der künftigen Kreditgewährung.

Der nächste Jahresbericht 1978 zeichnet bereits ein komplizierteres Bild.[60] Einerseits habe sich in den Märkten der Brennpunkt des Interesses (!) von Risikoüberlegungen zur finanziellen Solidität der Schuldnerländer angesichts der sinkenden Überschüsse der OPEC-Länder und zunehmender Zahlungsbilanzdefizite der USA auf gesamtwirtschaftliche Fragen der internationalen Liquiditätsschöpfung und der Unbeständigkeit der Wechselkurse verlagert. Andererseits werde die »Lokomotivrolle« im internationalen Kreditgeschäft nach wachsenden, auch öffentlichen Bedenken in den USA von Überschußländern wie Deutschland übernommen. Deutsche Banken seien Ende 1976 noch relativ geringfügig risikobelastet gewesen und substituierten zunehmend ausländisches für inländisches Kreditgeschäft: »In Anbetracht der schwachen heimischen Kreditnachfrage strebten sie danach, im Ausland jene Expansion der Gewinne und Bilanzen zu erreichen, die zuhause nicht möglich war. Dabei engten sie manchmal die Zinsmargen in einem Maße ein, das für Banken in einer etwas ungün-

---

60 BIZ 48, 1978, S. 96 ff.

stigeren Lage kaum noch akzeptabel gewesen wäre.«[61] Gleichzeitig sei festzustellen gewesen, daß einige nichtölproduzierende Entwicklungsländer, die kurz zuvor noch starke Kreditnachfrager gewesen seien, 1977 gegenüber internationalen Banken als Nettoanbieter an Kapital aufgetreten seien. Das zeige, daß die internationale Kreditvergabe Anstrengungen zur Verbesserung der Zahlungsbilanz nicht vereitelt habe. Gerade die größten Kreditnehmer wiesen die stärksten Verbesserungen auf.
Das folgende Jahr ist ein »hektisches« Jahr auf den internationalen Finanzmärkten, das Auslandsgeschäft der Banken expandiert »in einem noch nie dagewesenen Ausmaß.«[62] Die Bank für internationalen Zahlungsausgleich beginnt ernsthaft zu warnen: »Die weiterhin schwache inländische Kreditnachfrage der Unternehmen und die durch das gewaltige US-Defizit geschaffene Liquidität übten einen starken Anreiz auf die Großbanken aus, ihr internationales Kreditgeschäft auszuweiten. Die Folge waren ein verschärfter Wettbewerb zwischen den Banken und ein weiteres Herabdrücken ihrer Gewinnmargen auf ein Niveau, das offenbar auf der Prämisse einer problemlosen Zukunft ohne Verluste beruhte. Die Kreditnehmer, Defizitländer wie private Unternehmen, nutzten die äußerst günstigen Konditionen auf den internationalen Finanzmärkten nicht nur zur Deckung ihres laufenden Finanzierungsbedarfs, sondern auch zur Stärkung ihrer Liquidität. Ein erheblicher Teil des daraus resultierenden Reservenzuwachses wurde wieder im internationalen Bankensektor angelegt, so daß sich der von der Angebotsseite des Marktes herrührende expansive Druck noch verstärkte.«[63] Und weiter: »Bei Konsortialkrediten verengte sich die Zinsspanne auf einen Abstand, wie er in den Monaten vor der Herstatt-Krise bestanden hatte, nämlich auf 1/2 Prozentpunkt oder noch etwas weniger bei erstklassigen Kreditnehmern und unter 1 Prozentpunkt für die meisten anderen Schuldner. Es ist nur schwer vorstellbar, wie diese Spannen den Banken Spielräume für die Bildung ausreichender Reserven gegen zukünftige Verluste gelassen haben. Auch andere Konditionen, wie Laufzeit und Kreditbetrag, haben sich beträchtlich zum Vorteil der Kreditnehmer geändert.«[64]

61 BIZ 48, 1978, S. 99.
62 BIZ 49, 1979, S. 109.
63 Ebd.
64 BIZ 49, 1979, S. 112.

Bemerkenswert sind drei Umstände: Erstens ist es das US-Defizit zusammen mit einem völligen Verlust des Vertrauens in den Dollar, das für die Liquidität in Gestalt riesiger Kapitalabflüsse aus den USA verantwortlich ist; zweitens sind es deutsche und japanische Banken, die im internationalen Kreditgeschäft führend tätig sind;[65] und drittens ist die internationale Kreditausweitung nicht zuletzt vor dem Hintergrund schwacher Kreditnachfrage aus den heimischen Industrien zu sehen.

Auch das Jahr 1979 bleibt ein Jahr rascher Kreditausweitung.[66] Mittel sind reichlich vorhanden, der Bankenwettbewerb ist stark. In den USA werden zum ersten Mal Kreditbeschränkungen durch Kreditleitlinien eingeführt. Auch in den Banken beginnt die Besorgnis angesichts der absehbaren Zahlungsbilanzwirkungen der unerwartet hohen Ölverteuerung (die OPEC verdient doppelt: erst am Öl, dann an den über die internationalen Banken recycelten Kredite) zu wachsen. »Zudem unterstrichen die Ereignisse im Iran, die finanziellen Gegenmaßnahmen der USA sowie die Vorgänge in Afghanistan die Bedeutung politischer Unwägbarkeiten und erhöhten die allgemeine Unsicherheit.«[67] Die Banken reagieren, indem sie die Kreditlaufzeiten verkürzen und die geforderten Margen ausweiten. Nach einer ersten Erschütterung des Marktvertrauens durch die Umschuldungsverhandlungen Polens Ende 1980 schwächt sich erst ab 1981 die Kreditvergabe ab, während gleichzeitig zunehmend nur noch kurzfristigere Kredite vergeben werden, weil die Banken angesichts der langjährigen und hohen Inflationsentwicklung längerfristige Finanzierungen scheuen.[68] 1982 beginnen die Zahlungsschwierigkeiten wichtiger Schuldnerländer sich zu häufen, die Falklandkrise erschüttert das Vertrauen in Lateinamerika, große Unternehmen verlagern ihre Mittelaufnahme auf die Anleihenmärkte. Die Zahlungskrise Mexikos im Spätsommer 1982[69] löst eine weitere Schwächung des Marktvertrauens aus: Die Neukreditvergabe der Banken an Ent-

65 BIZ 49, 1979, S. 133.
66 BIZ 50, 1980, S. 76, 113 ff.
67 BIZ 50, 1980, S. 119.
68 BIZ 53, 1983, S. 43 f. Das Hauptopfer der jetzt einsetzenden Zurückhaltung gegenüber Osteuropa ist Ungarn, das den Großteil seines Außenhandels am Euromarkt finanziert hatte. Siehe ebd., S. 141.
69 Bei einem Außenstand von insgesamt 80 Mrd $ stoppt Mexiko am 20. August seinen Schuldendienst für 90 Tage.

wicklungsländer »fiel (...) in der zweiten Jahreshälfte unvermittelt [!] steil ab.«[70]

Eine Ausweitung der Zahlungskrisen zu einer internationalen Finanzkrise konnte nur um den Preis einer politisch koordinierten Notaktion von Schuldnerländern, Internationalem Währungsfonds, Zentralbanken der Entwicklungsländer und internationaler Bankengemeinschaft verhindert werden. Das nimmt die Bank für Internationalen Zahlungsausgleich zum Anlaß eines Rückblicks auf die Entstehung und Entwicklung der internationalen Schuldenkrise von 1974 bis 1982:[71] Über den Eurokreditmarkt, dessen Volumen schon in den sechziger Jahren gestiegen war, stiegen die international tätigen Banken seit den Ölpreissteigerungen 1973 in großem Umfang in die Finanzierung der Zahlungsbilanzdefizite der Öleinfuhrländer und in die Entwicklungsfinanzierung ein. Die Bruttoauslandsaktiva aller Banken im BIZ-Berichtsgebiet erhöhten sich (ohne Doppelzählungen) von 1973 bis 1982 um mehr als das Sechsfache von 155 Mrd $ auf 1020 Mrd $. Erste Besorgnisse der Banken angesichts von Zahlungsschwierigkeiten in den Nicht-OPEC-Entwicklungsländern und in Osteuropa wurden durch die Einleitung inländischer Anpassungsmaßnahmen in den Entwicklungsländern zerstreut. Ab 1977 war eine ausgeprägte Verbesserung des Marktklimas festzustellen, was unter anderem dem Übergang zu variabel verzinslichen Auslandskrediten und kürzeren Fälligkeitsfristen zu verdanken war. Die Schuldnerländer wurden dadurch anfälliger für Zinssatzänderungen, was ihre auch durch hohe Zuwachsraten bei den Einfuhren gesteigerte Auslandsabhängigkeit zusätzlich erhöhte.

Während die Zentralbanken der Industrieländer in einem Kommuniqué im April 1980 vor einer übermäßigen Risikokonzentration im internationalen Geschäft warnen und eine Sicherstellung ausreichend eigener und liquider Mittel fordern und einige kleinere Banken beginnen, sich bei neuen Krediten an risikoreichere Länder nicht mehr zu beteiligen, ermuntern die Regierungen weiterhin expertengestützte Projektfinanzierungen.[72] In ihrer Einschätzung der Schuldensituation kommt die BIZ zu dem Ergebnis, daß die Banken im großen und ganzen ihrer Aufgabe im internationalen Finanzierungssystem auch nach 1974 nachge-

70 BIZ 53, 1983, S. 121.
71 Siehe zum folgenden BIZ 53, 1983, S. 132 ff.
72 BIZ 53, 1983, S. 139.

kommen sind, jedoch schwere Fehler in der Einschätzung von Länderrisiken begangen hätten.[73] Die Inflation, die Wachstumspolitik der Industrieländer und die US-Geldpolitik hätten ein Urteil über die realen wirtschaftlichen Aussichten erschwert und zum Entstehen eines Kreditnehmermarktes beigetragen, »der es sowohl den Kreditnehmerländern als auch den Banken erschwerte, die erforderliche Zurückhaltung zu üben.«[74]

Eine wichtige Ursache der internationalen Schuldenkrise sieht Wilhelm Hankel darin, daß die Wirtschaft weder der Entwicklungsländer noch der osteuropäischen Länder über einen eigenen leistungsfähigen Geld- und Kreditsektor verfügt: Die interne Kreditschwäche ebenso wie der Mangel an einer Trennung der Funktionen von Sparer und Investoren, wodurch es zu einer gewissen »Illiquidierung« der Geldvermögen komme, führten zu einer wachsenden Abhängigkeit von Fremdwährungskrediten des Euromarktes, die gleichzeitig in dem Maße, in dem die Devisen von Zentral- und Geschäftsbanken angekauft wurden, die inländische Inflation verstärkten und, notabene, Voraussetzung einer wachsenden Kapitalflucht sind.[75] Hankel unterstreicht die sozialen Voraussetzungen einer internen Lösung der Schuldenkrise durch die Etablierung eines eigenen Bankensystems, die in ihrerseits äußerst voraussetzungsvollen Einsichten der Geldsparer in Akkumulations-, Selektions-, Produktivitäts- und Wachstums- sowie Kultureffekte der Monetarisierung von Kapitalbildung und -verwertung liegen.

Andere Einschätzungen der Ursachen der internationalen Schuldenkrise heben wie die BIZ die mangelnde Risikobewertung durch die internationalen Banken hervor. Die Banken hätten die bei ihnen angelegten OPEC-Milliarden durch junge und entsprechend unerfahrene sowie prämienentlohnte Kreditbearbeiter mit vollen Händen privaten und öffentlichen Kreditnehmern in den Entwicklungsländern regelrecht andienen lassen.[76] Das auffälligste Kennzeichen des erfolgreichen Recycling der Petrodollar sei es gewesen, daß die Banken das Risiko der Kapitalüberlassung an die Entwicklungsländer den OPEC-Ländern abgenommen und

---

73 BIZ 53, 1983, S. 145.
74 BIZ 53, 1983, S. 146.
75 Siehe Hankel 1988.
76 So Gwynne 1983 und Gwynne 1986.

selber getragen hätten.[77] Damit ging von vornherein das Problem einher, daß die Banken zwischen den wenigen kurzfristigen großen Einlagen der OPEC-Länder und den langfristigen Krediten an die Entwicklungsländer eine Losgrößen- und Fristentransformation sicherstellen mußten, die nur der Interbankenmarkt aufgrund entsprechender Techniken (und Risiken) des Schuldenmanagements leisten konnte.[78] Die Banken konnten sich um so mehr auf diese Techniken eines zwischen den Banken vermittelnden Schuldenmanagements konzentrieren, als die Zinssatzänderungsrisiken dank variabel verzinslicher Kredite auf die Schuldner abgewälzt wurden. Die Orientierung der variablen Verzinsung sogenannter Roll-over-Eurokredite überwiegend am Referenzzinssatz LIBOR (London Interbank Offered Rate), auf den die Banken eine ebenfalls vorab vereinbarte Marge aufschlugen, erlaubte die Abwälzung der Zinssatzänderungsrisiken auf die Kreditnehmer, während die Banken das aus der Fristentransformation herrührende Risiko der Anschlußfinanzierung übernahmen.[79]

Jack M. Guttentag und Richard Herring bestätigen die Diagnose, daß neben »imprudent borrowing« und »bad luck« auch »imprudent lending« beim Zustandekommen der Schuldenkrise mit im Spiel war.[80] Sie halten fest, daß die Banken unmißverständliche Zeichen übersehen hätten, die auf ökonomische und politische Risiken der Entwicklungsländerfinanzierung hingewiesen hätten: »In several instances, commercial banks continued to lend in support of unsound economic policies long after the residents of the borrowing country had demonstrably lost confidence in their governement's policies. The consequence was a substantial amount of bank lending that was used to finance capital flight from the borrowing country«,[81] und fragen, wie es zu solcher Blindheit kommen konnte.

Sie nennen drei Gründe. Erstens die »desaster myopia«: In Anlehnung an Untersuchungen von Amos Tversky und Daniel Kah-

---

77 So Hauptmann 1987, S. 110, Anm. 2.
78 Vgl. Snowden 1985, S. 66 ff. Siehe auch Dworak 1985.
79 Vgl. Melzer 1985, S. 91 ff. Nach Angaben von Melzer erreichte der Referenzzinssatz in der Hochzinsphase 1978-1980 immerhin eine Höhe von 19,55%!
80 Guttentag/Herring 1985.
81 Guttentag/Herring 1985, S. 129 f.

neman vermuten Guttentag und Herring, daß es zu Fehleinschätzungen kam, die typisch sind, wenn hohe Verluste bei geringer Wahrscheinlichkeit möglich sind. Tversky und Kahneman deckten eklatante Abweichungen tatsächlicher Wahrscheinlichkeitsurteile von nach den Kenntnissen der statistischen Theorie zulässigen Urteilen auf, die sie zu einer mehrere Punkte umfassenden Heuristik von Wahrscheinlichkeitseinschätzungen zusammenfaßten.[82] Zunächst werden Ereignisse nicht für möglich gehalten, an deren Auftreten sich keiner mehr erinnert (availability heuristics). Tatsächlich lagen die Erfahrungen mit Zahlungsunfähigkeiten von Ländern so weit zurück, daß sie für keinen der im Schuldengeschäft mit den Entwicklungsländern steckenden Manager noch Bedeutung hatten. Das wiederum führte dann dazu, daß die Wahrscheinlichkeit einer Zahlungseinstellung eines Entwicklungslandes als so gering eingeschätzt wurde, daß sie mit Null angesetzt wurde (treshold heuristics). Guttentag und Herring fügen die Bemerkung hinzu, daß die Theorie rationaler Erwartungen, die auf Disziplinierung der Unternehmen durch den Markt setzt, offensichtlich bei Risiken geringer Wahrscheinlichkeit versagt: »Indeed, under such conditions, competition may drive prudent decision makers from the market.«[83]

Zweitens verweisen Guttentag und Herring auf Fehlkalkulationen aufgrund unzureichender Informationen und Analysen. Die für eine sorgfältige Abschätzung der Kreditrisiken erforderlichen Daten über Verschuldungshöhe insgesamt und Zahlungsbilanzen standen für die Entwicklungsländer oft nicht zur Verfügung, so daß man von einer unmittelbaren Beobachtung der Kreditrisiken des Schuldnerlandes auf eine Beobachtung zweiter Ordnung des Umgangs mit diesen Kreditrisiken durch andere Banken umschaltete: »In the absence of reliable data and objective procedures for estimating the probability of a country default, banks appeared to evaluate the appropriateness of concentrations of country exposure by comparing their exposures with those of peers.«[84] Das Parallelverhalten von Banken resultierte im nahezu ausschließlichen Rekurs auf Kreditländerlimite als Instrument der

---

82 Siehe Tversky/Kahneman 1974 und die nachfolgende Diskussion: Kahneman, Hrsg., 1982.
83 Guttentag/Herring 1985, S. 133.
84 Guttentag/Herring 1985, S. 134.

Risikosteuerung.[85] Das heißt, es wurde nur noch über die Festsetzung der für tragbar gehaltenen Höhe der Kredite an die Entwicklungsländer geregelt, wie lange und in welchem Umfang man zur Kreditvergabe bereit war. Direkte Risikoeinschätzungen im Hinblick auf die Verwendung der Kredite fehlten weitgehend.
Ferner übersah man mögliche Kovarianzen zwischen den Länderschulden, vor allem in Bezug auf abgewälzte Zinsraten und Vertrauensverluste bei kurzfristiger Verschuldung. Angesichts einer zunehmend kurzfristigen Verschuldung wiegte man sich in der Sicherheit, die Schulden jederzeit kündigen zu können, nicht beachtend, daß niemand wissen konnte, woher in einem solchen Fall der Kündigung das Schuldnerland genügend liquide Mittel zur Tilgung bekommen sollte. Schließlich betrachtete man die Kredite an Entwicklungsländer als langfristig kalkulierbare, an Wachstumschancen zu messende Investitionen, während es sich angesichts der tatsächlichen Situation dieser Länder eher um riskante Finanzierungen zur Aufrechterhaltung von Zahlungsströmen handelte.
Drittens verweisen Guttentag und Herring darauf, daß sich die Banken im Schutz impliziter politischer Garantien fühlen konnten, weil internationale Institutionen wie der IMF, die BIZ oder die OECD den Eindruck erweckten, im Notfall stabilisierend einzugreifen. Die Verlagerung der Einschätzung der Kreditrisiken auf die Ebene der Beobachtung zweiter Ordnung hatte dann auch den für jede einzelne Bank wesentlichen Effekt, diesen Institutionen und der Bankenaufsicht signalisieren zu können, daß man nur tat, was alle taten: »By herding – that is, keeping concentrations of exposures roughly in line with competitors – banks made sure that any problem that occurred would be a banking system problem, not just the problem of an individual bank.«[86] Guttentag und Herring sehen in ihrer Analyse einen Ausweg aus der Krise nur in innovativer Entwicklungsfinanzierung, die stärker auf Übereinstimmungen der Schuldenvergabe mit dem Zahlungsfluß achtet, auf destabilisierende Zinsänderungsrisikoabwälzung verzichtet und die Kredite in Finanzierungsinstrumente verwandelt, die auf einem sekundären Markt handelbar sind.
Das Verhalten der Banken in der internationalen Kreditvergabe

---

85 Siehe Nunnenkamp/Junge 1985.
86 Guttentag/Herring 1985, S. 136.

erklärt sich überdies daraus, daß eine der wenigen Unterscheidungen, die über Kriterien der Kreditvergabe und der Prolongation angesichts des Auftretens erster Zahlungsschwierigkeiten verläßlich hätte Auskunft geben können, systematisch versagte: die Unterscheidung zwischen Liquiditäts- und Solvenzproblemen.[87] Diese Unterscheidung angesichts der Probleme der Finanzierung von Zahlungsbilanzdefiziten treffen zu können, würde voraussetzen, Wachstumschancen der Weltwirtschaft, erwartbare Inflationsraten und Zinssätze, die Handelspolitik der Industrieländer, die politischen Reaktionen in den Entwicklungsländern auf Importrestriktionen usw. einschätzen zu können. Keine Bank kann das. Die Unterscheidung zwischen Solvenz und Liquidität, die auf einzelwirtschaftlicher Ebene greift, versagt auf der weltwirtschaftlichen Ebene.

Der »peer mechanism« beziehungsweise die Verlagerung der Entscheidungsabsicherung von der Ebene der Beobachtung erster Ordnung auf die Ebene der Beobachtung zweiter Ordnung erweist sich als zentrale Determinante der internationalen Schuldenkrise. Das kann man auch in einer Analyse erkennen, die auf die Problematik dieses peer mechanism oder gar die Kybernetik zweiter Ordnung keinen Bezug nimmt. Jürg Niehans leitet jedoch ganz auf der Linie dieser Konzepte die Entwicklung der internationalen Verschuldung aus dem Umstand ab, daß Kreditforderungen an Entwicklungsländer »unenforceable claims« sind, also mangels entsprechender Sicherheiten und mangels Zugang zu Konkursgerichten gesetzlich nicht einklagbar sind.[88] Das führt in der Konsequenz neben der mangelnden Einschätzung der unmittelbaren Kreditrisiken zu einem zweiten Grund, die Beobachtung erster Ordnung zu vernachlässigen.

Ausgangspunkt der Überlegungen von Niehans ist, daß das ökonomische Kalkül im Umgang mit nichteinklagbaren Forderungen auf Seiten der Schuldner zu einer unbegrenzten Nachfrage nach Krediten führt. Die entscheidende Frage ist nun, wie die Gläubiger mit dieser Nachfrage umgehen – gegeben das Überangebot an Finanzierungsmitteln auf den Euromärkten und den Mangel an Kreditnachfrage in den Industrieländern. Niehans kommt zu dem Ergebnis, daß die Gläubiger angesichts der nicht erzwingbaren

---

87 Vgl. Hauptmann 1987, S. 11 f.; Krugman 1985.
88 Niehans 1985.

Rückzahlung von Krediten ihr Interesse auf eine kontinuierliche Refinanzierung der Kredite durch neue Kredite richten. Das Volumen dieser Refinanzierung muß ständig wachsen, damit sowohl die »unbegrenzte« Nachfrage der Schuldner nach Krediten befriedigt wie auch der Schuldendienst aus den laufenden Krediten einschließlich der Rückzahlung der bisherigen Kredite bedient werden kann. Das heißt, »to prevent default, creditors have to plan aggregate lending in such a way that the present value of future cash flows to the debtor remains positive forever.«[89] Und das gelingt natürlich nur, wenn jeder Gläubiger darauf vertrauen kann – und ein entsprechendes Verhalten beobachtet –, daß alle anderen Gläubiger bereit sind, ein immer höheres Kreditvolumen mitzutragen.

Insgesamt kann das Kreditvolumen dann etwa in der Höhe der erwarteten Wachstumsraten der Weltwirtschaft oder der Wirtschaft des Schuldnerlands wachsen und je individuell ist das Kreditvolumen einer einzelnen Bank nur von der Entscheidung abhängig, wie hoch der gewünschte Anteil an nicht einklagbaren Forderungen am Gesamtkreditportefeuille der Bank sein soll oder darf. Ergebnis: »With unenforceable claims, decentralized decision-making is likely to lead to crisis. The reason is that continued debt service on each loan depends crucially on continued net lending by *all* lenders.« Und: »With unenforceable claims, solvency depends on the collective action of the creditors and not on the economic strength of the debtor.« Nicht die Fähigkeit der Schuldner, die Kredite zurückzuzahlen, ist maßgeblich für die Entwicklung der internationalen Verschuldung, sondern »the willingness of creditors to lend.«[90]

An diesen Überlegungen von Niehans wird deutlich, wie unwahrscheinlich es etwa ist, daß die Banken sich an Empfehlungen halten, ihrerseits einen Selbstbindungsmechanismus einzuführen, der sie zwingt, im Falle von Zahlungsschwierigkeiten von Schuldnern nicht auf Umschuldung, sondern auf das Konstatieren von Zahlungsunfähigkeit abzustellen. Ein solcher Selbstbindungsmechanismus könnte zum Beispiel darin bestehen, daß die Banken sich einigen, alle Schuldner (aber innerhalb welcher Kategorie?) gleich zu behandeln, also Umschuldungen im einen Fall auch

89 Niehans 1985, S. 73.
90 Niehans 1985, S. 73

allen anderen zukommen zu lassen, was die Umschuldung extrem verteuern würde.[91] Wie sich später gezeigt hat, war für die einstweilige Lösung beziehungsweise Entschärfung der Schuldenkrise wichtiger, daß die Banken innerhalb einer verbesserten Konjunktur in den Industrieländern andere Kreditanlagemöglichkeiten fanden und daraus dann auch die Abschreibung der Entwicklungsländerschulden finanzieren konnten.

Es ist vermutlich zu kurz gegriffen, wenn man annimmt, daß die Risiken des »peer mechanism« durch eine verstärkte Einschaltung risikoabwägender öffentlicher Institutionen abgefangen werden können. Lawrence C. Brainard macht auf Risiken einer Politisierung der internationalen Verschuldung aufmerksam.[92] Je stärker die Kreditvergabeentscheidungen auf politische Kalküle Rücksicht nehmen müssen, desto schwerer fällt den Geschäftsbanken eine Rückkehr zu einem wirtschaftlichen und betrieblichen Kalkül weiterer Kreditvergabeentscheidungen. Auf eine zentralisierte Informationssammlung und -verarbeitung zu setzen, ist zumindest solange problematisch, wie etwa der IMF, der nach Art. IV Überwachungsaufgaben der internationalen Finanzierungsverhältnisse wahrzunehmen hat, auch politische Rücksichten zu nehmen hat: Im Unterschied zu den Banken ist zum Beispiel Mexiko ein Mitglied des Fonds. Das heißt, »as regards monitoring, the desires of banks and the priorities of the IMF may not turn out to be the same.«[93]

Eine Politisierung des Managements der Schuldenkrise, wie sie auch der Baker-Plan vorsah und vornahm, birgt ferner die Risiken, daß die Kartellierung unter Führung internationaler Institutionen auf der Gläubigerseite entsprechende Politisierungen auch auf der Schuldnerseite anregt beziehungsweise erfordert und daß überdies durch den Zugang zu politischen Finanzierungs- und Umschuldungsmaßnahmen regelnden Problemdefinitionen jene Entwicklungsländer begünstigt werden, die bereits mit hohen Verschuldungsproblemen zu kämpfen haben, und anderen Entwicklungsländern signalisiert wird, daß der Verzicht auf Anpassungsmaßnahmen mit der Aufnahme in diese politisch geleiteten Umschuldungsmaßnahmen »belohnt« wird.[94] Es treten, mit an-

91 So Kohler 1986.
92 Siehe Brainard 1985.
93 Brainard 1985, S. 6.
94 Siehe Nunnenkamp 1986. Vgl. auch Bergsten/Cline/Williamson 1985.

deren Worten, die für Versicherungen typischen moral hazard-Probleme auf.
Peter Nunnenkamp unterstreicht ferner die Möglichkeit, daß solche politisch geleiteten Umschuldungsmaßnahmen einerseits dazu dienen könnten, das Ansehen der internationalen Finanzierungsinstitutionen, etwa der Weltbank, zu steigern und andererseits dazu tendieren, die Ansätze zu einer privatwirtschaftlichen Aushebelung des peer mechanisms der Orientierung der Kreditentscheidungen an Beobachtungen zweiter Ordnung auszuhebeln, die in Mechanismen des Interessenausgleiches zwischen großen und kleinen, distanzierten und engagierten Kreditinstituten zu finden seien.[95]

5. Innovation und Verbriefung

In der Bundesrepublik setzt sich in den Jahren 1971 bis 1977 bei einem jährlichen Wachstum des Geschäftsvolumens um durchschnittlich 11,7% (bei geringeren Raten des BSP-Wachstums) ein Trend zum längerfristigen Kreditgeschäft durch, das durch eine unverminderte Bereitschaft der Anleger, ihr Geldvermögen in Sparguthaben anzulegen, also durch Spargelder finanziert wird: »Die Spargelder (Spareinlagen und Sparbriefe) haben ihre Position als bedeutendste Finanzierungsquelle der Kreditinstitute weiter gefestigt.«[96] Zwar machte sich auch der Modernisierungs- und Rationalisierungsbedarf der Unternehmen bei der Nachfrage nach längerfristigen Krediten bemerkbar, doch ging der Großteil dieser Kredite an die inländischen öffentlichen Hände: der Anteil der Kredite an den öffentlichen Sektor stieg von 8% auf 11%.
Der Interbankenmarkt wird vor allem über die am internationalen Geld- und Kapitalmarkt tätigen Töchterinstitute weiter ausgebaut, was sich an einem Anstieg der Anteile der Forderungen an Kreditbanken an den Forderungen aller Banken auf 32% zeigt. Als Refinanzierungsquelle wird zunehmend die Ausgabe von Inhaberschuldverschreibungen durch die Banken ausgebaut: Hatten die Großbanken 1974 noch für 0,4 Mrd DM Inhaberschuldverschreibungen ausgegeben, so betrug diese Zahl 1977 bereits 6,3

---

95 Nunnenkamp 1986, S. 13 f. Vgl. dazu auch Schneider/Frey 1985.
96 BBk August 1978, S. 12. Siehe zum folgenden ebd., S. 11 ff.

Mrd DM. Der Bedarf an einer Erschließung neuer Refinanzierungsquellen trotz der Sparerbeständigkeit zeigt sich auch an einem weiteren Wachstum des Investmentsparens: Betrug das Mittelaufkommen im Investmentsparen in den Jahren von 1960 bis 1969 noch 11,9 Mrd DM, so betrug es in den Jahren 1970 bis 1978 bereits 38,5 Mrd DM; davon wurden 22,7% in Aktienfonds, 45,8% in Rentenfonds, 8% in offenen Immobilienfonds und 24,9% in inländischen Spezialfonds angelegt.[97]

Die Filialen und Töchterinstitute bauen seit Ende der 70er Jahre systematisch ihr Engagement auf den internationalen Geld- und Kreditmärkten, und das heißt vor allem am Euromarkt, aus. Die kurzfristige Kreditvergabe an inländische Unternehmen läuft mit einer Gesamtsumme von 26,4 Mrd DM 1980/81 (fast 40% des Gesamtbedarfs an kurzfristigen Krediten) mehr und mehr über den Euro-DM-Markt, was, wie die Bundesbank vermerkt, auch damit zu tun hat, daß diese Kredite die Aufsichtskennziffern weniger belasten.[98]

Drei Jahre später stellt die Bundesbank fest, daß die finanzwirtschaftliche Verflechtung mit dem Ausland seit Anfang der 70er Jahre schneller wächst als die realwirtschaftliche: seit 1974 wächst der Leistungsverkehr der Bundesrepublik mit dem Ausland um jährlich durchschnittlich 9%, das Umsatzvolumen des langfristigen Kapitalverkehrs dagegen um jährlich durchschnittlich 20%.[99]

Fazit: »Die Verflechtung der nationalen und internationalen Finanzmärkte ist in den letzten Jahren enger geworden. Die hohen Bestände international mobiler Gelder, die Expansion des Waren- und Dienstleistungsaustauschs, die ein zunehmendes Volumen von handelsbegleitenden Kredit- und Kurssicherungsgeschäften nach sich zieht, ein weltumfassendes Informationssystem, das alle wichtigen Teilnehmer jederzeit das Marktgeschehen überblicken läßt, sowie die hohe Bereitschaft zur Ausnutzung auch geringer Gewinnchancen sorgen für ein wachsendes Volumen an den Finanzmärkten.«[100]

Parallel zu dieser verstärkten Inanspruchnahme der internationalen Geld- und Kreditmärkte nun auch durch die Unternehmen und Regierungen der Industrieländer zeichnen sich ab 1983 Mög-

---

97 BBk August 1979, S. 11 ff.
98 BBk Mai 1982, S. 31.
99 BBk Juli 1985, S. 13 f.
100 BBk Juli 1985, S. 13.

lichkeiten zur Eindämmung der Schuldenkrise ab. Während sich die großen Unternehmen über die Anleihemärkte finanzieren, können die internationalen Banken ihre Gewinnsituation verbessern, indem sie bei Umschuldungsmaßnahmen in der Entwicklungsländerfinanzierung Zinsaufschläge von durchschnittlich über 2% und Abschlußgebühren von durchschnittlich über 1% der Schuldensumme kassieren. Die BIZ beobachtet dieses Geschehen und bemerkt mit Verweis auf die Verbesserung der Situation in den Entwicklungsländern: »Es ist deshalb überaus wichtig, daß, sobald die Anpassungsbemühungen eines Schuldnerlandes Früchte zu tragen beginnen, dies von den Banken sofort durch eine Verbesserung der Kreditkonditionen anerkannt wird.«[101] Zumindest im Geschäft mit den Unternehmen der Industrieländer sind die Banken jedoch bald zur Anpassung ihrer Konditionen an die Marktbedingungen gezwungen, weil die Unternehmen mehr und mehr auch über Anleihen am Kapitalmarkt und nicht über die Banken laufende direkte Kredite finanzieren. Die Kleineinlagen kommen allerdings nur sehr verzögert, wenn überhaupt, in den Genuß einer marktgerechteren Verzinsung.[102]
Das auffälligste Phänomen der 80er Jahre ist jedoch ein fast das ganze Bankgeschäft ergreifender Innovationsschub. Vor dem Hintergrund gestiegener Inflationsraten und erheblich erhöhter Volatilität von Zinssätzen und Wechselkursen sowie angesichts der im Umgang mit den Entwicklungsländern (und das heißt: im Umgang mit den eigenen Kreditvergabebereitschaften) gemachten Risikoerfahrungen wird mit Swaps, Options, Futures usw. eine Fülle neuer Finanzierungsinstrumente entwickelt, die diese Risiken zu handhaben erlauben. Darauf kommen wir zurück. Parallel dazu verschwimmen die gewohnten Grenzen zwischen den verschiedenen Typen von Finanzierungs- und Kreditinstituten.
Nach dem Eindruck der BIZ hängt das eine mit dem anderen zusammen: »Wenn die Zinsen für Forderungen und Verbindlichkeiten mit den Marktsätzen schwanken und für finanzielle Dienstleistungen volle Gebühren erhoben werden, wenn sich die Banken unerwünschter Merkmale aus finanziellen Kontrakten entledigen (beispielsweise eines übergroßen Zinsrisikos, indem

---

101 BIZ 54, 1984, S. 121, vgl. 117 ff.
102 BIZ 55, 1985, S. 63 f.

sie besondere Techniken zu deren Herauslösung entwickeln) und wenn Anlageinstrumente, die früher bis zur Fälligkeit gehalten werden mußten, nach Belieben veräußert werden können, dann wird die Unterscheidung zwischen Finanzvermittlung durch Institute einerseits und direkt über die Finanzmärkte laufenden Kreditbeziehungen andererseits – eine Unterscheidung, die mitunter als ausschlaggebend für die Geldmengensteuerung angesehen wird – sehr viel problematischer. Allerdings verfließen die Grenzen nicht völlig. Die Zinsmargen der Banken bleiben größer als die Spannen zwischen Ankaufs- und Verkaufskursen an den Finanzmärkten, denn die Banken bieten eine Reihe von Dienstleistungen – wie etwa der Bewertung von Risiken und der Beurteilung der Kreditwürdigkeit von Kunden –, die es an den Märkten nicht gibt und auch nicht geben kann.«[103]

Die BIZ begrüßt es, daß die Banken es gelernt haben, die Zusammensetzung der Risiken zu analysieren, zu verändern und natürlich auch geschäftlich auszunutzen, sieht jedoch auch neuartige Risiken darin, daß ein verschärfter Wettbewerb die Banken dazu bringt, diese neuentwickelten Techniken des risk handling bei sich verringernden Margen gleichsam hart am Markte einzusetzen, bevor mit diesen Techniken jeweils genügende Erfahrungen gesammelt werden konnten.[104] Entsprechend appellieren die Bankaufsichtsbehörden an die Banken, stärker auf ihre Kapitalrelationen zu achten, woraufhin diese reagieren, indem sie auf der Passivseite mit variabel verzinslichen Obligationen (flexible rate notes) vornehmlich nachrangige Schuldverschreibungen begeben und auf der Aktivseite mehr und mehr außerbilanzmäßige Geschäfte mit weniger strengen Anforderungen pflegen.[105] Mit anderen Worten, die Banken weichen aus.

Die Sorge, daß die Banken mit den neuen Finanzierungsinstrumenten noch nicht genügend Erfahrungen gesammelt hätten, greift die BIZ in einem gesondert erscheinenden Bericht über »Recent Innovations in International Banking« auf und ergänzt (ohne ausdrücklichen Verweis, aber in Anspielung auf ähnliche Erfahrungen in der Weltwirtschaftskrise), daß diese liquiditätssichernden Instrumente möglicherweise genau in dem Moment sich als illiquide erweisen könnten, wenn es darauf ankommt, daß

103 BIZ 55, 1985, S. 66.
104 BIZ 55, 1985, S. 67.
105 BIZ 55, 1985, S. 143. Siehe auch BIZ 56, 1986, S. 92 f.

sie liquide sind.[106] Größere Sorgen bereitet der BIZ jedoch, daß das Kreditportefeuille der Banken sich durchschnittlich verschlechtert haben könnte, seit die erstklassigen Kreditnehmer unter den Unternehmen auf direkte Kreditmärkte ausweichen. Daß Kredite mehr und mehr über den Kapitalmarkt laufen und die Banken Geschäftsverluste auf dem Kreditmarkt durch ein stärkeres Engagement in außerbilanzmäßigen Geschäften wettzumachen suchen, erhöhe überdies die Intransparenz des Geschehens: die Aufsicht verliert die Übersicht, die Informationen für die Kreditgeber sind unvollständiger und die Beziehungen zwischen Gläubigern und Schuldnern distanzierter (was eventuelle Umschuldungen erschweren kann). Die durch die neuen Techniken des »unbundling« weiter gefächerte Risikoverteilung eliminiere die Risiken nicht, sondern verdecke mögliche Zusammenhänge und schaffe neuen Kreditbedarf, so daß die Beziehungen unter den Schuldnern enger werden. Daß der Status der neuen Instrumente bisher auch rechtlich nicht getestet worden sei, verschärfe die Lage zusätzlich. Zwar seien die Transaktionskosten um 90% gefallen, doch habe sich das Transaktionsvolumen auch erheblich ausgedehnt, was den Zahlungsverkehr vor neue Herausforderungen wie auch Sensibilitäten stelle.

Derweil sieht die Deutsche Bundesbank, die mit der Aufhebung der Kuponsteuer 1984 und der Zulassung von DM-Anleihepapieren den bundesdeutschen Beitrag zur Anpassung des inländischen Kapital- und Geldmarkts an die internationalen Entwicklungen erfüllt sieht, den Innovationsschub auf den internationalen Märkten hauptsächlich im Zwang, gesetzliche Restriktionen in Ländern mit Trennbankensystemen zu umgehen, beziehungsweise in Versuchen, die in anderen Ländern im Gegensatz zur Bundesrepublik ausgeprägteren Inflationstendenzen und Budgetdefizite zu handhaben. Nicht diese Innovationen, sondern einerseits ein flexibleres Management der Passivseite der Bankgeschäfte zwecks Aufrechterhaltung eines kontinuierlichen Mittelzuflusses und andererseits ein höheres Zinsbewußtsein der Geldvermögensanleger hält die Bundesbank für die bemerkenswerten Entwicklungen des inländischen Bankenmarktes.[107] Der Anteil der Einlagen am ge-

---

106 Siehe hierzu und zum folgenden Bank for International Settlements 1986. Siehe oben, S. 73.
107 BBk Oktober 1985, S. 26 ff.

samten Geldvermögen sinkt von 57% Anfang der 70er Jahre auf 50% Ende 1984. Das Kontensparen verliert zugunsten der Anlage in festverzinslichen Wertpapieren, vor allem Bundesobligationen und Schuldverschreibungen der Banken, erheblich an Gewicht. Konnte die Refinanzierung der Banken durch Verlagerung von Spareinlagen auf Bankschuldverschreibungen zu entsprechend höheren Zinsen noch gesichert werden, so ist doch andererseits mit der zunehmenden Bedeutung eines »Festzinsblockes« unter den Bankpassiva das Risiko gegeben, daß die Banken ihre Flexibilität im Umgang mit Zinssatzänderungen verlieren und in Phasen niedrigerer Zinssätze in Schwierigkeiten bei der Refinanzierung der Schuldenaufnahme zu Zeiten höherer Zinssätze geraten. »Die anhaltend gute Ertragsentwicklung im Kreditgewerbe in den letzten Jahren spricht freilich dafür, daß die Banken diese Gefahren im allgemeinen meistern konnten, indem sie zu einer detaillierten Kosten- und Gewinnplanung übergegangen sind und dabei vielleicht auch höhere Risikoprämien für ihre kreditgeschäftliche Tätigkeit als früher einkalkulieren.«[108] Auch in den folgenden Jahren bleibt die Bundesbank bei ihrer abwartenden, die Bedeutung der neuen Instrumente eher herunterspielenden Haltung – wohl auch, um etwas Beruhigung in das hektische Treiben um die Innovationen zu bringen.[109]

In der zweiten Hälfte der 80er Jahre bestätigt sich die Konzentration des Neukreditgeschäfts auf die Industrieländer. Das Volumen der internationalen Geld- und Kapitalmärkte expandiert in einem noch nie erlebten Ausmaß. Die Auslandsaktiva der der BIZ berichtenden Banken expandierten 1986 um mehr als $ 650 Mrd, das Volumen neu begebener internationaler Anleihen stieg auf $ 240 Mrd.[110] Als Einflußfaktoren zählt die BIZ zunehmende Leistungsbilanzungleichgewichte zwischen den Industrieländern, sinkende Zinsen, anhaltende Effekte früherer Deregulierungsmaßnahmen und einen anhaltenden Trend zur Globalisierung des Bankgeschäfts auf. Unter die Instabilitätsgefahren zählt die BIZ die Verdrängung privater Kreditnachfrage durch die öffentliche Kreditnachfrage vom Markt (»crowding out«) sowie die Widersprüchlichkeiten steigender Aktienkurse bei stockendem Produk-

---

108 BBk Oktober 1985, S. 35.
109 Siehe BBk April 1986, S. 25 ff., und BBk April 1987, S. 23 ff.
110 BIZ 57, 1987, S. 97 ff.

tionswachstum und weiteren Kapitalzuflusses in die USA bei sinkendem Außenwert des Dollar.[111]
Auch in der Bundesrepublik macht sich die Globalisierung des Finanzgeschäfts bemerkbar, nicht nur durch die zunehmenden Bemühungen deutscher Banken, »global player« zu werden, sondern auch durch ein zunehmendes Engagement ausländischer Banken in der Bundesrepublik. Die Bundesbank reagiert auf die »zunehmende und sich offenbar selbstverstärkende Präsenz ausländischer Banken«, indem sie eine neue Untergruppe in die Bankenstatistik einführt: die »Auslandsbanken«.[112] Die ausländischen Banken haben Ende Oktober 1986 ein Geschäftsvolumen von 140 Mrd DM (nach 18 Mrd DM Anfang der 70er Jahre), das entspricht 4% des Geschäftsvolumens aller inländischen Banken. Das Geschäftsvolumen der 20 amerikanischen Banken beträgt 44 Mrd DM, das Geschäftsvolumen der 13 japanischen Banken 35 Mrd DM. In den Bilanzen der ausländischen Banken dominieren Auslandsgeschäfte und Geschäfte mit anderen Kreditinstituten, doch wird vor allem über Geschäfte mit großen Kunden auch ein Einstieg in das allgemeine Inlandsgeschäft gesucht. Die Auslandsbanken gehen vor allem in die Provisionsgeschäfte, also nicht ins allgemeine Kreditgeschäft. Die Provisionsspanne (Verhältnis Provisionsüberschuß zum Geschäftsvolumen) beträgt in den Auslandsbanken 0,77% und bei den Töchtern der Auslandsbanken gar 1,13%, während sie im Durchschnitt der inländischen Banken bei 0,34% liegt – in den Großbanken allerdings bei 1% und in den Privatbanken ebenfalls bei 1,13%![113]
Die »securitization« oder »Verbriefung«, die Substitution von Bankkrediten durch die Emission von Wertpapieren, erfährt auch in der Bundesrepublik ein stürmisches Wachstum.[114] Zeugnis dafür ist die Bedeutung der an die Seite der Zinsspanne tretenden genannten Provisionsspanne, die über Gewinne aus außerbilanzmäßigen Geschäften Auskunft gibt. Ende 1986 beträgt der Bestand von 425 Mrd DM (Buchwert) an in- und ausländischen Wertpapieren in den Banken bereits 12% des Geschäftsvolumens. Am Rentenmarkt treten die Banken mit 40% aller Rentenkäufe als die wichtigste Käufergruppe auf, wobei von 1970 bis 1986 4/5

111 BIZ 57, 1987, S. 67 und 80 ff.
112 BBk Januar 1987, S. 32 ff.
113 BBk Januar 1987, S. 36
114 BBk Mai 1987, S. 25 ff.

aller Rentenbestände auf von Banken ausgegebenen Schuldverschreibungen entfallen, das restliche 1/5 auf Schuldverschreibungen der öffentlichen Hand. Diese Zahlen sind auch im Vergleich zum Aktienmarkt von Bedeutung: nicht einmal 1/10 des Aktienumlaufs befindet sich in den Portefeuilles der Banken (davon halten die Großbanken mehr als die Hälfte – bei einem Anteil des Geschäftsvolumens am Geschäftsvolumen aller inländischen Banken von 2,5%). Es wäre jedoch zu vordergründig, wollte man vermuten, daß der Rentenmarkt zu großen Teilen den Banken dazu dient, ihre eigenen Forderungen zu kaufen. Tatsächlich arbeitet der Rentenmarkt nach Einschätzung der Bundesbank vor allem in Niedrigzinsphasen als wichtiges Instrument der Fristentransformation zwischen Emissionsinstituten auf der einen Seite und den sich aus dem kürzerfristigen Einlagengeschäft refinanzierenden Kreditinstituten auf der anderen Seite.[115]

Dem bundesdeutschen Sparer, den man bei all dem »globalen« Treiben fast aus den Augen verliert, geht es nach wie vor sehr gut: er bildet von 1981 bis 1985 ein zusätzliches Geldvermögen in Höhe von knapp 620 Mrd DM – bei einer Sparquote von 13,5% und einer Gesamtvermögensneubildung (Geld- und Sachvermögen) in Höhe von etwa 1 Billion DM.[116] Knapp ein Viertel der Mittel für die Geld- und Sachvermögensbildung, nämlich 220 Mrd DM, beschafften sich die Haushalte auf dem Kreditwege. Ende 1985 betrugen die gesamten Schulden der Haushalte etwa 820 Mrd DM, davon 630 Mrd für die Finanzierung des Erwerbs und der Instandhaltung von Wohnungseigentum. Bei einer Durchschnittsrendite des Geldvermögens von 6% in den Jahren 1981 bis 1985, einem Zinssatz für Bankkredite von durchschnittlich 7,5% und einem Zinssatz für Konsumdarlehen von durchschnittlich 12% war die Zinsertragsbilanz der Haushalte positiv: 290 Mrd DM an Zinsbelastung standen einem Zinseinkommen von 440 Mrd DM (immerhin 8% des verfügbaren Einkommens insgesamt) gegenüber.

Das Jahr 1987 markiert mit seinem Börsenkrach im Oktober, knapper Geldpolitik zuvor und reichlicher Liquiditätsversorgung durch die Notenbanken nach dem Krach einen gewissen Wendepunkt in der Entwicklung des internationalen Bankgeschäfts.[117]

115 BBk Mai 1987, S. 29.
116 BBk August 1987, S. 41 ff.
117 BIZ 58, 1988, S. 84 ff.

Die Gesamtsituation ist vorher wie nachher durch im Verhältnis zu den moderaten Wachstumsraten der Volkswirtschaften auffällig unruhige Finanzmärkte gekennzeichnet, wobei ein Großteil dieser Unruhe nach Auffassung der BIZ dem Umstand geschuldet ist, daß sich keine Lösung für die anhaltenden internationalen Zahlungsbilanzungleichgewichte, vor allem natürlich für das Leistungsbilanzdefizit der USA, abzeichnet. Das verstärkte Engagement der Zentralbanken zeige, daß die private Finanzierung dieser Defizite an Grenzen stoße. Das internationale Zusammenwachsen der Finanzmärkte scheine Anpassungsmaßnahmen eher überflüssig zu machen denn zu fördern. Die starken Schwankungen in den Preisen (Prämien) für Finanzaktiva seien ein Zeichen für die weitverbreitete Unsicherheit darüber, ob und wie lange die Ungleichgewichte tragbar seien.

Da an allen Anleihemärkten ausländische Anleger verstärkt präsent sind, ist das Schwanken der Wechselkurse ein zusätzlicher Instabilitätsfaktor. Den Börsenkrach selbst (am 19. Oktober 1988 fällt der Dow-Jones-Index um 22,6% seines Wertes, die börsennotierten Aktien verloren insgesamt über US-$ 500 Mrd. an Wert) rechnet die BIZ erstens der »zunehmenden Hilflosigkeit gegenüber der offensichtlichen Vertracktheit dieses Problems« der Außenhandelsungleichgewichte, zweitens der Möglichkeit des Platzens spekulativer Seifenblasen und drittens dem Versagen von Marktmechanismen (Programmhandel), die durch anfängliche Kursrückgänge in Gang gesetzt worden waren, zu.[118] Die unmittelbaren Verluste, von denen insbesondere amerikanische Wertpapierbanken und deutsche, schweizerische und japanische Banken, die große Aktienbestände hielten, betroffen waren, »hielten sich jedoch aufgrund der zuvor aufgelaufenen Buchgewinne in eher engen Grenzen« und wurden zum Teil durch Kapitalgewinne bei Anleihen und Spekulationsgewinne auf den Anleihe- und Devisenmärkten wieder wettgemacht.[119]

Der Wendepunkt 1987 betrifft vor allem den klassischen Bankkredit, der gegenüber dem Anleihengeschäft wieder an Terrain gewinnt, ohne daß deswegen bereits von einem Ende des Trends zur Verbriefung die Rede sein könne. Die Wiederaufwertung des Bankkredits hängt zum Teil mit den Unternehmensübernahme-

---

118 BIZ 58, 1988, S. 100. Siehe zu den Einzelheiten des Geschehens ebd., S. 100 ff.

119 BIZ 58, 1988, S. 109.

und -fusionsgeschäften zusammen, die den Börsenkrach nicht nur unbeschadet überstanden haben, sondern von den gesunkenen Aktienkursen sogar profitieren konnten.[120] Auch der Markt für junk bonds, hochverzinsliche Schuldverschreibungen geringer Bonität, bleibt zunächst noch lebendig. Die Erholung des Marktes für Kredite, insbesondere Konsortialkredite (die von der Einführung von Multiple-Option-Facilities profitieren und erstmals zum größten Teil nicht an Regierungen, sondern an Wirtschaftskonzerne gehen),[121] ist auch im Zusammenhang mit der Krise beziehungsweise Lähmung am Markt für flexible rate notes zu sehen, der große Geschäftsanteile angesichts der Ungewißheit über die langfristige Wechselkurs- und Zinsentwicklung an mittel- und kurzfristige Papiere wie Euronote-Fazilitäten und Commercial Papers verliert.[122] Die Emissionstätigkeit erfährt jedoch zu Beginn des Jahres 1988, als sich stabilere Zinssätze und Wechselkurse abzeichnen, bereits eine Wiederbelebung.

Nach wie vor problematisch ist die Verschuldungssituation der Entwicklungsländer, deren Kreditwürdigkeit nicht gewachsen ist, wie die großen Abschläge zeigen, zu denen ihre Schuldtitel an den Sekundärmärkten gehandelt werden.[123] Die Citicorp-Bank veröffentlicht im Mai 1987 die Entscheidung, ihre Rückstellungen für Forderungen gegenüber der dritten Welt um $ 3 Mrd zu erhöhen.[124] Andere Banken folgen mit ähnlich umfangreichen Maßnahmen. In dem Umschuldungs- und Finanzierungspaket Brasilien Juni 1988 werden zum ersten Mal 6prozentige sogenannte Exit-bonds begeben, die gegen Forderungen eingetauscht und wiederum gegen durch Indexierung gegen Inflation abgesicherte Cruzado-Obligationen des Schatzamtes Brasilien konvertiert werden können. Die Banken sind – auch angesichts der wiederaufgelebten Geschäftstätigkeit in den Industrieländern – weniger und weniger geneigt, weitere Gelder an die Entwicklungsländer zu vergeben, was die BIZ zu der Bemerkung veranlaßt: »Was die Geschäftsbanken betrifft, so sind diese zunehmend abgeneigt, diesen Ländern neues Geld zur Verfügung zu stellen, da sich die ursprüngliche Prämisse für die Vergabe von Neukredi-

---

120 BIZ 58, 1988, S. 111 ff.
121 Siehe auch BIZ 59, 1989, S. 136
122 BIZ 58, 1988, S. 121 ff., und BIZ 59, 1989, S. 137 ff.
123 BIZ 58, 1988, S. 125 und S. 149 ff.
124 BIZ 59, 1989, S. 150.

ten, daß sich nämlich dadurch die Qualität der ausstehenden Forderungen verbessern würde, durch die nachfolgenden Entwicklungen in vielen Fällen als anscheinend nicht richtig erwiesen hat.«[125]

Sowohl international wie national ist das Wachstum der Interbankenforderungen eines der auffälligsten Merkmale der Entwicklung der Geld- und Kapitalmärkte. Die damit einhergehende Verschiebung von kurzfristigen zu eher langfristigen Interbankgeldern in der Niedrigzinsphase bringt die Deutsche Bundesbank mit Strukturverschiebungen in den Geschäftssparten der Kreditinstitute in Verbindung. Längerfristige Interbankgelder würden zunehmend zum Ausgleich von Fristeninkongruenzen zwischen dem Einlagen- und Kreditgeschäft dienen.[126] Allerdings spielen auch Möglichkeiten der Erwirtschaftung von Gewinnen für den Interbankenmarkt eine Rolle, was man daran sieht, daß sein Volumen angesichts zu geringer Gewinnmargen zurückgeht, seit sich den Banken aussichtsreichere Aktivitäten in außerbilanzmäßigen Geschäften wie etwa der Vermittlung von Swaps anbieten,[127] die zudem den Vorteil haben, Ansatzpunkte für Folgegeschäfte mit den Bankkunden zu bieten.

Im Jahresbericht 1989 machen der BIZ die wachsende Verschuldung der amerikanischen Unternehmen und das Volumen des Marktes für junk bonds die größten Sorgen.[128] Zwar sei ein Eingreifen des Staates (noch?!) nicht erforderlich, doch sei der hohe Anteil der Fremdfinanzierung am Vermögen eines durch leveraged buy-out übernommenen Unternehmens ebenso bedenklich wie der Umstand, daß sich das Eigenkapital dieser Unternehmen in den Händen einer relativ kleinen Zahl von Anlegern befinde und manche Institutionen (!?) gar Schuldtitel und Eigenkapital (oder in Eigenkapital wandelbare Forderungen) gleichzeitig hielten. Ende Juni 1988 seien schätzungsweise 10% der ausstehenden Kredite an Industrie, Handel und Gewerbe LBO-bezogen. Andererseits könnten die Zinsrisiken durch die neuartigen Finanzierungsinstrumente (Swaps, Caps, Terminkontrakte, Optionen) als beherrschbar gelten, während die Cash-flow-Risiken dadurch gemildert würden, daß die Unternehmensübernahmen hauptsäch-

---

125 BIZ 59, 1989, S. 152.
126 BBk März 1988, S. 22 ff.
127 BIZ 58, 1989, S. 124.
128 BIZ 58, 1989, S. 85 und 94 ff.

lich in von konjunkturellen Schwankungen weniger betroffenen Branchen wie etwa der Nahrungsmittelbranche stattgefunden hätten. Allerdings sei festzustellen, daß angesichts der hohen Verschuldung Vermögensteile, die dem Unternehmensziel nicht unmittelbar dienen, abgestoßen werden und das Management insgesamt »empfänglicher für Gewinnüberlegungen« wird.[129]

1988 verschärft sich in den USA die Krise der vor allem in den landwirtschaftlich orientierten Wirtschaftsregionen tätigen Sparbanken. Einen Großteil ihrer Geschäfte machen diese Banken mit festverzinslichen Hypothekendarlehen, deren Refinanzierung sich in der Hochzinsphase seit 1980 stark verteuerte und deren Sicherung durch die beliehenen Grundstücke angesichts der Agrarpreiskrise an Wert verlor. Schon zu Beginn der 80er Jahre »waren nach den Grundsätzen ordnungsgemäßer Buchführung und Bilanzierung 237 Institute zahlungsunfähig, die ein Eigenkapital von $-2,2 Mrd, notleidende Forderungen in Höhe von mehr als $6 Mrd. und einen geschätzten Marktwert von ca. $-11 Mrd. aufwiesen.«[130] Da es den Banken aufgrund gesetzlicher Beschränkungen der geschäftsmäßigen und regionalen Diversifikation nicht möglich war, sich anders denn durch örtliche Kreditgeschäfte aus der Misere zu befreien versuchen, verschlimmerte sich nach dem Verfall der amerikanischen Ölpreise die Situation weiter und zwang den Staat zu umfangreichen Auffang- und Sanierungsmaßnahmen.

Im Jahresbericht 1989 der BIZ findet sich im übrigen die bemerkenswerte Einsicht: »Die Reaktionen der Marktzinsen, so wird immer klarer, können erheblich durch Erwartungseinflüsse geformt werden.« Und: »Die Prognose einzelner Vermögens-, Substitutions- und Einkommenseffekte der Zinsen auf die Wirtschaft ist schwieriger geworden.«[131] Es wird leider nicht gesagt, ob sich diese Einsicht den inzwischen auch unter Bankmanagern bekannt gewordenen Entwicklungen der ökonomischen Theorie oder Beobachtungen des Marktes verdankt.

In der Bundesrepublik hat sich das Geschäftsvolumen der Banken bei einer in den 80er Jahren jährlichen Expansionsrate von 7% bis Ende 1988 auf 4 Bill DM erhöht. Der Anteil der Banken an der Bruttowertschöpfung aller Wirtschaftsbereiche ist von 1,8% im

129 BIZ 58, 1989, S. 101.
130 BIZ 58, 1989, S. 108 f. Vgl. auch Benston/Kaufman 1990.
131 BIZ 58, 1989, S. 183.

Jahr 1950 über rd. 2,5% im Jahr 1968 auf 3,5% im Jahr 1978 und auf 4% im Jahr 1988 gestiegen. Der Personalbestand entwickelte sich von 375 000 Beschäftigten 1968 über 500 000 1978 auf 615 000 Ende 1988. Der Anteil der Bankbeschäftigten an der Gesamtbeschäftigung stieg damit von 1,5% (Beginn der 60er Jahre) über 2% (1978) auf knapp 2,5% im Jahr 1988.[132] Auf die wachsende Konkurrenz mit den Versicherungen und das zunehmende Raffinement der Industrie in der Selbstgestaltung ihrer Bankgeschäfte und Auswahl und Kombination unterschiedlicher Bankverbindungen – zeitweise sprach man von einer Abkehr vom »relationship banking« zum »deal-based banking« – reagieren die Banken mit einer Verbreiterung ihrer Dienstleistungspalette, kombinieren etwa Hypothekenkreditgeschäfts mit der Immobilienvermittlung, bieten vermehrt die Verwaltung privater Geldvermögen an, betreiben Unternehmensberatung und Cash-Management für gewerbliche Unternehmen.

Auch in der Bundesrepublik halten die neuartigen außerbilanzmäßigen Geschäfte ihren Einzug: das Volumen der abgeschlossenen Finanzswaps steigt von Ende Juni 1986 bis Ende Dezember 1988 von 44,5 Mrd DM auf 230 Mrd, der Finanzterminkontrakte von 3 auf 114 Mrd, der Devisenoptionsgeschäfte von 2 auf 19 Mrd DM. Ein Viertel der Aktiva der Banken besteht aus Interbankforderungen an in- und ausländische Kreditinstitute. Die Wertpapierportefeuilles machten rund 500 Mrd DM bzw. fast 12,5% des Geschäftsvolumens aus, wobei sich in dieser Entwicklung auch das verstärkte Engagement der Banken in inländischen Bankschuldverschreibungen und Anleihen der öffentlichen Hand widerspiegelt – Ergebnis einer langanhaltenden Zinssenkungsphase. Das Kreditgeschäft verliert trotz eines mit der Niedrigzinsphase begründbaren Anstiegs an Nachfrage nach langfristigen Krediten weiterhin relativ an Bedeutung: Zwar haben sich die Kredite an inländische Nichtbanken 1978 bis 1988 dem absoluten Betrag nach von 1,1 Bill DM auf 2,2 Bill DM verdoppelt, sind zugleich aber von 57,5% auf 55% des Geschäftsvolumens der Banken zurückgegangen. Bei der Eigenkapitalentwicklung sind wahrscheinlich auch dank einer erhöhten bankaufsichtlichen Aufmerksamkeit auf diesen Punkt Verbesserungen erzielt worden. Die Eigenkapitalausstattung hat sich bei den Banken insge-

---

132 BBk April 1989, S. 13 f. Vgl. zum folgenden ebd., S. 13 ff.

samt von 3,26% (Tiefststand 1981) auf 3,65% und bei den Großbanken von 4,4% Ende 1978 auf 6,3% Ende 1988 – einschließlich Auslandsfilialen von 3,8 auf 4,7% – verbessert.

III. Risiken

1. Die Unterscheidung von Risiken

In der Literatur über Banken hat sich eine Unterscheidung spezifischer Risiken zur Bestimmung und Beschreibung verschiedener Bankgeschäfte bereits eingebürgert. Die bekanntesten Risiken sind: Betrugsrisiko, Kreditausfallrisiko, Umschichtungsrisiko, Dubiosenrisiko, Zinsänderungsrisiko, Wechselkursrisiko, Länderrisiko und Souveränitätsrisiko, Liquiditätsrisiko, Fristentransformationsrisiko, Kaufkraftrisiko, Risiken der Anlagenspekulation, Operations- und Betriebsrisiko, Managementrisiko, systemisches Risiko, Standingrisiko, regulatorisches Risiko und politisches Risiko.[1] Auf die meisten dieser Risiken werden wir im folgenden eingehen. Jedes dieser Risiken beschreibt einen speziellen Ausschnitt aus der Umwelt, in denen Bankgeschäfte angesiedelt sind – einschließlich der inneren Umwelt der Bankorganisation selbst.[2] Die Risikoperspektive ist eine Perspektive, die gleichsam eine Position »zwischen« dem Bankbetrieb und seiner Umwelt einnimmt, so daß unter dem Gesichtspunkt des Risikos sowohl Binnenbeobachtungen wie auch Umfeldbeobachtungen vorgenommen werden können und vorgenommen werden.

Das nach wie vor häufigste und auch prinzipiell unbeherrschbarste Risiko des Bankgeschäfts ist das Betrugsrisiko, das vor allem von der Bank, von den Anteilseignern und von den Einlegern zu tragen ist. Letztere sind allerdings seit der Einführung von Einlagensicherungssystemen nach dem 2. Weltkrieg weitgehend geschützt. Das Betrugsrisiko umfaßt im wesentlichen das Risiko der Unterschlagung von Geldern durch Verfügungsberechtigte innerhalb der Bank und das Risiko, daß Kredite an extrem risikosuchende Geschäftspartner vergeben werden, deren Rückzahlung unwahrscheinlich ist.[3] Das Risiko besteht vor allem darin, daß ein

---

1 In der MIT-Studie von George J. Benston, Robert A. Eisenbeis, Paul M. Horvitz, Edward J. Kane und George G. Kaufman (zit.: Benston et al. 1986), auf die wir im folgenden mehrfach zurückgreifen werden, finden sich problemgenaue und materialreiche Einschätzungen zu den meisten dieser Risiken.
2 Siehe auch Baecker 1989a.
3 Vgl. Benston et al. 1986, S. 2.

Betrug wegen der Ähnlichkeit einer betrügerischen Handlung mit den normalen Geschäftspraktiken kaum rechtzeitig zu entdecken und nachzuweisen ist. »Consequently, it [nämlich der Betrug] may be easily undertaken and, when ›loans‹ fail, the cause may be ascribed to error of judgement or bad luck, rather than stealing.«[4] Bankgeschäfte zu betreiben, impliziert die Möglichkeit betrügerischer Aktionen: Das Betrugsrisiko resultiert aus der Tatsache, daß, wer ehrlich handelt, auch betrügerisch handeln kann.

Das klassische Risiko des Bankgeschäfts ist das Liquiditätsrisiko. Hier läßt sich besonders eindrucksvoll die selbstreferentiell auf eigene Entscheidungen bezogene Natur des Risikoproblems studieren, auf die wir noch zu sprechen kommen. Das Liquiditätsrisiko betrifft die Möglichkeit, daß Einleger ihre Gelder von der Bank in einem höheren Maße abziehen, als diese Möglichkeiten zur Refinanzierung hat.[5] Bei einem solchen »Run« wird die Bank illiquide, das heißt, sie kann ihre Zahlungsversprechen an die Einleger nicht einlösen. Bis weit in das 19. Jahrhundert hinein hatte die sogenannte Goldene Bankregel die Aufgabe, das Eingehen genau dieses Risikos zu verhindern. Die Goldene Bankregel forderte eine Fristenkongruenz des Passiv- und Aktivgeschäfts der Bank: Finanzierung und Anlage mußten zeitkongruent geplant werden, um zu sichern, daß zu genau den Zeitpunkten (und in genau der Höhe) Zahlungsversprechen gegenüber der Bank eingelöst werden, zu denen sie ihrerseits Zahlungsversprechen einzulösen hatte.[6] Die Steuerung dieses Risikos hat die Bank also selbst in der Hand, da sie selbst darüber entscheidet, welche For-

---

4 Benston et al. 1986 S. 4.
5 Vgl. Benston et al. 1986, S. 13 f.; Baltensperger/Milde 1987, S. 19 ff.
6 Vgl. Engels 1978, S. 24. Englische und niederländische Banken verstießen allerdings wohl seit Mitte des 17. Jahrhunderts, wenn auch unter striktester Geheimhaltung, gegen die Goldene Bankregel. Eine der ersten Banken, die daran schließlich Bankrott ging, war die heftig in Staatsfinanzierung verstrickte Bank von Amsterdam. Vgl. Allais 1987, S. 496, für den die Abkehr von der Goldenen Bankregel den Sündenfall der Banken darstellt. Die Bankgeschichte ist voll von Fällen, in denen die Banken die Gefahren eines Runs dadurch abwendeten, daß sie Stapel von Goldbarren in ihren Kassenräumen aufbauten, um den Einlegern zu »zeigen«, daß ihr Geld noch vorhanden war – eine Praxis, die bis heute unter dem Namen »window dressing« bekannt ist. Offensichtlich zogen die Einleger in der Mehrzahl der Fälle dann beruhigt von dannen. – Später allerdings fühlte man sich durch Akte des »win-

derungen mit welchen Fristigkeiten sie in ihrem Passivgeschäft erwirbt.

Das Liquiditätsrisiko tritt erst auf, seit die Banken das Geschäft der Fristentransformation betreiben,[7] das heißt, seit sie die Vergabe längerfristiger Kredite durch die Hereinnahme kürzerfristiger Einlagen finanzieren. Sie folgen nicht mehr der Goldenen Bankregel, sondern der Devise: »Aus kurz mach' lang.« Möglich wurde dies, seit entdeckt wurde, daß den Banken aus den bei ihnen hinterlegten Einlagen immer ein bestimmter »Bodensatz« an Geldern zur Verfügung steht, der, statistisch bewährt, von den Bewegungen der Einlagen nicht berührt wird.[8] Diesen Bodensatz kann man zur Kreditschöpfung verwenden, ohne gegen die Regeln einer ordentlichen Bankgeschäftsführung zu verstoßen.

Sowohl die Goldene Bankregel als auch die Bodensatzregel sind jedoch Regeln aus einer Zeit, in der es kaum einen entwickelten Kapital- und Geldmarkt gegeben hat, so daß die Banken zur Erfüllung ihrer Verpflichtungen auf eigene Kassenbestände angewiesen waren. Auch das Geschäft zwischen den Banken konnte nur selten Abhilfe schaffen,[9] da jede Bank bei einem Run selbst Vorsorge treffen mußte, ihre Zahlungsversprechen einlösen zu können. Inzwischen gibt es einen global verfügbaren Geldmarkt, so daß die Banken ihre Refinanzierungsmöglichkeiten nicht unbedingt im Hinblick auf die Fristen in Empfang genommener Zahlungsversprechen und eigene Kassenbestände planen müssen, sondern die Verfügbarkeit von Interbankkrediten auf dem Geldmarkt in ihre Überlegungen zur Risikobewältigung einbeziehen können.

Folgerichtig kann man mit Wolfgang Stützel die Bewältigung des Liquiditätsrisikos von Solvenzüberlegungen auf Bonitätsüberle-

---

dow dressings« gewarnt: »Wer Kasse zeigt, hat es nötig, sagt treffend ein Börsenspruch.« So Stützel 1983, S. 34.

7 Vgl. Müller 1986.
8 Eine Entdeckung, die von Adolph Wagner in die Theorie der Banken eingebracht wurde. Vgl. Engels 1978, S. 25.
9 Immerhin sind aus der Zeit von John Law Nacht- und Nebelaktionen bekannt, bei denen zwischen England, Holland und Frankreich große Mengen an Gold in Schiffen und Kutschen hin- und hergebracht wurde, um jeweils für Maßnahmen des window dressing zur Verfügung zu stehen.

gungen umstellen:[10] Nicht die Fristigkeitsstruktur des Aktiv- und Passivgeschäfts ist entscheidend für die Bewältigung des Liquiditätsrisikos, und auch nicht der eigene Kassenbestand, sondern wesentlich die eigene Kreditwürdigkeit im Interbankgeschäft. Die Kreditwürdigkeit einer Bank wird aus einem Vergleich der von der Bank übernommenen Risiken mit der am Eigenkapital gemessenen Fähigkeit, die Risiken zu tragen, abgelesen. Für die Bank selbst ergibt sich daraus die Regel, Risiken nur in dem Ausmaß zu übernehmen, wie sie durch das Eigenkapital getragen werden können (Maximalbelastungsregel).[11]

Das Liquiditätsrisiko reduziert sich dann auf die Kosten einer Refinanzierung über den Geldmarkt im Ernstfall. Wenn allerdings die Bonität der Bank, die in Schwierigkeiten geraten ist, bedroht ist und auf dem Geldmarkt von anderen Banken entsprechende Risikoprämien gefordert werden, können diese Kosten der Refinanzierung mehr oder weniger unerwartet so hoch werden, daß sich das relativ problemlose Liquiditätsrisiko in ein Solvenzrisiko verwandelt: Dann geht es nicht mehr nur um ungünstige Fristigkeiten, die durch Interbankkredite überbrückt werden können, sondern um Interbankkreditkosten, die die Ertragskraft der bedrohten Bank übersteigen. Es ist die Funktion einer Zentralbank als »lender of last resort«, in den Fällen, in denen eine Vertrauenskrise Liquiditätsrisiken in Solvenzrisiken transformiert, einzuspringen und die gefährdete Bank mit Liquidität zu versorgen, in deren Kosten keine überhöhten Risikoprämien einfließen, die zwar der Situation, aber nicht den Aussichten der gefährdeten Bank angemessen wären.[12]

Unter den Bedingungen eines funktionsfähigen Geldmarktes ist es daher insgesamt angebracht, nicht mehr von einem Liquiditätsrisiko als dem zentralen und »klassischen« Risiko des Bankgeschäfts zu sprechen, sondern statt dessen dem Zinssatzänderungsrisiko diese Rolle zuzuschreiben.[13] Das Liquiditätsrisiko reduziert sich auf das Risiko, sich nur zu hohen Zinsforderungen der Gläubigerbanken refinanzieren zu können. Dieses Risiko ist um so größer, je stärker die Volatilität der Zinssätze auf den Geld- und Kapitalmärkten ist. Seit Mitte der siebziger Jahre Inflations-

10 Stützel 1983, TZ 58-78 bzw. S. 33 ff.
11 Vgl. auch Engels 1978, S. 26.
12 Vgl. Benston et al. 1986, S. 15
13 Vgl. Süchting 1987a.

erwartungen die (Nominal-)Zinsen in die Höhe trieben, waren Zinsänderungen eine der Hauptursachen für Bankschwierigkeiten und -konkurse.[14]
Zinsänderungsrisiken entstehen im Aktivgeschäft vor allem in Niedrigzinsphasen bei Mangel an zins- und laufzeitkongruenten Finanzierungsmitteln, im Passivgeschäft vor allem in Hochzinsphasen bei Mangel an Kreditnachfrage.[15] Es hat sich eingebürgert, die Zinsänderungsrisiken durch zinssatzvariable und etwa am LIBOR (London Interbank Offered Rate) als Referenzzinssatz orientierte Kredite (Roll-over Kredite) auf die Schuldner abzuwälzen, also die Schuldner diese Risiken tragen zu lassen.[16] Das erscheint jedoch um so unbegründeter, als auf Optionsmärkten ausreichende Möglichkeiten der Versicherung (Hedging) gegen unwillkommene Zinssatzänderungen bestehen,[17] die den Banken dank ihrer Marktkenntnisse noch eher zugänglich sind als den Schuldnern.
Das Basisrisiko im Aktivgeschäft der Banken ist das Kreditrisiko, genauer: das Kreditausfallrisiko. Die Existenz dieses Risikos verdankt sich den Entscheidungen der Banken: Würden Banken keine Kredite vergeben, gäbe es kein Kreditausfallrisiko. Daher beginnt auch die Bewältigung dieses Risikos bereits bei den Kreditentscheidungen der Banken. Banken sind Unternehmungen, die auf die Einschätzung und Absicherung von Zahlungsversprechen spezialisiert sind. Die Banken müssen die Risiken, daß Zahlungsversprechen nicht gehalten werden, einschätzen und preislich bewerten, sie müssen sich um Sicherheiten kümmern und

14 Das gilt zum Beispiel für die amerikanischen Spar- und Hypothekenbanken, die, angeregt auch durch eine unterbewertete Einlagensicherung, jahrelang auf sinkende Marktzinsen gesetzt hatten. Vgl. Benston et al. 1986, S. 5 f.
15 So Remmers 1985, S. 61 f.
16 Eine der Hauptursachen für das Ausmaß der Verschuldungskrise in und mit Entwicklungsländern. Vgl. etwa Melzer 1985, S. 91 ff.
17 Siehe Goldfarb 1987. Für eine anteilmäßige Übernahme des Zinsänderungsrisikos durch Banken plädiert auch Remmers 1985, S. 78. Eine erprobte Technik zur Bewältigung des Zinssatzänderungsrisikos, die aber wahrscheinlich mit Gewinnverzichten verbunden ist, ist die Technik der sogenannten Duration, die, heutzutage EDV-gestützt, zur Sicherung der Kongruenz von Fristen und Zinssätzen im Passiv- und Aktivgeschäft eingesetzt werden kann. Vgl. dazu Malliaris/Kaufman 1984; Toevs 1986.

rechtliche Absicherung suchen, und sie müssen den Kredit und die Regelmäßigkeit der Zahlungen, die aus seinem Schuldendienst fließen, überwachen.[18] Die Kreditentscheidungen sind bereits selektiv: Sie sortieren Risiken.[19]
Allerdings kann die Bank in der Regel nur unter den Risiken auswählen, die ihr – in Form von Kreditnachfrage – angeboten werden. Darum sieht Bernd Rudolph ein Dilemma der bankbetrieblichen Kreditentscheidung darin, daß die Bank Investitions- und Absatzentscheidung nicht trennen kann:[20] In dem Maße, in dem die Bank nicht zwischen Investition (Programmplanung) und Absatz (Marketing) differenzieren kann, verliert sie die Fähigkeit, sich selbst zu steuern. Sie muß daher von Programmplanung, deren Ergebnisse anschließend durch den Markterfolg bewertet werden, umschalten auf eine umständliche und riskante Steuerung und Überwachung von Einzelentscheidungen.[21] Wo sie dies aus systematischen Gründen nicht tut, riskiert sie Fehlentwicklungen größten Ausmaßes – etwa dann, wenn sie Länderrisiken jahrelang nicht nur unterschätzt, sondern als nicht existent betrachtet.[22]
Diese besondere Angewiesenheit auf eine Qualitätssicherung von Einzelentscheidungen erklärt auch die in der modernen Wirtschaft ungewohnte Tendenz, Personen- und Adressenbeurteilungen (unter dem Stichwort Kreditwürdigkeit) zum Maßstab der Entscheidung zu machen.[23] Die rechtzeitige Erkennung gefähr-

18 Vgl. Benston et al. 1986, S. 8. Nur 0,5-1% des Gesamtkreditvolumens sind tatsächlich schlechte Kredite: Wilhelm 1982, S. 590 ff., zieht aus dieser geringen Höhe den Schluß auf eine extreme Risikoaversion der Banken.
19 Vgl. Seipp 1984. Auch Baltensperger/Milde 1987, S. 91 f., sehen Kreditkontrakte bei Informationsunvollkommenheiten auf dem Markt als Selektionsinstrumente – und behandeln den Kreditzinssatz in ihrem Modell der Kreditvergabeentscheidung gleichwohl als stochastische Variable, um die Ungewißheit der Kreditrückzahlungen berücksichtigen zu können. Tatsächlich ist nicht der Kreditzinssatz, sondern der Gewinn aus dem Kreditgeschäft eine stochastische Variable.
20 Rudolph 1974, S. 18 ff. Siehe auch Beier/Jacob 1987.
21 Vgl. Rudolph 1974. Siehe auch Schmoll 1983 und Schmoll 1985a, S. 400, mit besonderer Betonung der Prolongationsentscheidung.
22 Vgl. etwa Hauptmann 1987, S. 108 ff. Und als Aufruf zur Korrektur dieser Praxis Gonzalez 1983.
23 Siehe insbesondere Prim 1936, Schmoll 1987, von Stein/Kirschner

deter Kredite durch Frühwarnsysteme findet demgegenüber schon aus Mangel an verläßlichen Kriterien und wegen des Bias der Vergangenheitsorientierung der Maßzahlen nur wenige Freunde.[24] Überdies hat das Verfahren der Adressenbeurteilung den großen Vorteil, daß unmittelbare Verfahren der Sicherheitenstellung angehängt und juristisch abgesichert werden können. Die Adresse steuert die Zurechnung der Substitution von Nicht-Zahlungen durch Kredite ebenso wie die Substitution dieser Nicht-Zahlungen durch die Auflösung von Vermögenswerten zur Deckung des Kreditengagements.

Unsere Experteninterviews (siehe oben, S. 17) bestätigen diese Adressenorientierung der Kreditentscheidungen der Banken. Knapp zwei Drittel der befragten Banker orientieren sich nach eigenen Angaben bei ihren Kreditvergabe-, Vermögensanlage- und Vermögensanlageberatungsentscheidungen überwiegend an Adressen, nur jeder Fünfzehnte an Projekten. Begründet wird dies vor allem mit Sicherheitsüberlegungen und geringeren Informationskosten und davon abgeleitet auch mit geringeren Kreditkosten, da Projektfinanzierungen einen höheren Begutachtungs- und Prüfungsaufwand erfordern als Überprüfungen der Bonität eines Unternehmens. Interessanterweise gilt eher die Adressen- als die Projektorientierung als eine Möglichkeit, mit latenten Risiken umzugehen.

Zwischen deutschen und (in Deutschland ansässigen) amerikanischen Banken sind Unterschiede in der Beantwortung dieser Frage in der Hinsicht festzustellen, daß die deutschen Banker den amerikanischen Bankern – wie auch diese sich selbst – eine generell »unternehmerische« Einstellung zum Geschäft bescheinigen, und das bedeutet im Zweifel die mögliche Zurückstellung von Sicherheitsüberlegungen und eine stärkere Projektorientierung. Daß Projektfinanzierungen als riskanter gelten, sieht man auch daran, daß sie der befragten japanischen Bank als Einstiegstechnik in die Erschließung eines Marktes gelten.

Allerdings wird diese Adressenorientierung auch ein Stück weit

 1988, S. 308 f.; und für die Praxis der Adressenbeurteilung in der Entwicklungsfinanzierung Meier-Preschany 1980, S. 27.
24 Siehe etwa Rödl 1984/85 und Jacob 1988. Ob das Verfahren der sogenannten Diskriminanzanalyse wesentliche Verbesserungen gegenüber den bekannten Krisendiagnosen bringt, muß sich wohl erst noch zeigen. Siehe Hauschildt 1988.

aufgefangen: In einem präzisen Sinne gegenläufig zur Adressenorientierung orientieren sich zwei Drittel der befragten Banker bei ihren Kreditvergabe-, Vermögensanlage- und Vermögensanlageberatungsentscheidungen eher an den prognostizierten Erwartungen des Unternehmens, in das investiert wird, und nur ein Fünftel an dessen Vermögen. Damit ist zum einen ein Korrekturmoment gegenüber der Vergangenheitslastigkeit der Adressenorientierung verbunden, zum anderen auch ein gewisser Rekurs auf die Projekte des Unternehmens, obwohl auch die Erwartungen eher an das Unternehmen selbst und seine aus seinem Management und seinem cash flow erschlossene Fähigkeit, mit noch gar nicht sichtbaren Gefährdungen umzugehen, geknüpft sind als an die aus spezifischen Projekten erwartbaren Erträge. Durch die Orientierung an Erwartungen eher denn am Vermögen scheint sich die Entscheidungsökonomie der Adressenorientierung mit dem notwendigen Mindestmaß an Problemorientierung aufzuladen.

Wir haben in einer anschließenden Frage versucht, das Übergewicht an der Erwartungsorientierung mit einer eher unternehmensbezogenen oder marktbezogenen Beurteilung des Kreditnehmers beziehungsweise Anlageobjekts zu verbinden. In der Beantwortung der Frage, ob die Banker sich eher an Marktdaten oder an Unternehmensdaten orientieren, konnte jedoch keine eindeutige Tendenz festgestellt werden. Während mehr als ein Drittel der Befragten eher zu den Marktdaten tendieren und weniger als ein Drittel eher zu den Unternehmensdaten, konnte sich immerhin jeder Dritte zwischen den Alternativen nicht entscheiden, weil er die Alternative nicht sah beziehungsweise beide Gesichtspunkte für ähnlich bedeutsam hielt. Eine Entscheidung zwischen internaler oder externaler Attribution möglicher Risiken einer Kreditvergabe-, Vermögensanlage- oder Vermögensanlageberatungsentscheidung auf das Unternehmen oder den Markt, in dem es operiert, kann damit als abgelehnt gelten. Darauf kommen wir zurück.

Interessant sind in diesem Zusammenhang auch die Antworten auf die Frage, ob bei der Beurteilung riskanter Geschäfte tendenziell eher die Bilanz oder die Person des Geschäftspartners wichtiger sei. Auf die Frage, was zur Beurteilung riskanter Geschäfte wichtiger sei, verweisen weit mehr als die Hälfte der Befragten auf die Person beziehungsweise das Management des in Frage stehenden Unternehmens und ein knappes Viertel auf die Bilanz des Unternehmens. Jeder Fünfte hält beides für wichtig beziehungsweise lehnt die Alternative ab. Dabei hat, wer auf die Bedeutung der Person verweist, die Rolle des Managements im Auge, die letztlich ausschlaggebend für den Erfolg des Unternehmens sei, während, wer auf die Bedeutung der Bilanz verweist, im Auge hat, daß Personen wechseln.

Ferner kann man annehmen, daß ein Übergewicht an Adressenorientierung damit einhergeht, daß eher die gewohnten Adressen als neue Projekte zu riskanten Entscheidungen einladen. Wir fragten unsere Experten, ob man vor allem beim Eintritt in neue Geschäfte oder vor allem innerhalb alter Geschäftsbeziehungen risikofreudig sein solle, und bekamen folgende Antworten: Während etwas mehr als ein Siebtel der Befragten meinte, daß man vor allem bei Eintritt in neue Geschäfte eher risikofreudig sei, sagten mehr als die Hälfte, daß man vor allem innerhalb alter Geschäftsbeziehungen risikofreudig sei. Das Engagement innerhalb alter Beziehungen komme den Entscheidungsabläufen in den Banken entgegen und finde auf einer verläßlicheren Informationsbasis statt. Man wisse aber auch, daß Ausfälle eher in alten Beziehungen drohen. Beim Eintritt in neue Geschäfte sei schon deswegen Vorsicht geboten, weil man sich bei jedem Kreditnachfrager fragen müsse, warum er gerade zu dieser und nicht zu einer anderen Bank gehe.

Die wichtigsten Risiken, die Banken in ihrem Eigengeschäft eingehen, sind nach der Einschätzung der Studie von George Benston und anderen die Risiken der Anlagenspekulation, Wechselkursrisiken und Risiken, die von ausgegliederten Tochterfirmen übernommen werden. Die Risiken der Anlagenspekulation umfassen nicht nur den Eigenhandel mit Aktien, sondern neuerdings vor allem die Begebung hoher Risiken tragender Anleihen zur Finanzierung von Unternehmensübernahmen.[25] Wechselkursrisiken werden im Währungseigenhandel mit Optionen und Terminkontrakten eingegangen – und dies mit Vorliebe dann, wenn im Devisenhandel rasche Möglichkeiten der Rettung einer bereits gefährdeten Bank locken (Herstatt).[26] Das »affiliate risk« oder Tochterfirmenrisiko schließlich ergibt sich vor allem aus Ent-

---

25 Siehe Benston et al. 1986, S. 6.
26 Vgl. Benston et al. 1986, S. 7.

scheidungen der Banken, besonders riskante, weil noch ungewohnte Risiken, zum Beispiel im Leasinggeschäft, im Investment Banking oder in der Krediteintreibung auszugliedern und durch selbständige Tochterfirmen übernehmen zu lassen: Die Ausgliederung, die die Mutterfirma schützen soll, verringert gleichzeitig die Möglichkeiten der Überwachung, so daß sich unter Umständen Fehlentwicklungen längere Zeit behaupten können, die um so gefährlicher auf die Mutterfirma zurückschlagen.[27]

2. Die Selbstreferenz des Risikos

Stellt man als Soziologe die Frage nach den Techniken der Risikoverarbeitung in Banken, dann glaubt man vor dem Hintergrund der Vielzahl präzise unterschiedener und definierter Einzelrisiken nicht, daß dies überhaupt noch eine Forschungsfrage sein kann. Und auch wenn man nach Kriterien der Einschätzung von Risiken fragt, wird man in den Wirtschaftswissenschaften fündig und findet über diese Klassifikation und Typologie hinaus ein beeindruckendes Arsenal an theoretisch und methodisch reflektierten Konzepten, deren Mittelpunkt ein mikroökonomisch, makroökonomisch und betriebswirtschaftlich ausgearbeiteter Begriff der Risikoaversion ist.
Ob es um die Bestimmung der Leistungen der Bank im Austausch mit Privathaushalten oder Unternehmen geht, um die Bestimmung der Funktion der Banken im Hinblick auf die Sicherung der Operationsfähigkeit der Gesamtwirtschaft, um Beschreibungen der Evolution von Banken im Kredit- und Geldmarkt oder schließlich um die Ableitung und Festschreibung von Regeln des betrieblichen Managements von Banken, immer stößt man früher oder später auf den Begriff der Risikoaversion als operativem und organisatorischem Identitätsmerkmal von Banken. Banken sind risikoscheu, Banken meiden Risiken, wo immer sie sie antreffen, sei es bei der Aufbewahrung der Gelder ihrer Einleger, bei der Kreditvergabe, bei Maßnahmen der eigenen Liquiditätssicherung, im International Banking oder in der eigenen Beteiligungspolitik. Ein Großteil der ökonomischen Literatur über Banken beschäftigt sich mit der Identifikation der unter-

---

27 Vgl. Benston et al. 1986, S. 7 f.

schiedlichen Risiken des Bankgeschäfts und, unter dem Diktat der Risikoaversion, mit der Suche nach Möglichkeiten der Bewältigung, wenn nicht Vermeidung dieser Risiken.[28]
Allerdings enthalten diese Hinweise auf die Grundregel der Risikoaversion noch keine Beschreibung der Techniken des Umgangs mit Risiken. Ein Umgang mit Risiken setzt mehr voraus, als nur der Regel zu gehorchen, sie zu meiden. Tatsächlich ist die Aufforderung zur Risikoaversion ja auch alles andere als eine Aufforderung, sich von allen Risiken fernzuhalten. Die Regel der Risikoaversion greift nur dort, wo Risiken, wo also auch Risikoübernahme zum selbstverständlichen Teil des alltäglichen Geschäfts gehört. Die Banken machen ihr Geschäft nicht mit Risiken, die sie vermeiden, sondern mit Risiken, die sie übernehmen – unter der Voraussetzung freilich, das Risiko zu meiden, nur Verlustgeschäfte mit den Risiken zu machen, die sie übernehmen.
Eine Beschreibung der Techniken des Umgangs mit Risiken in Banken setzt demnach voraus, das *Zusammenspiel zwischen Risikoübernahme und Risikoaversion* zu beschreiben. Zu diesem Punkt jedoch herrscht in der wirtschaftswissenschaftlichen Literatur eine beeindruckende Stille. Man beschreibt zwar die Bank als Risikoträger und fragt danach, wie es der Bank gelingt, die Risiken zu minimieren,[29] untersucht jedoch nicht den Zusammenhang zwischen Selektion der Risiken einerseits und Bewältigung andererseits. Weil diese Einsicht in den Zusammenhang von Risikoübernahme und Risikoaversion fehlt, wird gegenwärtig das Risikomanagement als die neue Herausforderung des Bankgeschäfts bezeichnet.[30]
Die Schwierigkeiten der Wirtschaftswissenschaften mit der Risikofrage hängen damit zusammen, daß ihnen ein einsatzfähiger Begriff des Risikos fehlt. Wie auch immer Risiko bestimmt wird, ob als Gefahr von Wertminderungen,[31] irdische Unzulänglich-

---

28 Die Literatur zu Regeln des Umgangs mit Risiken ist Legion. Vgl. nur einige jüngere und theoretisch reflektiert ansetzende Arbeiten: Müller 1986, Benston et al. 1986, Baltensperger/Milde 1987, Süchting 1987a, Hauptmann 1987, Jacob 1988.
29 So etwa Haumer 1982.
30 Siehe Müller/Seifert 1978, Haller 1986, Süchting 1987a, Professoren-Arbeitsgruppe 1987, S. 285 ff., Jacob 1988.
31 Apfelthaler 1939, S. 4.

keit,[32] Möglichkeit einer Fehlentscheidung,[33] Gefahr des Unterschreitens von Zielgrößen,[34] Dispersion der Zielgröße,[35] oder als schlecht strukturiertes Entscheidungsproblem,[36] – es wird versucht, Risiko als Sachverhalt zu bestimmen, der eindeutig entweder den Unvollkommenheiten der Welt, mit der jede Entscheidung konfrontiert sei, oder, und dies immer häufiger, den Unvollkommenheiten der Entscheidung, die nur allzu menschlich seien, zuzuordnen. Es fehlt der Versuch, diese beiden Seiten zusammenzudenken und sie als die beiden Seiten einer Medaille aufzufassen.[37]

Dann kann allerdings nicht von Unvollkommenheiten der Welt, sondern nur von Ungewißheiten die Rede sein. Entscheidungsprobleme haben es nicht mit der mangelnden Perfektion der Welt zu tun, *sondern mit offenen Situationen, die von den Entscheidungen erst geschaffen werden.* Das heißt also: Es gibt Ungewißheiten nur, weil man sich zu entscheiden hat. Und nur deswegen gibt es *keine* Entscheidung, die *nicht* mit Ungewißheiten konfrontiert wäre. *Jede Entscheidung trifft auf das Problem, sich festlegen zu müssen, obwohl man weiß, daß es Gründe geben kann, dies später zu bereuen.*[38]

Und dann kann auch nicht von menschlichen Unvollkommenheiten die Rede sein, sondern nur von der Frage danach, wie diese Gefahr der »postdecision surprise« und des »postdecision regret« bereits gegenwärtig in den Entscheidungen berücksichtigt wird. Harrison und March unterscheiden zwei wichtige Möglichkeiten: einerseits die Deflationierung von Erwartung, bekannt unter dem Stichwort »Risikoaversion«, und andererseits die Erhöhung der »signal-to-noise ratio«, die Techniken der präziseren Anschlußsicherung nutzt, um sowohl den Erwartungswert zu steigern wie auch die möglichen Enttäuschungen zu reduzieren.[39] Wir werden sehen, wie Finanzierungsinstrumente diese Funktion der Erhö-

32 Bussmann 1955, S. 8.
33 Philipp 1976, Sp. 3454.
34 Hölscher 1987, S. 4 ff.
35 Bangert 1987, S. 25.
36 Kugler 1985, S. 3
37 Etwa in dem Sinne von Ziegler 1957, S. 4, der Risiko als »eine der zu unternehmenden Handlung immanente Erscheinung« beschreibt .
38 Siehe dazu Luhmann, in Vorbereitung.
39 Vgl. Harrison/March 1984, S. 36 f.

hung der signal-to-noise ratio erfüllen, indem sie das Rauschen der Umwelt ausfiltern und wenige Signale herauspräparieren, die als Signale möglicher und tragbarer Geschäftsverbindungen dienen.

Eine Reduzierung des möglichen postdecision regret über Risikoaversion oder Deflationierung der Erwartung hat mit dem Problem zu kämpfen, mit der Abkühlung der Erwartungen auch die Überzeugungskraft und damit die Bindungs- und Motivationskraft einer Entscheidung zu reduzieren.[40] Aus diesem Grunde scheint es aussichtsreicher und das Betriebsklima fördernder, auf Möglichkeiten der Erhöhung der signal-to-noise ratio zu setzen. Hier muß man dann allerdings mit umgekehrten, nämlich mit »Euphorieeffekten« rechnen,[41] die dazu führen können, daß übersehen wird, welche möglicherweise wichtigen Signale die Filter mit aussortieren. Die leichtgängige Kommunikation unter Eingeweihten, der reibungslose Ablauf der Geschäfte, kann darüber hinwegtäuschen, daß die Voraussetzungen schon längst nicht mehr so sind, wie sie einmal waren.

Ein ausreichend explikationsfähiges Risikoverständnis ist nur über die Beschreibung des Risikos als selbstreferentieller, auf Entscheidungen verweisender Sachverhalt zu erzielen. Risiken müssen den Entscheidungen zugerechnet werden, die sie übernehmen, denn wenn Entscheidungen nicht getroffen würden, gäbe es auch keine Risiken – es sei denn das Risiko der Entscheidung der Nichtentscheidung. Trotz einiger Andeutungen in diese Richtung[42] ist die Behandlung der Risikofrage in der ökonomischen Theorie im weitesten Sinne bisher jedoch nicht zu dieser wesentlichen Einsicht in die Selbstreferenz der Risikoentscheidung vorgedrungen. Es herrschen wahrscheinlichkeitstheoreti-

---

40 Harrison/March 1984, S. 37.
41 »Euphorieeffekte« stellen sich nach Bendix 1989, S. 51, dann ein, wenn leichte Kommunikation innerhalb der Gruppen neben mühsamer Kommunikation über Gruppengrenzen hinweg steht. Bendix denkt dabei an Probleme wissenschaftlicher Zusammenarbeit, doch scheint es sich um ein Phänomen zu handeln, das von allgemeinerer Bedeutung ist.
42 Siehe vor allem Paulsen 1953, S. 71. Vgl. zur Auswechslung des früheren Abenteuerbegriffs gegen einen Risikobegriff zur Kennzeichnung des Handelns von Kaufleuten auch Kuske 1949 und Kugler 1988.

sche Definitionen des Risikobegriffs vor,[43] die vom Ansatz her ungeeignet sind zu berücksichtigen, daß sich Probleme der Risikosteuerung dort stellen, wo es auch um die Steuerung von Entscheidungen geht.

Wir wählen daher im folgenden einen possibilistischen anstelle eines probabilistischen Risikobegriffs, um beobachten zu können, wie in den Entscheidungsprozessen der Banken die Möglichkeit des Eintretens unerwünschter Folgen der Entscheidung wahrgenommen, riskiert und bewältigt wird. Der possibilistische Begriff ist allgemeiner. Er spricht nur von der Möglichkeit des Eintretens von Risiken, setzt ihre Unvermeidbarkeit voraus und interpretiert Wahrscheinlichkeitserwägungen nicht als Definitionen, sondern als Formen des Umgangs mit Risiken.

Um diesen Risikobegriff entsprechend zu konturieren, gehen wir mit Niklas Luhmann von der Unterscheidung zwischen Gefahr und Risiko aus.[44] In dieser Unterscheidung wird unter einer Gefahr die Möglichkeit des Eintretens eines unerwarteten und unbeeinflußbaren, also nur extern zurechenbaren unerwünschten Ereignisses und unter einem Risiko die Möglichkeit des Eintretens eines erwartbaren und selbst mitveranlaßten, also intern zurechenbaren unerwünschten Ereignisses verstanden. Gefahren werden der Umwelt eines Handelnden, Risiken den Entscheidungen selbst zugerechnet. Risiko ist ein selbstreferentieller Sachverhalt. Risiko ist überdies ein unvermeidbarer Sachverhalt: Wer sich nicht entscheidet, riskiert die Folgen der Nicht-Entscheidung.[45]

Erst dieser Begriff der Selbstreferenz des Risikos ist geeignet, Strukturen der Risikoverarbeitung zwischen Banken und Wirtschaft zu beschreiben, die sich genau diese Selbstreferenz immer schon zunutze machen. Wir werden im folgenden zu zeigen versuchen, daß die Unterscheidung des Risikos, genauer: die Unterscheidung riskanter Kommunikation, der alles andere strukturierende Ansatzpunkt für die Risikoverarbeitung durch Banken ist. Auf diese Unterscheidung sind die Banken spezialisiert. Und mit den Identifizierungen von Risiken, die sie aus dieser Unter-

---

43 Etwa bei Karten 1972 und Philipp 1976.
44 Siehe Luhmann 1986a, Luhmann 1990, Luhmann, in Vorbereitung. Vgl. auch die Unterscheidung zwischen risk-facing und risk-taking bei Rescher 1983, S. 5 f.
45 Rescher 1983, S. 10, faßt diesen Sachverhalt unter dem Begriff des »inverted risk«.

scheidung gewinnen, handeln die Banken in dem Sinne, daß sie nicht nur für sich selbst, sondern auch für Kunden, für Kreditnehmer, Sparer und Investoren, Risikotransformationsleistungen erfüllen.

Die Bestimmung der Selbstreferenz des Risikos ist eine Beschreibung eines Sachverhalts: Die Komplexität der Risikoverarbeitung durch Banken resultiert daraus, daß die Risiken, die zu bewältigen sind, erst mit den Entscheidungen, die zu treffen sind, in die Welt kommen. Die Selbstreferenz des Risikos ist der allgemeine Begriff für die Vielzahl von Rückkopplungen negativer und positiver Art, die im Verhältnis zwischen Banken und Wirtschaft zu erwarten sind. Die Bestimmung der Unterscheidung des Risikos dagegen ist eine Beschreibung der Beobachtung eines Sachverhalts, und zwar des Sachverhalts der Selbstreferenz des Risikos.

Die Selbstreferenz des Risikos ist das Kennzeichen der Operationen der Banken. Diese Operationen vollziehen sich, wie sie sich vollziehen. Die Unterscheidung des Risikos dagegen ist das Verfahren der Banken (und anderer Wirtschaftsteilnehmer), auf das Faktum der eigenen Operationen und ihr Ergebnis, die Selbstreferenz des Risikos, zu reagieren. Mit anderen Worten, die Selbstreferenz des Risikos ist eine operative, die Unterscheidung des Risikos eine observationale Kategorie, eine Beobachtungskategorie. Festzuhalten ist dabei, daß die Unterscheidung des Risikos ihre Beobachtungsmöglichkeiten erst dann ausschöpft, wenn sie mit der Selbstreferenz des Risikos rechnet. Andererseits hat diese Beobachtung der Risiken auf ihre Selbstreferenz hin den Effekt, die Riskanz der Entscheidungen wiederum zu steigern. Es fällt der Entscheidung im Fokus dieser Beobachtung schwerer, sich der Zurechnung der möglichen Schäden auf die Entscheidung als einer riskanten Entscheidung zu entziehen.

Im Fokus sowohl der Operationen wie der Beobachtungen der Banken wird das Risiko zum »Eigenwert« der Bankenwelt:[46] Darauf kommt zurück, wer immer in Erfahrung bringen will, welche Handlungsmöglichkeiten Banken haben. Und darauf kommt zurück, wer immer mit Banken derart kommunizieren will, daß Anschlußmöglichkeiten für Geschäfte gefunden werden können.

Der entscheidende Dreh ist nun, daß die Unterscheidung des

---

46 Im Sinne von von Foerster 1984.

Risikos nicht auf dessen Vermeidung setzt, das wäre vergeblich, sondern auf dessen Identifizierung. Man löst das Problem nicht, sondern man benutzt es. Das Problem selbst bekommt Strukturaufbauwert. Dadurch sind Vorteile der Anschlußsicherheit und der Schnelligkeit von Entscheidungen zu gewinnen, die anders gar nicht zu gewinnen sind. Das Risikoproblem dient zur operativen Engführung der Entscheidungskalküle der Banken.
In den Begriffen des Indikationenkalküls von G. Spencer-Brown können wir formulieren, daß das Risiko selbst zum marked state, zum bezeichneten und ausgewiesenen Raum aller Entscheidungen der Bank wird. Die Bank versucht nicht, auf die andere Seite des Risikos zu gelangen und von dort aus Techniken der Risikovermeidung zu entwickeln. Sondern sie plaziert sich und ihre Entscheidungsverfahren auf der Seite des Risikos und trifft dort Anschlußunterscheidungen. Genau darauf macht die Unterscheidung zwischen Risiko und Gefahr aufmerksam. Die andere Seite des Risikos ist eben nicht die Sicherheit, sondern die Gefahr. Sicherheit gibt es im Bankgeschäft nicht. Jeder Versuch, sie zu realisieren, begibt sich der Chance, Risiken zu identifizieren und gewinnbringend zu übernehmen. Für die Beobachtung der Marktverhältnisse, in die die Bank gestellt ist, kann daher Sicherheit gar keine Rolle spielen. Das schließt nicht aus, daß organisatorische Belange der Bank unter Sicherheitserwägungen betrachtet werden, wie wir noch sehen werden. Aber das hat dann durchaus unerwünschte Folgen für die Risikosensibilität der Organisation oder der betreffenden Abteilung.
Auf die Selbstreferenz und Unterscheidung des Risikos abzustellen hat eine weitere Konsequenz. Die Risikoverarbeitung durch Banken kann nicht mehr *in* den Banken, sondern nur noch in den Beziehungen *zwischen* den Banken und der übrigen Wirtschaft verortet werden. Denn die Selbstreferenz des Risikos ergibt sich erst aus der sowohl den Banken wie den anderen Wirtschaftsteilnehmern unverfügbaren Differenz zwischen den Unternehmen und der Wirtschaft. Es gäbe keine Risiken, wenn Entscheidungen nicht genau dort Wirkungen zu erzielen versuchten, wo sie selbst nicht hinreichen. Der Beobachtung von Risiken geht es um die Möglichkeit des Aufbaus von Erwartungen. Und diese Erwartungen sind zwar interne Erwartungen und können auch nichts anderes als interne Vorgänge strukturieren, sie richten sich jedoch auf externe Sachverhalte und können nur im Hinblick auf externe

Sachverhalte überhaupt interne Vorgänge strukturieren. Die Risikobeobachtung »verwaltet« die Differenz von Selbstreferenz und Fremdreferenz der Bankorganisation unter dem Gesichtspunkt der Einheit dieser Differenz.

Beides, die Selbstreferenz des Risikos und die Unterscheidung des Risikos, haben es also wesentlich mit der Intransparenz der Verhältnisse zu tun. Zugleich sind sie jedoch Kategorien, die mit dieser Undurchschaubarkeit der Verhältnisse rechnen und darauf zielen, Inseln der Durchschaubarkeit zu schaffen. In der mit der Selbstreferenz des Risikos rechnenden Unterscheidung des Risikos wird zwar nicht die Differenz zwischen den Banken und der übrigen Wirtschaft, aber die Differenz zwischen Transparenz und Intransparenz verfügbar. Die Dinge bleiben unübersichtlich, aber es finden sich immer wieder Ansatzpunkte für Kalküle. Diesen Befund versuchen wir zu formulieren, indem wir die Banken wie auch andere Unternehmen in der Wirtschaft als black boxes konzipieren, die als solche weder von außen noch für sich selbst je zu durchschauen sind, deren Interaktion miteinander jedoch fallweise klare Verhältnisse schafft. Eine theoretische Beschreibung der Risikoverarbeitung durch Banken kann daher nicht an einer Theorie der Banken, sondern nur an einer Theorie dieser Interaktionen orientiert werden. Sie ist ein Teil einer allgemeinen Theorie der Wirtschaft.

Um uns dieser Theorie der Interaktionen zu nähern, unterscheiden wir im folgenden zwischen Risikomanagement, Risikostrukturen und Risikoinstrumenten. Tatsächlich stößt man auch gar nicht auf in den Banken lokalisierbare und adressierbare Verfahren und Techniken, wenn man Mechanismen der Risikoverarbeitung durch Banken untersucht. Es gibt keine Stelle, von der aus das Geschehen in den Banken und auf den Märkten gesteuert wird oder von der aus auch nur ein Durchgriff auf wie immer geordnete Verhältnisse möglich wäre. Es gibt keine Stelle, an der die Fäden zusammenlaufen. Tatsächlich geht es durchweg um Kommunikationsprobleme zwischen black boxes, so daß sich das, was man als »Risikoverarbeitung durch Banken« bezeichnen kann, als an der Unterscheidung riskanter Kommunikation orientierte Optionenselektion innerhalb eines Netzwerks von Risikostrukturen, Verfahren des Risikomanagements und Einsatzmöglichkeiten von Risikoinstrumenten darstellt.

An den Risikostrukturen orientiert sich die Beobachtung des

Marktes. Über verschiedene Verfahren des Risikomanagements setzen sich die Bankorganisationen zu den am Markt offerierten Möglichkeiten der Risikoübernahme und Risikovermeidung in ein möglichst profitables Verhältnis. Und die Risikoinstrumente in Gestalt von Finanzierungsinstrumenten ermöglichen die Einnahme jener dritten Position zwischen den Banken und der Wirtschaft, also »außerhalb« von Bankorganisationen und Unternehmensorganisationen, auf der mit Transparenzunterstellungen zumindest insoweit gearbeitet wird, daß ein Mindestmaß an »whitening«[47] der black boxes beziehungsweise eine ausreichend hohe »signal-to-noise ratio« erreicht wird. Wir werden sehen,[48] daß hierbei die Unterscheidung von Zeithorizonten eine wichtige Rolle spielt.

Die versammelte Intelligenz der Banken steckt in einer geschickten Kombination der Selbstreferenz des Risikos mit der Unterscheidung riskanter Kommunikation. Die Selbstreferenz des Risikos formuliert die wesentliche Bedingung der Operationen von Banken und Unternehmen in der Wirtschaft. Die Unterscheidung des Risikos ist die wichtigste Technik der Beobachtung dieser Operationen, und zwar der Beobachtung dieser Operationen daraufhin, wie eigene Operationen angeschlossen werden können. Wir werden sehen, daß wir den Determinanten der Risikoverarbeitung durch Banken nur auf die Spur kommen, wenn wir auch diese Unterscheidung zwischen Operationen und Beobachtungen verwenden. Die Beschreibung dieser Determinanten wird dadurch kompliziert, daß sowohl die Operationen wie die Beobachtungen als Kommunikationen zu fassen sind. Es geht um das Verhältnis sozialer Systeme zueinander, um das Verhältnis von Banken, Unternehmen und der Wirtschaft insgesamt.

Die Dynamik dieses Verhältnisses können wir nur mithilfe der Second Order Cybernetics (siehe oben, Abschnitt 1.2.) beschreiben, das heißt mithilfe eines Konzepts der Beobachtung von Beobachtungen. Die Banken, die Unternehmen und die Wirtschaft ingesamt werden dabei als operierende und als sich wechselweise beobachtende Systeme verstanden, deren Operationen in den Augen von Beobachtern immer auch darüber Auskunft geben, wie sie und was sie beobachten und, ebenso wichtig, wie sie und was

---

47 Im Sinne von Glanville 1988, S. 99 ff. und 119 ff.
48 Siehe unten, Abschn. 10.

sie nicht beobachten.[49] Im folgenden geht es folglich darum, die Unterscheidung des Risikos als eine Unterscheidung riskanter Kommunikation zu erweisen.

3. Die Unterscheidung riskanter Kommunikation

Risikoverarbeitung durch Banken, so unsere These, findet auf drei Ebenen statt, auf der Ebene der Beobachtung der Märkte zwecks Selektion und Akquisition akzeptabler und profitabler Aktiv- und Passivgeschäfte, auf der Ebene des Risikomanagements in der Organisation zwecks Regelung der Konditionen der Risikoübernahme und auf der Ebene des Designs und der Selektion von Finanzierungsinstrumenten, die eine den Beteiligten akzeptable Risikozerfällung und Risikoverteilung ermöglichen. Die Risikoverarbeitung durch Banken ist das Produkt eines dreistelligen Netzwerks aus Risikostrukturen, Risikomanagement und Risikoinstrumenten. Das Problem des soziologischen Zugriffs auf diese verschiedenen Ebenen der Risikoverarbeitung und der soziologischen Beschreibung liegt unseres Erachtens darin, daß bisher nicht versucht wurde, die Einheit der Unterscheidung dieser drei Ebenen zu formulieren. Wir vermuten, daß es ein unter Umständen fruchtbarer Ansatzpunkt auch zur Integration soziologischer und ökonomischer Theorieansätze sein kann, nach der Einheit dieser Unterscheidung zu fragen. Und wir vermuten weiter, daß die Einheit der Unterscheidung dieser drei Ebenen wiederum eine Unterscheidung ist, deren Form die Unterscheidung der Ebenen trägt.

Wir greifen auf zwei einfache Voraussetzungen zurück, um die die Risikoverarbeitung durch Banken organisierende Unterscheidung zu formulieren. Erstens formulieren wir sie im Hinblick auf den soziologisch konstruierten Gegenstandsbereich des Sozialen. Und zweitens formulieren wir sie im Hinblick auf das zentrale Problem, das alle Risikoverarbeitung durch Banken zu bewältigen hat. Der Gegenstandsbereich des Sozialen ist die Kommunikation. Das zentrale Problem der Risikoverarbeitung durch Banken ist das Risiko. Diese beiden Voraussetzungen sind selbstver-

---

49 Siehe zur Dynamik der Beobachtung von Beobachtungen in der Wirtschaft ausführlicher Baecker 1988, S. 198 ff.

ständlich genug, um einen Ausgangspunkt bieten zu können. Erst in ihrer Zusammenführung liegt die Brisanz der Unterscheidung. Denn wir gehen nicht nur davon aus, daß in der Kommunikation auf Märkten und in Banken immer auch Risiken auftauchen, die dann bewältigt werden müssen. Wir gehen auch nicht nur davon aus, daß die Kommunikation selbst eine Technik des Umgangs mit Risiken darstellt. Vielmehr gehen wir einen Schritt weiter und spitzen alle inzwischen vertrauten Beschreibungen des Verhältnisses von Risiko und Kommunikation auf den Punkt zu, daß wir die Kommunikation selbst als Risiko beschreiben und zugleich nur in der Kommunikation Formen des Umgangs mit Risiken annehmen. Das setzt die oben (Abschnitte 1.3.-5.) entwickelten Vorstellungen der Zahlung, der Entscheidung und des Zahlungsversprechens (das immer auch eine Entscheidung ist) als elementaren, die Autopoiesis der jeweiligen Systeme vollziehenden Kommunikationen der Wirtschaft, der Unternehmensorganisation und der Banken (die immer auch zugleich Unternehmen sind) voraus. Beides zugleich, eine Form des Risikos wie auch eine Form des Umgangs mit Risiken, kann die Kommunikation natürlich nur sein, wenn sie sich intern differenziert. Sie differenziert sich in Operationen, Beobachtungen und in Beobachtungen von Beobachtungen.

Die Unterscheidung, die wir als operative Basis einer in sich differenzierten Risikoverarbeitung durch Banken annehmen können, ist *die Unterscheidung riskanter Kommunikation*. Dieser Unterscheidung werden sowohl Zahlungen wie Entscheidungen und Zahlungsversprechen unterworfen. Die Unterscheidung ist wie ein Parasit, der sich im Bankgeschäft eingenistet hat und ebenso allmählich wie unaufhaltsam alle anderen kommunikativen Prozesse vereinnahmt hat. Die Frage, wann dieser Parasit zum ersten Mal aufgetreten ist, ist schwer zu beantworten. Durchaus möglich scheint, daß er mit den Banken identisch ist und bereits der erste Ansatz zu fristentransformierenden Geldgeschäften ihn freigesetzt hat. Auf diese Frage kommen wir zurück.

Die Unterscheidung riskanter Kommunikation ist eine Unterscheidung, die weitreichende Ausdifferenzierungsprozesse der Kommunikation, insbesondere die Ausdifferenzierung der Wirtschaft in der Gesellschaft, bereits voraussetzen kann.[50] Es ist eine

---

50 Folgt man dem Unterscheidungskalkül von G. Spencer-Brown, dann

Unterscheidung, die kondensiert, indem sie als rekursive Unterscheidung von *Kommunikation* immer wieder getroffen und dadurch bestätigt wird. Sie ist allerdings zugleich auch eine Unterscheidung, die als Unterscheidung *riskanter* Kommunikation jederzeit mit der Möglichkeit ihrer Aufhebung rechnet.[51] Diese Möglichkeit der Aufhebung der Unterscheidung stellt die eigentliche Gefahr des Bankgeschäfts dar, denn wenn diese Unterscheidung nicht oder nicht mehr getroffen werden kann, sind keinerlei Anknüpfungspunkte für Geschäfte mehr möglich.

Die Unterscheidung riskanter Kommunikation ist nicht die Unterscheidung eines Objektes, das man im Auge behalten könnte, um herauszufinden, was der Fall ist und was nicht. Sowohl die ökonomische wie auch die soziologische Beobachtung des Bankenverhaltens glauben bisher, sie hätten es mit spezifisch unterscheidbaren Phänomenen, Sachverhalten, Gegenständen zu tun, deren Untersuchung auf der Ebene der Beobachtung erster Ordnung bei aller Kompliziertheit der Vorgänge möglich ist. Tatsächlich handelt es sich jedoch um ein Problem der Kommunikation. Die Banken versuchen herauszufinden, nicht *was*, sondern *wie* die Unternehmen beobachten, was sie beobachten. Sie nutzen die Möglichkeiten der Kommunikation, um Erwartungen darüber bilden zu können, wie die Unternehmen mit den Risiken umgehen, die in ihrem Geschäft liegen. Es geht darum, sortieren zu können und Erwartungen darüber ausbilden zu können, welche Reproduktionschancen bestimmte Zahlungen, bestimmte Entscheidungen und bestimmte Zahlungsversprechen unter den turbulenten, also rückkopplungsreichen Bedingungen der Autopoiesis von Wirtschaft, Unternehmen und Banken haben.

Wir können Zahlungen, Entscheidungen und Zahlungsversprechen als Kommunikationen auffassen, die als Operationen aufgrund entsprechender Beobachtungen anderer Zahlungen, Entscheidungen und Zahlungsversprechen zustande kommen. Und wir können die Unterscheidung riskanter Kommunikation als ein Sortierschema der Beobachtung dieser Operationen verstehen,

kann man die Unterscheidung riskanter Kommunikation als Ausgrenzung eines marked state aus der Umwelt der Kommunikation und allen anderen, unbezeichneten Formen der Kommunikation beschreiben. Siehe Spencer-Brown 1979, S. 4 f.

[51] Spencer-Brown 1979, S. 5, unterscheidet condensation und cancellation als zwei elementare Formen des Kalküls von Unterscheidungen.

das Kriterien angibt, in welchen Fällen eigene Operationen an die beobachteten Operationen angeschlossen werden können. Die wichtigste Aufgabe, die die Unterscheidung riskanter Kommunikation zu erfüllen hat, ist, die Signale zu identifizieren, die Erwartungen darüber bilden lassen, wie risikobereit und risikobewußt ein eventueller Geschäftspartner ist. Zu diesem Zweck muß man abschätzen, was der beobachtete Geschäftspartner seinerseits in der Lage ist zu beobachten und was er geneigt ist zu übersehen. Die Unterscheidung riskanter Kommunikation ist daher auf der Ebene der Beobachtung von Beobachtungen anzusiedeln und erfüllt genau dort ihre Funktion.
Auf dieser Ebene der Beobachtung zweiter Ordnung liegt der Kern des Bankgeschäfts. Die Beobachtung zweiter Ordnung ist das Primärgeschäft der Banken. Auf der Ebene der Beobachtung zweiter Ordnung entscheidet sich, was auf der Ebene der Beobachtung erster Ordnung von Interesse ist. Banken, die die Unterscheidung riskanter Kommunikation treffen, schließen nicht von den Sachverhalten auf die Kommunikation, sondern von der Kommunikation auf die Sachverhalte.
Von der Unterscheidung riskanter Kommunikation auszugehen heißt also, die Formen des Eingehens auf Risiken und der Bewältigung von Risiken als Formen der Kommunikation zu beschreiben. Bei der Risikoverarbeitung durch Banken geht es um die simultane Bewältigung von drei verschiedenen Systemreferenzen, der Systemreferenz Wirtschaft, der Systemreferenz Organisation und der Systemreferenz Bankorganisation, also um die Bewältigung der Anschlußprobleme in der Selbstreproduktion von Zahlungen, von Entscheidungen und von Zahlungsversprechen. In der Unterscheidung riskanter Kommunikation werden diese drei Systemreferenzen zusammengezogen und in die Voraussetzungen umgesetzt, daß Techniken der Risikoverarbeitung durch Banken im Medium des Geldes, im Medium organisatorischer Ausdifferenzierung und im Medium zeitlicher Fristen formuliert werden müssen und nur dort formuliert werden können.
Wir vermuten ferner, daß die Operativität der Unterscheidung riskanter Kommunikation auf der Ebene der Beobachtung zweiter Ordnung darin liegt, daß sie, in der Sprache Gotthard Günthers,[52] sowohl als Akzeptionswert wie auch als Rejektionswert

---

52 Siehe Günther 1976-1980.

von Kommunikationen eingesetzt werden kann. Genau das scheint uns die Bedingung des parasitären Erfolgs der Unterscheidung zu sein.

Der mit der Unterscheidung riskanter Kommunikation gesetzte Rejektionswert besteht in der Ablehnung der Unterscheidung von falsch und richtig. Riskante Kommunikation ist weder falsch noch richtig.[53] Schon diese Ablehnung einer die Einschätzung von Sachverhältnissen ordnenden Unterscheidung zwingt zur Einnahme der Ebene der Beobachtung zweiter Ordnung, ohne daß dadurch allerdings ausgeschlossen wäre, die Unterscheidung von falsch und richtig im Nachhinein ihrerseits auf riskante Kommunikationen anzuwenden. Doch im Moment der Kommunikation selbst weiß man nur, daß sich die Falschheit oder Richtigkeit der Kommunikation *erst hinterher* herausstellen wird, so daß man *jetzt andere* Gründe braucht, wenn man sich auf eine Kommunikation einlassen oder von ihr Abstand nehmen will. Zunächst einmal will man nur wissen, wer unter welchen Umständen was für falsch oder für richtig hält. Die Unterscheidung riskanter Kommunikation ist eine Unterscheidung, die die Informationen erst einmal sammelt, um die Möglichkeiten erschließen zu können, die dann im Kontext der erst im Nachhinein sichtbar werdenden Umstände als einlösbar oder nicht einlösbar erkannt werden.

Der mit der Unterscheidung riskanter Kommunikation gesetzte Akzeptionswert besteht dagegen in der Annahme und Übernahme des Risikos durch die Kommunikation, das heißt in der Zurechnung des Risikos auf eine eigene Entscheidung. Die Unterscheidung riskanter Kommunikation ist eine Unterscheidung, die nicht im Hinblick auf eine erstrebenswerte und erreichbare Sicherheit eingesetzt wird, sondern im Hinblick auf die Vermeidung von Gefahren. Die Existenz von Risiken und die Zurechnung von Risiken auf die eigenen Entscheidungen muß akzeptiert werden, und das heißt: gegenüber Risiken stellt sich nur die Wahl zwischen Übernahme oder Ablehnung – wobei natürlich auch die Ablehnung eines Risikos als Entscheidung riskant und weit davon entfernt ist, sichere Verhältnisse zu schaffen.

Die sich über ihre Rejektions- und Akzeptionswerte selbst in die Verhältnisse gleichsam hineinschraubende Unterscheidung ris-

---

53 Vgl. Luhmann 1988, S. 120 f.

kanter Kommunikation bringt eine fundamentale Asymmetrie in die wirtschaftliche Kommunikation. Sie deontologisiert und dynamisiert die Wirtschaft wie keine Unterscheidung zuvor.[54] Sie zwingt das soziale System der Wirtschaft zur Einnahme von Positionen auf der Ebene der Beobachtung zweiter Ordnung, wo es nicht mehr um Sachprobleme im Horizont von Zeitproblemen, sondern um Zeitprobleme im Horizont von Sachproblemen geht und die Gegenwart nur noch als Terrain der Anschlußsicherung von Möglichkeiten zur Bewältigung von Zukunftsproblemen gilt.

4. Das Problem der Risikoattribution

Der Rekurs auf die Unterscheidung riskanter Kommunikation erlaubt uns die Erklärung einer auffälligen Unschärfe in der Risikowahrnehmung durch Banken, auf die wir in unseren Interviews mit Bankenvertretern gestoßen sind. Auf die Frage, ob die Risiken des Bankgeschäfts generell eher innerhalb oder außerhalb des Bankbetriebs auftreten, antworteten mehr als die Hälfte der Befragten, daß sie generell eher außerhalb des Bankbetriebs auftreten, ein Fünftel der Befragten generell eher innerhalb, und für ein weiteres Fünftel stellt diese Frage keine Alternative dar. Tendenziell läßt sich feststellen, daß sowohl in den Kredit- und Wertpapierabteilungen wie auch in den Vorständen eher an den künftig möglichen Geschäften der Bank orientierte Banker zur externalen Zurechnungen neigen, während Vorstandsmitglieder und Geschäftsführer, die in der Organisationsführung und -kontrolle tätig sind, zur internalen Zurechnung neigen.

Wir stellten dann eine Frage, die auf die Problematisierung der Zurechnung von Risiken zielte. Auf die Frage, ob die Risiken des Bankgeschäfts überwiegend bereits vor der Entscheidung sichtbar sind oder meist erst nach der Entscheidung sichtbar werden, ant-

---

[54] Von Applikationen der Unterscheidung auf Kommunikationen außerhalb der Wirtschaft sehen wir hier ab, doch wären auch andere auf Bearbeitung von Zukunftsproblemen angewiesene oder kaprizierte Kommunikationen auf eine Anfälligkeit gegenüber dem Parasit der Unterscheidung riskanter Kommunikation hin zu untersuchen. Vermutlich wird man überall dort fündig, wo Wetten abgeschlossen werden und wurden, etwa in Fragen des Seelenheils, der Liebesabenteuer oder der Machteroberung.

wortete knapp die Hälfte der Befragten, daß die Risiken einzelner Bankgeschäfte bereits vor der Entscheidung sichtbar sind. Für weniger als die Hälfte werden sie erst nach der Entscheidung sichtbar. Auf unsere Nachfragen hin gewannen wir den Eindruck, daß sich für »vorher« entscheidet, wer auf den Erfahrungsschatz des Bankers abstellt, also internal zurechnet. Für »nachher« entscheidet sich dagegen, wer auf Probleme der Informationsversorgung abstellt, also external zurechnet.

Interessant wurde es bei der anschließend gestellten Frage, die noch einmal die Frage nach der internalen oder externalen Zurechnung variierte. Auf die Frage, ob die Risiken des Bankgeschäfts eher von den äußeren Umständen abhängig seien oder von in der Bank selbst getroffenen Entscheidungen, antwortete ein Drittel der Befragten, sie sähen die Risiken des Bankgeschäfts eher von den äußeren Umständen abhängig. Immerhin etwas unter der Hälfte der Befragten machten die eigenen Entscheidungen für die Risiken verantwortlich. Jeder Vierte hält hier beides für richtig. Vor allem Risk Manager verweisen auf die Verantwortung der eigenen Entscheidungen. Von Bedeutung ist, daß in den Antworten auf diese Frage 45% zu internaler Zurechnung bereit sind, während es in den Antworten auf die explizite Frage nach innerhalb oder außerhalb nur 21% waren. Dafür mögen der Hinweis auf Zeitpunkte der Risikoerkennung in der Frage zuvor ebenso wie der Rekurs auf die Rolle der eigenen Entscheidungen mitverantwortlich sein.

Das Problem (und Risiko) einer soziologischen Untersuchung besteht immer auch darin, zu entscheiden, wie man solche Antworten auswertet. Im Prinzip hat man bei einem solchen Schwanken der Antworten zwei Möglichkeiten. Man kann das Schwanken in den Antworten auf unscharf oder schlecht gestellte Fragen zurechnen. Dann muß man auf die Auswertung verzichten. Oder man kann das Schwanken in den Antworten auf ein Problem der Befragten zurechnen, auf das man unversehens gestoßen ist. Dann ist die scheinbare oder tatsächliche Inkonsistenz in den Antworten ein Ergebnis der Befragung, das zu weiteren Überlegungen Anlaß gibt und mithilfe des Einsatzes von Theorie ausgewertet werden kann. Auch der Soziologe hat es also, wie man sieht, mit einem Problem der Entscheidung zwischen internaler (schlecht gestellte Frage?) und externaler Zurechnung (interessantes Problem?) zu tun. Und auch er kann dieses Problem nur lösen, indem er sich entscheidet. Die Entscheidung ist riskant, denn er weiß, daß er sie unter Umständen bereuen muß. Wenn er auf die schlecht gestellte Frage zurechnet, muß er sie bereuen, weil er möglicherweise später merkt, auf welche Erklärungsmöglichkeiten wichtiger Phänomene er verzichtet hat. Und wenn er sich auf die Zurechnung auf ein interessantes Phänomen entscheidet, muß er die Entscheidung eventuell bereuen, weil ihm die »Methodenfüchse« unter den Sozialwissenschaftlern später nachweisen, daß es methodisch unzulässig ist, die Erklärungen, die er entwickelt, auf eine so schwache Basis zu stellen.

Wir können uns also nur entscheiden. Und wir entscheiden uns für die Zurechnung auf ein interessantes Problem. Wir werden diese Entscheidung in dem Maße nicht zu bereuen haben, wie sie uns zu Erklärungsmöglichkeiten führt, für die sich dann auch andere Begründungsmöglichkeiten finden beziehungsweise in deren Licht auch andere Phänomene erklärt werden können. Was uns also interessiert, ist das Schwanken der Bankenvertreter in der Frage der internalen oder externalen Zurechnung von Risiken. Diese Unschärfe oder Unentschiedenheit kann, so nehmen wir an, nur damit erklärt werden, daß es auf eine internale oder externale Zurechnung *zunächst nicht ankommt*. Worauf es ankommt, ist, die riskante Kommunikation als solche zu identifizieren und sie *erst dann* zuzurechnen auf Zahlungs-, Entscheidungs- und Versprechensoptionen.

Auf eine Entscheidung zwischen internaler oder externaler Zurechnung kommt es aus zwei Gründen nicht an. Erstens ist in der Unterscheidung riskanter Kommunikation bereits vorausgesetzt, daß die Zurechnung eines Risikos auf eigene Entscheidungen akzeptiert wird. Und zweitens geht es, allgemein gesprochen, um die Einschätzung des Risikopotentials von Geschäften, deren wichtigstes Charakteristikum ist, daß sie Systemgrenzen (etwa zwischen Bank- und Unternehmensorganisation) überschreiten und in diesem Differenzen übergreifenden Charakter ihr einheitsstiftendes Moment haben. Eine scharfe und eindeutige internale oder externale Zurechnung der mit diesen Geschäften verbundenen Risiken, würde, mit anderen Worten, die Geschäfte unmöglich machen.

Statt dessen geht es, immer am Leitfaden der Unterscheidung riskanter Kommunikation, zunächst um eine Identifizierung der Risiken und dann um eine Zurechnung der Risiken auf die verschiedenen Momente, die die riskante Kommunikation ausmachen, also auf Zahlungen, Entscheidungen und Versprechen. Erst die Aussetzung einer geschäftsschädigenden internalen *oder* externalen Attribution der Risiken in bezug auf die Unterscheidung zwischen Bankorganisation und Umwelt macht eine geschäftskonstituierende internale *und* externale Attribution von Risiken auf die beteiligten Organisationen (Banken und Unternehmen) und deren Umwelten möglich. Die Unterscheidung riskanter Kommunikation verlagert das Problem der Risikoattribution von einem »entweder-oder« auf ein »und«, von der Ebene der Disjunktion auf die Ebene der Konjunktion. Und genau dieser Schritt setzt die Komplexität und das Raffinement von Finanzierungsgeschäften – und in deren Rahmen: von Bankgeschäften – frei.

Diese Technik der Konjunktion macht aus dem Problem der Risikoattribution ein Instrument des Risikomanagements. Denn erst jetzt werden Finanzierungsgeschäfte möglich, die sowohl auf Techniken der Risikozerfällung und -verteilung wie auch auf Techniken der Risikobündelung und -übernahme beruhen. Unter der Bedingung, daß man es ablehnt, falsche von richtigen Entscheidungen zu unterscheiden, und akzeptiert, daß Risiken unvermeidbar sind, werden Techniken der Vermeidung unvermeidbarer Risiken zur eigentlichen Geschäftsgrundlage. Und nur so kann man halbwegs *sicher* sein, die Probleme mitbeobachten zu können, die mit der Wahrnehmung der Chancen riskanter Geschäfte einhergehen.

Vor dem Hintergrund des Problems der Risikoattribution wird noch eine weitere Pointe der Unterscheidung riskanter Kommunikation deutlich. Denn an der Unschärfe und Unentscheidbarkeit der Frage internaler oder externaler Zurechnung von Risiken wird noch einmal sichtbar, daß man es bei der Entscheidung zu Finanzierungsgeschäften, also bei der Abgabe von Zahlungsversprechen, mit Geschäften zwischen black boxes zu tun hat. Erstens ist das Unternehmen im Hinblick auf seine Binnen- und Marktverhältnisse für die Bank eine black box, worüber keine Unternehmensberatung und Marktforschung hinwegtäuschen kann. Und zweitens ist die Bank für sich selbst eine black box, wie nicht zuletzt alle Versuche der Einführung eines zentralen, also innerhalb der Organisation ausdifferenzierten, Risikomanagements belegen. Man hat es im Verhältnis zwischen Unter-

nehmen und Banken und im Binnenverhältnis der Banken mit *Kommunikation* zu tun.
Und das bedeutet: man hat es mit Kommunikationsproblemen und mit »Kommunikationssperren« zu tun. Um so wichtiger wird, da diese Kommunikationssperren prinzipiell nicht zu überwinden sind,[55] eine an die Stelle einer solchen Überwindung gesetzte Unterscheidung zwischen Zahlungen, Entscheidungen und Versprechen. Um so wichtiger wird, mit anderen Worten, der Versuch, die Kommunikation zwischen Bank und Unternehmen oder auch innerhalb einer Bank nicht als Verständigungsproblem zwischen black boxes aufzufassen, sondern von der Einnahme einer dritten Position her zu erschließen, die eine selektive Verknüpfung von Entscheidungen, Zahlungen und Versprechen ermöglicht, ohne den gesamten Hintergrund der beteiligten Organisationen einschließlich ihrer Marktverhältnisse in Rechnung stellen zu müssen. Genau dies ist die Leistung von Finanzierungsinstrumenten, angefangen bei Banknote, Kreditgeschäft und Warenwechsel bis hin zu den modernen Erfindungen von Swaps, Futures und Options. Sie alle setzen voraus, daß auf eine Lösung des Problems der Risikoattribution verzichtet wird, um an die Stelle der Risikovermeidung wie risikoavers auch immer Techniken der Risikozerfällung und -verteilung zu setzen. Erst dann können und wollen die Risiken auch übernommen werden.

5. Risikostrukturen

Die Unterscheidung riskanter Kommunikation dient als Sortierschema und Selektionskriterium operativer Anschlüsse zwischen Zahlungen, Entscheidungen und Zahlungsversprechen. Es handelt sich um eine Unterscheidung von Kommunikation, die ein Selektionsmuster bestimmter Operationen sowohl voraussetzt wie auch reproduziert. In diesem Selektionsmuster sind die Prämissen der Autopoiesis der Wirtschaft, der Unternehmen und der Banken in der Form enthalten, daß jedes beteiligte System die Selbstreferenz des Risikos akzeptiert und Reproduktionschancen von Zahlungen, Entscheidungen und Zahlungsversprechen nur

---

55 Vgl. zu »Kommunikationssperren in der Unternehmensberatung«: Luhmann/Fuchs 1989, S. 209 ff.

unter der Bedingung der Reflexion auf die Unwahrscheinlichkeit der Reproduktion erwartet.
Das Risiko ist die »fixe Idee«, der »Eigenwert« dieses Selektionsmusters. Es geht also nicht um Rationalität, zumindest hier nicht, wo es nur darum geht, die Probleme der Autopoiesis, also der Reproduktion von Anschlußoperationen, zu bewältigen. Die Anschlußsicherheit von Folgeoperationen kann unter der Voraussetzung der Unterscheidung riskanter Kommunikation exakt aus dieser Akzeptanz der Selbstreferenz des Risikos gewonnen werden. In der Unterscheidung riskanter Kommunikation wird das Risikobewußtsein der möglichen Geschäftspartner mitbeobachtet. Allerdings wird es nicht als »Bewußtsein«, also nicht als psychische Qualität der Individuen, auf die man Entscheidungen zurechnen könnte, beobachtet, sondern als Strukturprämisse der beteiligten sozialen Systeme, die darum wissen, daß ihr Erfolg heute noch keine Garantie des Erfolgs morgen ist. Die wechselseitige Beobachtung der beteiligten Systeme auf das Vorliegen dieser Strukturprämisse hin liegt der Unterscheidung riskanter Kommunikation zugrunde. Und den Strukturen, die aus dieser Beobachtung in dem Sinne resultieren, daß Erwartungen aus ihnen gewonnen werden können, in denen die Verhältnisse abgebildet werden können, geben wir den Namen »Risikostrukturen«. Genauer noch müßten wir formulieren, daß Risikostrukturen genau die Erwartungen sind, die unter den Bedingungen der rückkopplungsreichen Dynamik der Wirtschaft Anschlußsicherheit geben.
Wir verstehen unter Risikostrukturen alle jene den sozialen Aufbau einer Wirtschaft prägenden Erwartungen, die aus der Beobachtung von Märkten resultieren und als Prämissen dieser Beobachtung fungieren.[56] Als Ausgangspunkt zur Bildung dieses Begriffs greifen wir auf eine Bemerkung von Kenneth Arrow zurück, in der dieser die generelle Einstellung der Risikoaversion als Voraussetzung der Bereitschaft zu einer kompetitiven und damit gleichgewichtsgeneigten Risikoübernahme beschreibt: »the competitive allocation of risk-bearing is guaranteed to be viable only if the individuals have attitudes of risk-aversion.«[57] Wir gehen einen Schritt weiter und vermuten, daß die wechselseitige Identi-

---

56 Vgl. zum folgenden Baecker 1988, S. 243 ff., und Baecker 1989.
57 Arrow 1964, S. 91.

fizierung von Risikoübernahmebereitschaften unter der Voraussetzung der Risikotragfähigkeit in jenen Marktkontexten, in denen Kooperationsmöglichkeiten zwischen verschiedenen Geschäftspartnern, zum Beispiel Banken und Unternehmen, gesucht und ausgehandelt werden, als Selektionskriterium von Kooperationschancen fungiert. Mit anderen Worten: solange die Beteiligten nicht zu wissen glauben, welche Risiken die anderen zu übernehmen bereit und fähig sind, kommen jene Geschäfte nicht zustande, die Zeit in Anspruch nehmen, während derer Unkalkulierbares geschehen kann und alle Beteiligten mehr oder weniger große Chancen adversen opportunistischen Verhaltens[58] haben. Die wechselseitige Identifizierung von Risikoübernahme und Risikobereitschaft sichert den Aufbau jener Erwartungen, die dem Verhalten aller Beteiligten Struktur geben. In der Konsequenz dieser Überlegung setzen wir den Begriff der Risikostruktur an die Stelle der wechselseitigen Rationalitätsunterstellungen, die Kenneth Arrow in einem anderen Artikel als Gehalt eines »common knowledge« der Wirtschaftsteilnehmer vermutet.[59] Wenn man sich wechselweise Risikoaversion *und* Fähigkeit und Bereitschaft zur Risikoübernahme unterstellt, braucht man sich auf prekäre Rationalitätsunterstellungen nicht einzulassen und gewinnt gleichzeitig Kriterien der Beobachtung des Verhaltens und der Kommunikationen anderer, die einem Screening und Monitoring der Geschäftspartner wesentlich leichter zugänglich sind als Rationalitätsvermutungen. Anders formuliert: Wo »Rationalität« als gemeinsamer Nenner eines »gemeinsamen Wissens« vergleichbare kulturelle und gesellschaftliche Standards voraussetzt, da stellt »Risiko« enggeführter nur noch auf die Beobachtung der wirtschaftlichen Referenz ab, in deren Licht die Optionen der Geschäftspartner sich ordnen lassen.

Wir haben den Experten in unseren Interviews auch die Frage vorgelegt, ob Risikoabsicherung eher über die richtige Wahl zwischen klar unterschiedenen Alternativen oder eher über die richtige Strukturierung der erkennbar einflußreichen Umstände laufe, um so gegenprüfen zu können, welche Rolle Rationalitätsüberlegungen im Sinne einer Orientierung der Bankentscheidungen am

58 Im Sinne von Williamson/Ouchi 1983, S. 17, oder Winston 1982, S. 291 f.
59 Arrow 1987. Der Begriff des »common knowledge« stammt von Lewis 1969.

Modell rationaler Entscheidungen spielen. Die Antworten auf diese Frage bestätigen die Vermutung, daß der Rationalitätsbonus alternativenorientierten und präferenzdeterminierten Entscheidens vor allem von organisationsinterner entscheidungslegitimierender Bedeutung ist: Für jeden Siebten der Befragten läuft Risikoabsicherung über Entscheidungen, die eine Wahl zwischen klar unterschiedenen Alternativen treffen, für weit mehr als die Hälfte über die Strukturierung erkennbar einflußreicher Umstände und für mehr als 10% ist beides wichtig beziehungsweise stellt die Frage keine Alternative dar. Der Bedarf an Strukturierung wird damit in Verbindung gebracht, daß Banken nicht auf einem Verkäufermarkt, sondern auf einem Kundenmarkt agieren, auf dem sich die Möglichkeit der Auswahl aus verschiedenen Geschäften nicht stellt. Eine Wahl zwischen klar unterscheidbaren Alternativen wurde nur für Entscheidungsvorlagen an den Vorstand der Bank und für Vorabentscheidungen über Geschäftsfelder für relevant gehalten.

So skeptisch man in den Banken angesichts der Verwendbarkeit von Rationalitätskriterien ist, so undurchschaut ist die Praxis der Identifizierung von Risikostrukturen. Wir fragten unsere Interviewpartner, ob sich das Verhalten eines Risikosuchers oder das Verhalten eines Risikomeiders besser vorausschätzen ließe, wobei wir erläuterten, daß wir unter einem Risikosucher nicht einen Hasardeur, sondern einen bewußt seine Risiken übernehmenden Unternehmer verstünden. Im Sinne der Hypothese der Existenz von Risikostrukturen wäre zu erwarten gewesen, daß sich das Verhalten des Risikosuchers besser vorausschätzen läßt, weil man von diesem immerhin weiß, an welchem Risiko er sich orientieren wird, und dann danach fragen kann, welche Möglichkeiten der Risikosteuerung er hat. Der Risikomeider dagegen müßte nach unserer Hypothese als jemand gelten, der mangels vorgreifender Aktivitäten laufend überrascht wird von den Risiken, die er meidet, und in dem Ausmaß, in dem er selbst überrascht wird, auch seine Kreditgeber und Investoren nur überraschen kann.

Die Antworten auf unsere Frage bestätigten unsere Erwartung in keiner Weise: Für jeden Vierten der Befragten läßt sich das Verhalten eines Risikosuchers besser vorausschätzen als das Verhalten eines Risikomeiders. Für weit mehr als die Hälfte läßt sich das Verhalten eines Risikomeiders besser vorausschätzen. Das Verhalten des Risikomeiders wird für voraussehbarer gehalten, weil es stetiger, vorsichtiger, vergangenheitsorientierter und überraschungsärmer sei. Wenn das Verhalten des Risikosuchers für voraussehbarer gehalten wird, dann nur deswegen, weil es spektakulärer und dynamischer ist. Allerdings habe der Risikosucher mehr Gründe, der Bank Informationen vorzuenthalten, was durch seine Redefreude nicht immer ausgeglichen würde, während der Risikomeider zwar generell wenig erzähle, aber die Beratung suche.

Wir müssen aus diesen Antworten den Schluß ziehen, daß sich die Beobachtung von Risikostrukturen in den Banken im wahrsten Sinne des Wortes »blind« vollzieht, das heißt als Operation, die nicht reflektiert, also nicht ihrerseits beobachtet wird. Eine Korrektur dieser »Blindheit« läßt sich vermutlich nur in dem Maße erwarten, wie Finanzierungsinstrumente als Risikoinstrumente durchschaut werden. Denn Banken lernen nur anhand von Sachverhalten, die bereits funktionieren.

Die Vorstellung der Marktbeobachtung anhand von Risikostrukturen, wie »blind« auch immer sie sich vollziehe, läßt sich mit der Idee kombinieren, daß die Banken die Vorstellung eines random walks der allgemeinen und individuellen wirtschaftlichen Entwicklung einsetzen, um sich vor einem Vertrauen in die eigenen Prognosen und der Unterstellung eines überraschungsfreien Wirtschaftsgeschehens zu warnen (siehe oben, Abschn. 1.5.). Über die Unterscheidung und Beobachtung von Risiken wird erstens dieser Vorstellung des random walks jeweils neu Tribut gezollt und werden zweitens aus dem Zufallsgeschehen gleichsam Inseln des Erwartbaren herausgeschnitten, so daß Anknüpfungspunkte für Geschäfte bereitstehen, die gleichzeitig ihre genau bestimmte Position im Netzwerk der Risikoverarbeitung zugewiesen bekommen.

An diese Unterscheidung von Risikostrukturen einerseits vor dem Hintergrund eines allgemeinen Zufallsgeschehens andererseits lassen sich dann auch Wahrscheinlichkeitskalküle in nahezu beliebiger Komplexität knüpfen, die unter Bezug auf die Markt- (und Organisations-)verhältnisse jedes einzelnen Beteiligten jeweils das Problem der »double uncertainty«[60] zu bearbeiten versuchen, Erwartungen nur sowohl im Hinblick auf die tatsächlichen Ergebnisse der eigenen Aktionen wie auch in bezug auf die

---

60 Siehe Arrow 1951, S. 409.

Verläßlichkeit der eigenen Erwartungen ausbilden und bereitstellen zu können. Gegenüber der auch von Banken beklagten Verselbständigung statistischer Methoden zur wie immer vergeblichen beziehungsweise nur im Hinblick auf Legitimitätsbeschaffung sinnvollen Absicherung »rationaler« Entscheidungsprozesse gewinnt man durch diese Interdependenz und Unterscheidung von Risikostrukturen und Zufallsgeschehen ein Interpretationsschema statistischer Methoden, und das heißt auch, eine Stopregel des Einsatzes dieser Methoden. Jeder Wahrscheinlichkeitskalkül läßt sich dann auf den Beitrag hin einschätzen, den er zur Identifizierung von Risikoübernahmenotwendigkeiten leistet. Oder noch einmal anders formuliert: Die Interpretation des Zufallsgeschehens im Kontext von Risikostrukturen ermöglicht eine (soziale) Adressierung der (sachlich) erwartbaren Geschehensabläufe.

6. Risikomanagement

Die einfachste Technik der »Risikoverarbeitung« besteht darin, die Risiken, wenn sie »schlagend« werden, wie die Österreicher sagen, schlicht unter den Kosten zu verbuchen. Diese Technik steht immer zur Verfügung, spielt auch offensichtlich eine nicht zu unterschätzende Rolle und stellt in dem Ausmaß, wie sie eingesetzt wird, so etwas wie einen Rückgriff der Banken auf Praktiken des Versicherungsgeschäfts dar. Der Erfolg einer über Kosten laufenden Risikoverarbeitung wird zu einer Frage der Margen und Prämien, die in den Geschäften erzielt werden können. Als »Risikomanagement« kann man diese Technik jedoch nicht bezeichnen. Als Risikomanagement wollen wir statt dessen jedes Verfahren bezeichnen, mit dem sich eine Organisation (Bank oder Unternehmung) derart in den über die Beobachtung des Marktes identifizierten Risikostrukturen der Wirtschaft positioniert, daß sie Optionen des Zugriffs auf und des Einsatzes von Risikoinstrumenten gewinnt und sich erhält. Jedes Risikomanagement hat eine doppelte Referenz, nämlich die Identifizierung von Risikostrukturen und Selektion ebenso risikoaverser wie risikoübernahmebereiter und -fähiger Geschäftspartner einerseits und die Relationierung und Programmierung der Orga-

nisation im Hinblick auf die Aufgaben dieser Identifizierung andererseits.[61]
Obwohl jede Bank ihr Risikomanagement nach eigenen Vorstellungen betreibt, besteht doch so etwas wie ein banktypischer Konsens darüber, welche Risiken zu übernehmen und wie sie zu bewältigen sind. Dank des »signaling paradigm« der neueren economics of information[62] kann man diesen Konsens über Usancen, traditionelle Geschäftsgepflogenheiten, die »gute Nase« beziehungsweise den »Starrsinn« des Bankiers als das Ergebnis jahrzehntelang gepflegter und immer wieder neu bestätigter Techniken der Bewältigung von Informationsunvollkommenheiten auf dem Kreditmarkt beschreiben.[63]
Als die wichtigste Strategie des Risikomanagements angesichts der Möglichkeit von moral hazard und adverse selection auf der Seite des Kreditnehmers gilt die Kreditrationierung.[64] Da die Bank bei einer Selektion der Kreditnachfrager über den Kreditpreis, also die Risikoprämie oder den Zins, nur riskieren würde, entgegen den eigenen Intentionen gerade die besonders risikofreudigen Kreditnehmer (adverse selection) oder von vorneherein betrugswillige Kreditnehmer (moral hazard) zu ihren Kunden zu zählen, selegiert die Bank statt dessen über die Menge: Sie begrenzt ihr Gesamtvolumen an Krediten, setzt einen angemessen gemäßigten Kreditzins fest – und wählt dann unter den Kredit-

61 Siehe zu letzterem Haller 1986.
62 Siehe vor allem Akerlof 1970, Spence 1974; vgl. dazu Hauser 1979.
63 »The business of banking ought to be simple; if it is hard it is wrong.« Diese Grundregel findet sich bei Bagehot 1873, S. 119. Ganz in diesem Sinne wurde den Bankiers bis Ende des 19. Jahrhunderts empfohlen beziehungsweise nachgesagt, sich an die 3-6-3 Regel zu halten: Geld zu 3% von treuen Einlegern hereinnehmen, zu 6% an gute Kreditnehmer ausleihen und jeden Nachmittag um 3 Uhr am ersten Abschlag des Golfplatzes stehen, das ist sicheres Bankgeschäft. Vgl. Carstensen 1987, S. 132. Ein anschauliches Beispiel für die vollständige Vernachlässigung von Informationsunvollkommenheiten im Kreditgeschäft mit Entwicklungsländern, denen im Zuge des Recycling der OPEC-Öldollarmilliarden die Kredite aggressiv nachgetragen worden sind, beschreibt einer der ehemaligen »Kreditsachbearbeiter«: Gwynne 1983.
64 Vgl. Freimer/Gordon 1965, Nahr 1980, Jaffee/Russell 1976, Campbell/Kracaw 1980, Stiglitz/Weiss 1981, Greenwald/Stiglitz/Weiss 1984, Cable 1985.

nachfragern nach Maßgabe einer sorgfältigen Einzelfallprüfung[65] und gegen die Bereitstellung ausreichender Sicherheiten aus. Auf diese Weise begrenzt die Bank ihre Gesamtrisikoexponiertheit.

Klassisches Risikomanagement vollzieht sich in vier Schritten:[66] erstens versucht man, Risiken zu vermeiden, indem man bestimmte vermeidbare Entscheidungen nicht trifft, die mit diesen Risiken belastet sind. Zweitens versucht man Risiken zu vermindern, indem man den Schaden, der möglicherweise eintritt, durch vorsorgende Maßnahmen in Grenzen hält. Drittens versucht man, Risiken auf andere zu überwälzen, das heißt die Konsequenzen eigener Entscheidungen bei anderen anfallen zu lassen: das ist vor allem bei finanziellen Risiken möglich, gegen die man sich versichern kann[67] oder die man vertraglich auf andere abwälzt.[68] Und viertens schließlich kann man die Risiken selber tragen: entweder passiv durch eine entsprechende Risikobereitschaft oder aktiv durch Bereitstellung von Reserven und Ressourcen, die im Fall einer Realisierung des Risikos dieses zu tragen erlauben. Letzteres entspricht der Verbuchung von Risiken unter Kosten. Zu einer aktiven Risikovorsorge gehört unter anderem auch die Bildung stiller Reserven, die es erlauben, das sogenannte Standing-Risiko klein zu halten:[69] stille Reserven ermöglichen es, kleinere Schäden aufzufangen und zu bewältigen, ohne daß externen Beobachtern auffällt, daß Schwierigkeiten aufgetreten sind, das heißt ohne zu riskieren, daß Gerüchte zur Vertrauensminderung und damit zum Eintritt eines Solvenzrisikos führen.

Angesichts der Selbstreferenz der Risikoentscheidungen kann man alle oben genannten Risiken des Bankgeschäfts auch summarisch als Operationsrisiken fassen, das heißt als Risiken, die eingegangen werden, weil und indem die Bank Entscheidungen trifft. Jede Entscheidung trägt das Risiko, eine Kostensteigerung herbeizuführen, die durch Gewinne oder Gewinnerwartungen nicht

---

65 Eine Praxis der Qualitätsprüfung und -sicherung, die an den Bazar erinnert! Vgl. Geertz 1978.
66 Vgl. z. B. Haumer 1982, S. 408 und Haller 1986, S. 31 f. Siehe auch Mehr/Hedges 1977.
67 Vgl. zu diesem Punkt einer Annäherung zwischen Kredit- und Versicherungswirtschaft Gerke/Kayser 1987.
68 Wie etwa in den variable-rate loans, die im Kreditgeschäft mit Entwicklungsländern üblich waren und sind.
69 Vgl. Berger 1987.

gedeckt ist.[70] Wir können daher ebenso summarisch von Risikomanagement sprechen, wenn wir danach fragen, wie Entscheidungen unter dem besonderen Aspekt ihrer Riskanz getroffen und gesteuert werden, und von Risikoposition, wenn wir nach dem jeweiligen Stand der Dinge in der Risikoübernahme durch die Banken fragen. Der Vorteil dieser Begriffsentscheidungen liegt darin, daß wir einerseits Anschluß an die Literatur und andererseits zwei Blickwinkel gewinnen, unter denen sowohl das Bankgeschäft insgesamt als auch Einzelentscheidungen und Einzelpositionen reflektiert werden können.

Die Doppelung des Blickwinkels hat überdies den Vorteil, sowohl die Perspektive der Bank selbst einnehmen und die Determinanten der Entscheidungsprozesse untersuchen zu können (Risikomanagement) wie auch die Bank aus der Perspektive externer Beobachter wie etwa des Aufsichtsamts für das Kreditwesen, der Deutschen Bundesbank, der Wirtschaft oder der Gesellschaft beobachten zu können (Risikoposition). Dabei können wir damit rechnen, daß die Bank Ergebnisse der Beobachtung ihrer Risikoposition von außen – zumal dann, wenn diese Beobachtung politische oder rechtliche Konsequenzen hat – übernimmt und, unter Umständen inkongruent, in die Verfahren der Selbstbeobachtung einsteuert.

Das wichtigste Verfahren des Risikomanagements ist die Diversifikation des Aktiva- und Passivaportfolios, nach Möglichkeit im Rahmen eines kontrollierten Bilanzstrukturmanagements.[71] Genau in dem Ausmaße, in dem die Entscheidungen der Bank sich an Kriterien der Diversifikation orientieren, sind diese Entscheidungen nach der Auffassung der Portfolioselektionstheorie nicht spekulativen, sondern investiven Charakters. Im Sinne dieser Theorie orientiert sich spekulatives Verhalten an den erwarteten Gewinnen (»expected return«), während sich investives Verhalten zusätzlich an der Varianzrate der Gewinne (»expected return-variance of return«) orientiert.[72] Markowitz baut mit dieser Unterscheidung Risikoüberlegungen in seine Portfolioselektionstheorie ein, indem er über die Varianzrate Wahrscheinlichkeitskalküle berücksichtigt. Da der in unseren Überlegungen verwendete Risikobegriff nicht probabilistisch, sondern possibilistisch

70 Vgl. Berger 1987, S. 10.
71 Siehe vor allem Harrington 1987, S. 17 f.
72 Siehe Markowitz 1952.

gedacht ist, interpretieren wir die Varianzrate als einen Indikator, mit dessen Hilfe sich ein Investor darüber informieren kann, in welchem Ausmaß es Gründe geben kann, die ihn seine Entscheidung später bereuen lassen. Die Varianzrate informiert ihn über das Risiko der Entscheidung. Das ist gegenüber der Portfolioselektionstheorie nur eine Akzentverschiebung, die stärker auf interne Informationsverarbeitung als auf Aussagen über externe Weltzustände abstellt.

Die Varianzrate der Gewinne fungiert als Reflexionswert auf die Möglichkeit der Erwartungsenttäuschung und Nicht-Zahlung und zwingt so dazu, die Fremdreferenz der Spekulation auf bestimmte Bedürfnisstrukturen und Erwartungen an die Selbstreferenz der Wirtschaft, die Reproduktion der Zahlungsfähigkeit im Medium des Geldes, rückzukoppeln. Spekulatives Verhalten wird in dem Maße zu investivem Verhalten, wie es diese Rückkopplung vornimmt, indem es Konsequenzen aus der Varianz zieht. Diese Konsequenzen haben den Namen »Portfoliodiversifikation« und den Zweck, durch Streuung der Titel, in die man investiert, die Varianz zu verkleinern, also die Verläßlichkeit der Erwartungen zu steigern. Dabei gilt die Zusatzregel, Kovarianzen zum Beispiel innerhalb bestimmter Branchen zu vermeiden.

Mit Diversifikation ist im Prinzip nichts anderes gemeint als der Versuch einer Dimensionierung und Strukturierung des Outputs des random walks der Wirtschaft nach sachlichen, räumlichen, sozialen und zeitlichen Kriterien dergestalt, daß die Geschäfte der Bank so gestreut werden können, daß sie in allen Dimensionen wirtschaftlicher Aktivitäten mit je nach Charakter des jeweiligen Kreditinstituts unterschiedlich gewichteten Anteilen ihres Geschäfts präsent ist. Qua Diversifikation arbeitet sich die Bank in das Zufallsgeschehen der Wirtschaft gleichsam hinein – in der Erwartung, durch eine entsprechende Streuung ihrer Geschäfte Gewinne und Verluste gegeneinander ausgleichen zu können. Über das Verfahren der Diversifikation trägt die Bank dafür Sorge, daß ihre Geschäfte, ihre Formbildungen im Medium der Differenz von Zahlungen und Nicht-Zahlungen, im Prinzip überall dort anzutreffen sind, wo diese Differenz in einer Form anfällt, die für Bankgeschäfte geeignet und ausbeutbar ist.

Portfoliodiversifikation steht als Technik der Risikobewältigung zum Teil in einem Komplementär-, zum Teil in einem Konkurrenzverhältnis zur Technik der Sicherheitenstellung. In unseren

Experteninterviews stellte sich eine weniger an betriebswirtschaftlichen Modellen denn an Praktikabilitätsüberlegungen orientierte Gemengelage zwischen den beiden Techniken heraus. Wir hatten danach gefragt, ob gegenüber Klein- und Mittelbetrieben im Unterschied zu Großbetrieben tendenziell eher Diversifikation oder Sicherheitenstellung als Risikoabsicherungstechnik bevorzugt würde und bekamen folgende Antworten: Gegenüber Klein- und Mittelbetrieben bevorzugten 60% der Befragten die Absicherungstechnik der Sicherheitenstellung gegenüber jener der Diversifikation (23%). Gegenüber Großbetrieben bevorzugen umgekehrt 55% die Absicherungstechnik der Diversifikation gegenüber jener der Sicherheitenstellung (23%). Die Erläuterungen machten deutlich, daß Sicherheitenstellung im Bankgeschäft eindeutig als klassische Absicherungstechnik gilt und man erst allmählich auch die Diversifikation als mögliche Absicherungstechnik gelten läßt. Gegenüber Klein- und Mittelbetrieben wird die Sicherheitenstellung auch aus Gründen des Einsparens von Informations-, Kontroll- und Positionskosten gewählt, während bei Großbetrieben das schon bei Klein- und Mittelbetrieben beachtete Problem, daß Sicherheiten unter turbulenten Marktverhältnissen keine sind, in den Vordergrund tritt.

Daß man entsprechend bei Großbetrieben stärker auf Diversifikation abstellt, darf allerdings nicht darüber hinwegtäuschen, daß man auch angesichts der geringen Margen im Kreditgeschäft mit Großbetrieben nicht wirklich in Rechnung stellen darf, daß auch nur einer der Kredite an einen Großbetrieb notleidend wird, denn ein einziger ausgefallener Kredit zehre die Gewinne aus allen übrigen auf. Als verläßliche Technik des Risikomanagement gilt Sicherheitenstellung im Einzelfall und Diversifikation im Gesamtplan, wobei die Sicherheitenstellung mindestens ebensosehr, wenn nicht stärker als Zugriffs- und Kontrollgarantie gegenüber dem Unternehmer wie als Wertsicherung des Kredits zu sehen ist. Als entscheidender Vorteil der Sicherheitenstellung wurde genannt, daß eine der Bank gegebene Sicherheit wegen der damit verbundenen Durchgriffschancen auf das Unternehmen die Zahlungseinstellungskosten des Kreditnehmers erhöhe.

Um das Gewicht der Diversifikation als Risikoabsicherungstechnik genauer beurteilen zu können, baten wir zusätzlich darum, zu entscheiden, ob die Risikoabsicherung in Bankgeschäften tendenziell a) vor allem über die möglichst simultane Präsenz auf mehreren Märkten zugleich, b) vor allem über Beziehungen mit persönlich bekannten Geschäftspartnern oder c) vor allem über eindeutige Führungsdirektiven laufe. Die Antworten ließen keine Präferenz erkennen: Für ein Drittel der Befragten läuft Risikoabsicherung in Banken vor allem über die möglichst simultane Präsenz auf mehreren Märkten zugleich, für ein Viertel vor allem über Beziehungen mit persönlich bekannten Geschäftspartnern und für wiederum ein Drittel vor allem über eindeutige Führungsdirektiven. Die Entscheidung fiel jeweils schwer, weil Diversifikation im Rahmen der Geschäftspolitik, persönliche Beziehungen im Rahmen der Marktpflege und Informationsversorgung und Führungsdirektiven im Rahmen der Organisationskontrolle für nahezu gleichwertig gehalten wurden.

Die je aktuelle Form der Diversifikation ist abhängig von den Beobachtungen des Zufallsgeschehens der Wirtschaft durch die Bank. Die Bank ist der Beobachter, der nach sachlichen Kriterien die Wirtschaft nach unterschiedlichen Branchen oder nach Klein-, Mittelstands- und Großunternehmen, nach räumlichen Kriterien unterschiedliche Regionen oder Wirtschaftszonen, nach sozialen Kriterien etwa unterschiedliche Risikobereitschaften in der Kundschaft und nach zeitlichen Kriterien unterschiedliche Fristigkeiten unterscheidet. Jede Bank schafft sich ihr eigenes Modell der Wirtschaft – und greift dabei auf tradierte Modelle, branchenübliche Betrachtungsweisen und Vorurteile, Empfehlungen von Verbänden und unter Umständen auf wissenschaftliche Untersuchungen zurück.

Allerdings vollzieht sich jede Diversifikation der Einlagen- und Kreditportefeuilles unter Limitationen zunächst und vor allem gesetzlicher Art: etwa wenn Banken nur ausgewählte Geschäftsbereiche offen stehen, also die Produktpalette begrenzt ist, oder wenn die Filialbildung nur eingeschränkt möglich ist. Die aktuelle Form des Bankgeschäfts ist stärker, als dies in vielen anderen Branchen bekannt ist, durch politische und rechtliche Einflüsse geprägt, die der Ausdifferenzierung des Bankgeschäfts spezifische Restriktionen vorgaben und vorgeben.[73] Aus diesen rechtlichen Eingriffsmöglichkeiten ergibt sich ein unter Umständen beträchtliches regulatorisches Risiko, wenn Diversifikationschancen, die

73 Das wird vor allem im Zusammenhang der Unterscheidung von Universalbanken- und Trennbankensystem diskutiert. Vgl. dazu Büschgen 1984.

die Banken zur Gegengewichtung strukturell einseitiger Ausrichtungen wahrnehmen könnten, durch rechtliche Vorschriften versperrt sind.[74]

Die zweite wichtige Limitation der Diversifikation sind die Vorteile der Spezialisierung, die eine Bank dazu bewegen können, etwa nur mit bestimmten Kundengruppen und nur in bestimmten Regionen nur eine bestimmte Art von Geschäften zu treiben, etwa weil diese Geschäfte für besonders lukrativ oder besonders stabil oder besonders sicher gehalten werden. Investmentbanken, die Privatbanken, die sich auf das Hausbankengeschäft spezialisierten, oder Sparkassen wären Beispiele für solche Spezialisierungen. Eine dritte Limitation kann sich aus besonderen Verzerrungen der Anreiz- und Risikostruktur des Bankgeschäfts ergeben, zum Beispiel wenn aufgrund zu preiswerter Einlagensicherungssysteme[75] die Risiken des Passivgeschäfts vernachlässigt werden und die Banken in ihrem Aktivgeschäft systematisch zu hohe Risiken eingehen. Solche Verzerrungen fallen vor allem dann ins Gewicht, wenn andere Beobachter, zum Beispiel die Einleger, kein Eigeninteresse mehr daran haben, die Risikoexponiertheit einer Bank zu überwachen. Dann fällt das wichtige Kontrollinstrument der (von den Banken wiederum beobachtbaren) Beobachtung von Beobachtungen aus.

Viertens natürlich ist die Bank schon wegen eines immer begrenzten Geschäftsvolumens daran gehindert, alle Diversifikationschancen wahrzunehmen, die ihr möglicherweise sinnvoll erscheinen.

Diese Limitationen variieren so stark, daß man sich vorstellen kann, eine Beschreibung und einen Vergleich verschiedener Banksysteme etwa in verschiedenen Ländern aus den Diversifikationspraktiken und -limitationen der das Zufallsgeschehen der Wirtschaft beobachtenden Banken abzuleiten.

Ein wichtiger Punkt ist noch zu erwähnen: Das Hauptproblem, das die ihre Geschäfte diversifizierenden Banken zu bewältigen haben, ist das Problem der Risikotradeoffs, die sich, falls sie längere Zeit unbeobachtet bleiben, unter Umständen zu systemischen Risiken entwickeln können. Die Studie von George Benston und anderen nennt einige der Problemstellen, an denen sich

74 Vgl. Benston et al. 1986, S. 11 f.
75 Das ist die Hauptsorge der Studie von Benston et al. 1986, S. 35 et passim.

Spannungen zwischen verschiedenen Techniken des Risikomanagements ergeben können:[76] So muß sich die Geschäftsführung der Bank zunächst immer wieder entscheiden, ob sie die Funktionsfähigkeit eines Überwachungssystems der Entscheidungsprozesse überprüft oder ob sie sich auf seine Verläßlichkeit verläßt und einen eventuellen Zusammenbruch riskiert. Ebenso sind einzelne Techniken des Risikomanagements auf ihre eigene Riskiertheit hin zu überprüfen: etwa ist zu entscheiden, ob man sich auf teure und riskante Hedging-Verfahren einläßt oder aber das Zinssatzänderungsrisiko trägt; ob man marktfähige Wertpapiere und großzügige Interbank-Kreditlinien hält oder das Liquiditätsrisiko trägt; oder ob man sich auf eine riskante Pflege der politischen Landschaft einläßt oder das regulatorische Risiko trägt.

Systemische Risiken ergeben sich immer dann, wenn eine Bank sich auf Techniken der Risikoübernahme verläßt, die noch nicht ausreichend geprüft oder noch nie dem Ernstfall ausgesetzt waren, so daß weder ihre ökonomische Funktionstüchtigkeit noch ihre juristische Durchsetzbarkeit getestet sind. Das gilt möglicherweise für viele der neuen Finanzinstrumente, die entwickelt worden sind, um vor allem Zinssatz- und Wechselkursrisiken an Termin- und Optionsmärkten absichern zu können.[77]

Um die Risikoposition einer Bank zu errechnen, wird das Gesamtvolumen der von ihr übernommenen Risiken auf das Eigenkapital der Bank bezogen. Einzelheiten insbesondere zur Abgrenzung des Eigenkapitals sind umstritten, doch scheint die Auffassung vorzuherrschen, die Risikoposition aus einer Gegenüberstellung von auf der einen Seite 1) allgemeinem bonitätsbedingtem Ausfallrisiko, 2) speziellem Ausfallrisiko von Großkrediten, 3) Zinsänderungsrisiko und 4) Wechselkursrisiko und auf der anderen Seite haftendem Eigenkapital abzuleiten.[78] Aus dieser Risikoposition läßt sich eine bankaufsichtsrechtliche Verhaltens-

---

76 Benston et al. 1986, S. 16.
77 Dempfle 1988, S. 140, unterscheidet Rentabilitäts-, Konzentrations-, Volumen- und Transparenzrisiken. Vgl. zu Swaps auch Schilling 1987, S. 31; und zur internationalen Verschuldung Nunnenkamp/Junge 1985, S. 69 ff.
78 So die Professoren-Arbeitsgruppe 1987, S. 286 f. Vgl. dazu Süchting 1982 und Süchting 1987a, sowie Kleine 1986. Vgl. zu den neuen Vorschlägen der US-amerikanischen Notenbank Welmsley 1986.

norm beziehungsweise Risikobegrenzungsnorm ableiten, die fordert, daß die Summe der Risiken, entsprechend gewichtet, das haftende Eigenkapital nicht übersteigt. Insofern folgt dieser Vorschlag den Überlegungen Wolfgang Stützels zu einer Maximalbelastungstheorie.[79] Vor allem sollte eine Risikobegrenzungsnorm, die über das bestehende System isolierter Begrenzungsnormen einzelner Risiken tatsächlich hinausgeht, auch die Möglichkeit der Kumulation oder der wechselseitigen Kompensation einzelner Risiken berücksichtigen.[80] Aber noch ist vollkommen offen, wie denn eine Risikorechnung aussähe, die die Risiken quantifizieren und dem Eigenkapital gegenüberstellen kann.

Entscheidend an den Überlegungen zur Risikoposition ist wohl vor allem, daß das Eigenkapital der Banken wieder angemessen in Überlegungen eingebracht wird, wie die Banken in einer Zeit neuer Herausforderungen auf den Geld- und Kapitalmärkten vor einer übermäßigen Übernahme von Risiken im eigenen Interesse, im Interesse des Gesamtbankensystems (Einlagensicherung, Geldversorgung, Kreditschöpfung) und im Interesse der Wirtschaft geschützt werden können. Zu diesen neuen Herausforderungen zählen etwa die zur Bewältigung der seit Mitte der siebziger Jahre gestiegenen Zins- und Wechselkursvolatilität geschaffenen neuen Finanzinstrumente,[81] die zunehmende Selbstversorgung der großen Unternehmen auf den Geld- und Kapitalmärkten (Stichworte: disintermediation qua securitization)[82], die wachsende Substitutionskonkurrenz der Banken mit Versicherungen, Wertpapierhändlern, Immobilienfonds, Kreditkartenorganisationen oder Pensionsfonds.[83] Die Versuchung liegt nahe, zur Sicherung der Konkurrenzfähigkeit die Eigenkapitalbildung auch weiterhin zu vernachlässigen, zumal neue Konkurrenten oft mit geringem Eigenkapital den Markt betreten. Um hier gegenzusteuern, zielen Vorschläge zur Erhöhung der Eigenkapitalausstattung zwar nicht auf eine umfassende Sicherung des Bankensystems – das ist über die Eigenkapitalausstattung nicht

---

79 Siehe Stützel 1983, TZ 58 ff.
80 So die Forderung von Krümmel 1985.
81 Vgl. Bank for International Settlements 1986, Deutsche Bundesbank April 1986, S. 25 ff., Bröker 1986, Gleske 1986, Rudolph 1987.
82 Vgl. Bühler 1988; und zu neuen Chancen in der Auflösung und Rekombination von Einzelrisiken Kane 1988.
83 Vgl. Stammer 1987.

zu erreichen, aber doch auf die Sicherung jener Zahlungsversprechen, die von den Trägern der Bank verantwortlich abgegeben werden.

Weit verbreitet ist die Auffassung, daß das Eigenkapital auch dann noch eine wichtige Pufferfunktion zur raschen Bewältigung von Managementfehlern erfüllt, wenn die Bank selbst ihre Haftungszusagen teilweise durch Haftungszusagen der Einlagenversicherung kompensiert sieht und sich zu entsprechend geringerer Eigenkapitalbildung veranlaßt sieht.[84] Darüber hinaus sollte das Eigenkapital die Bank konkursfähig machen: Es sollte gerade so hoch sein, daß es eingetretene Risiken auffangen kann, ohne daß das Bankensystem insgesamt gefährdet wird und sich daher gezwungen sieht, für die von einzelnen Banken eingegangenen Risiken geradezustehen. Die Risikoübernahme durch Banken ist funktionsgenau nur zu sichern, wenn die Effekte bei denen anfallen, die die Entscheidungen treffen.

Die Frage, die wir über diese Beschreibung der Konzepte der Risikoposition und des Bilanzstrukturmanagements hinaus zu stellen haben, ist die im engeren Sinne organisationssoziologische Frage, über welche Möglichkeiten eine Bank verfügt, um sich überhaupt im Verhältnis zu den Risiken zu positionieren, die sie grundsätzlich zu übernehmen bereit ist, aber erst einmal aus der Palette aller möglichen Risiken selegieren muß.

Auch hier geht es, wenn unsere Hypothese eines dreistelligen Netzwerks der Risikoverarbeitung zutrifft, um die Applikation der Unterscheidung riskanter Kommunikation, und zwar bezogen auf Entscheidungen, mit denen die Abgabe und Entgegennahme von Zahlungsversprechen verbunden ist. Wie trifft die Bank riskante Zahlungsentscheidungen unter der Bedingung, daß jede Entscheidung den Umgang mit ihrem Risiko organisationsintern vertreten können muß? Oder genauer gefragt: Wie trifft die Bank die Unterscheidung riskanter Kommunikation unter der Bedingung der Risikoaversion?

Wenn wir diese Frage aus dem Blickwinkel der Unterscheidung riskanter Kommunikation zu beantworten versuchen, werden wir auf ein grundsätzliches Dilemma organisatorischen Risikomanagements aufmerksam. Wir müssen annehmen, daß die Unterscheidung riskanter Kommunikation auf der Basis der Identifi-

---

84 Vgl. Talmor 1980, Krümmel 1985.

zierung und Ausnutzung von Risikostrukturen von den Banken zwar eingesetzt, aber nicht reflektiert wird. In diesem Sinne agieren die Banken »blind«, das heißt in Unkenntnis ihrer eigenen Intelligenz. Sie treffen die Unterscheidung, aber sie wissen nichts von ihr. Das hätte nun unter Umständen gar keine besonderen Folgen, wenn nicht die Banken in dem Moment, in dem sie ihre Intelligenz auch auf der Ebene ihres Organisationsaufbaus und innerhalb organisatorischer Maßnahmen ausnutzen und verfeinern wollen, unwillkürlich gegen den »Geist« dieser Unterscheidung und damit gegen die Bedingungen ihrer Intelligenz verstoßen würden.

Denn sobald die Banken explizite Strategien des Risikomanagements formulieren und organisatorisch umsetzen, greifen sie nicht auf die Unterscheidung zwischen Risiko und Gefahr zurück, aus der die Unterscheidung riskanter Kommunikation ihre die Selbstreferenz des Risikos akzeptierende operative Trennschärfe bezieht, sondern auf die Unterscheidung zwischen Risiko und Sicherheit. Wenn man jedoch die Unterscheidung zwischen Risiko und Sicherheit zugrunde legt, liegt es in geradezu fataler Weise nahe zu versuchen, die Bank als Organisation auf der Seite der Sicherheit zu verorten, dort also, wo dann nur »risikoaverse« Entscheidungen getroffen werden können, die entsprechend Gefahr laufen, profitable Anschlüsse riskanter Kommunikation zu verpassen. Man versucht, die Bank in einer sicheren Nische zu verorten, aus der heraus dann jeweils entschieden werden kann, welche Offerten riskanter Kommunikation angenommen und welche abgelehnt werden sollten.

Diese Überblendung der Unterscheidung zwischen Risiko und Gefahr durch die Unterscheidung zwischen Risiko und Sicherheit ist der Kurzschluß der »Nischenkonzeptionen« des Risikomanagements. Methodisch sind sie meist als Frühwarnsysteme aufgebaut, deren wichtigste Aufgabe darin besteht, unvorhersehbare Gefahren dennoch rechtzeitig zu erkennen.[85] Im Einklang mit unserem Interviewergebnis der Unentschiedenheit in der internalen oder externalen Zurechnung von Risiken läßt sich jüngst auch in der Literatur zu Erfahrungen mit der Organisation des Risikomanagements die Skepsis wiederfinden, daß Risiken »nicht lokalisierbar« sind und diese »sichere« Seite der Unterscheidung

---

85 Siehe zum Beispiel Rödl 1979; Bangert 1987; Jacob 1988.

nicht existiert.[86] Jede über ein »crossing« (Spencer-Brown), also Verlassen der Unterscheidung riskanter Kommunikation entwickkelte Konzeption des Risikomanagements führt in das Dilemma, eben diese Unterscheidung riskanter Kommunikation nicht mehr treffen zu können, auf der alle Risikoverarbeitung aufruht.
Dennoch scheinen zunächst die Vorteile dieser Nischenkonzeption eines Risikomanagements zu überwiegen. Immerhin kann man im Rahmen dieser Konzeptionen die Auseinandersetzung mit den Risiken des Bankgeschäfts aus den unmittelbaren Geschäftsentscheidungen der Bank herausnehmen und auf der Programmebene verbindlich regeln und vorgeben. »Risiko« wird zu einer Art Reflexionsformel der Bankführung in der Auseinandersetzung mit der Umwelt der Bank, einer Beobachtungsformel des Zufallsgeschehens in der Wirtschaft, die für die alltäglichen Geschäftsentscheidungen der Bankorganisation in bürokratisierbare Verfahren der Risikoselektion umgesetzt wird. Eine Risikosteuerung über Limite,[87] die die Geschäftsbefugnisse der einzelnen Mitarbeiter regelt, über standardisierte Kreditwürdigkeitsprüfungen,[88] die dem Mitarbeiter kaum Spielraum für eigene riskante Kommunikationen lassen, über eine Trennung von Kreditakquisition und Kreditkontrolle und schließlich über aus den Zinsspannen finanzierte ausreichende Risikopolster schien dem Bedarf an Risikomanagement lange Zeit zu genügen. Eine solche Risikosteuerung fungierte als Ungewißheitsabsorptionstechnik, und mehr war angesichts der stabilen Märkte auch nicht nötig.
Im Sinne von Frank Knight ist dieses Verfahren der Differenzierung zwischen verschiedenen Organisationsabteilungen zum Zwecke der Ungewißheitsreduktion durch Spezialisierung seinerseits eine Spekulation,[89] die die Vorteile der Ungewißheitsabsorption gegen mehrere Nachteile abwägen muß. Die bekanntesten Nachteile sind unmittelbare Konsequenzen des Verfahrens selbst,

---

86 So schon Müller/Seifert 1978, S. 20. Siehe ferner Wilson 1989, Shale 1989, Cornish 1989.
87 Siehe zur Kritik auch Dempfle 1988, S. 136 f.: durch Limite begrenzte Risikoübernahme kann Sicherheit vortäuschen und »systemische Risiken« nicht sichtbar machen.
88 Vgl. dazu das Handbuch des Kreditgeschäfts 1989, insbes. S. 335 ff. Siehe auch Schmoll 1983, Schmoll 1985, Schmoll 1985a, Schmoll 1987, Schmoll 1988.
89 Siehe Knight 1921, S. 257 f.

nämlich einerseits die Bürokratisierung der Entscheidungsverfahren, denen der sprichwörtlich gewordene »Bankbeamte« entspricht,[90] und andererseits die Sequenzialisierung dieser bürokratisierten Entscheidungsverfahren. Die Sequenzialisierung der Entscheidungsprozesse führt dazu, daß das Risiko einer Entscheidung an keiner Stelle des Entscheidungsverfahrens zureichend in den Blick genommen werden muß. Das kann man wollen. Dann muß man aber auch wissen, wie lange es sinnvoll ist.

Der vielleicht größte Nachteil dieser »Nischenkonzeptionen«, unter dem Banken, die gegenwärtig ihr Risikomanagement zu reorganisieren versuchen, realiter am meisten zu leiden haben, wird jedoch erst aus unserem unterscheidungstheoretischen Blickwinkel deutlich: Jede Implementation eines organisatorischen Verfahrens des Risikomanagements hat das Problem, die der Führung der Bank einleuchtende Reflexionsformel »Risiko« in Techniken der Beobachtung der Unterscheidung riskanter Kommunikation auch in den Bankabteilungen umsetzen zu müssen, die bisher auf der anderen, der »sicheren« Seite dieser Unterscheidung plaziert wurden. Die bisherigen Verfahren der Dissimulation des Problems riskanter Kommunikation müssen in Verfahren der Beobachtung genau dieses Problems transformiert werden. Das erfordert nichts weniger als eine Revolution der Organisationskultur, oder eben: den Ersatz der Unterscheidung von Risiko und Sicherheit durch die Unterscheidung zwischen Risiko und Gefahr.

Der Gedanke liegt nahe, es mit den von der Organisationstheorie verkündeten Formen eines heterarchischen Aufbaus der Organisation zu versuchen.[91] Darin scheint immerhin die Möglichkeit zu stecken, von einer Nischenkonzeption des Risikomanagements abzurücken und zu einer Konzeption zu gelangen, die die Marktverhältnisse des Bankgeschäfts in der Bankorganisation selbst abbildet und so gleichsam das Netzwerk der Risikoverarbeitung in der Bank kopiert. Aber der Widerstand der Banken gegen eine Abkehr vom Prinzip der Weisungshierarchie zugunsten eines Prinzips der Kompetenzheterarchie ist gegenwärtig noch sehr groß.

Tatsächlich gibt es noch kaum verallgemeinerbare Erfahrungen

---

90 Vgl. dazu Argyris 1954a, Argyris 1954b.
91 Siehe auch von Foerster 1984 und Wimmer 1989.

mit Versuchen, auf die Leichtgängigkeit des Treffens und der Durchsetzung von Entscheidungen in Verhältnissen der Über- und Unterordnung[92] zu verzichten und dafür auf Verfahren des »thriving on chaos« zu setzen, in denen jedes Organisationsmitglied innerhalb bestimmter Vorgaben selbst herausfinden muß, welche Entscheidungen wann von ihm erwartet werden.[93] Je leichter die Entscheidungen innerhalb von Hierarchien getroffen werden können, desto unkontrollierbarer werden die Risiken. Das weiß man inzwischen. Aber man weiß nicht, ob die Vorteile der Informationsversorgung und -verarbeitung in Heterarchien den Organisationsstreß wert sind, der mit ihnen einher geht. Isolierte Experimente mit der Entlassung einzelner Abteilungen, vorwiegend Wertpapierhandelsabteilungen, aus dem Zugriff der Hierarchie sind wohl nicht immer zufriedenstellend verlaufen, was angesichts der organisationskulturellen Konsequenzen nicht verwundern kann. Und abgesehen davon ist noch überhaupt nicht absehbar, wie eine Konzeption »heterarchischen Risikomanagements« aussehen würde und organisatorisch umgesetzt werden könnte.
Unklar ist auch, ob sich die »Informationskultur« in Banken auf die Bedürfnisse eines heterarchischen Organisationsaufbaus einstellen kann, in dem möglichst alle alles wissen. In unseren Interviews fragten wir danach, ob riskante Entscheidungen vor allem sorgfältig kalkuliert und zu diesem Zweck innerhalb der Bank allen Beteiligten zugänglich gemacht werden sollten oder ob sie eher geheimgehalten werden müßten, damit prekäre Erfolgsbedingungen gewahrt bleiben. Während fast drei Viertel der Befragten der Meinung waren, daß riskante Entscheidungen vor allem sorgfältig kalkuliert werden sollten, hielt immerhin ein Fünftel dafür, daß riskante Entscheidungen geheimgehalten werden. Tendenziell wurde eher im Kreditgeschäft aus Gründen der Informationsdiffusion und Transparenzsicherung auf Einbezug aller relevanten Beteiligten in den Entscheidungsprozeß Wert gelegt, während es im Wertpapierhandel aus Gründen der Erleichterung der Einnahme spekulativer Positionen durchaus für sinnvoll gehalten wurde, Dinge im Rahmen der Vollmachten oder minimal darüber hinaus geheim zu halten. Während Geheimhaltung etwa im

---

92 Siehe dazu für die Politik Luhmann, in Vorbereitung, Kap. 7.
93 Siehe dazu Peters 1988.

M&A-Geschäft im Hinblick auf die Sicherung der Planrealisierungsspielräume für unverzichtbar gehalten wird, gilt Geheimhaltung im Kreditgeschäft eher als größter Anlaß für Skepsis gegenüber dem Geschäft und wird der Eitelkeit des Kreditgebers oder undurchsichtigen persönlichen Kungeleien zugerechnet.
Die unterscheidungstheoretischen Überlegungen können kommunikationstheoretisch umgesetzt werden, wenn man sich fragt, wie die schon länger laufenden Bemühungen um eine die Produktorientierung ersetzende oder ergänzende stärkere Markt- und Kundenorientierung der Bankorganisation[94] im Lichte des Problems der Unterscheidung riskanter Kommunikation zu bewerten sind. Die Kundenorientierung steht quer zu einer Orientierung an Risikoinstrumenten und bestärkt tendenziell Kommunikationsformen, die Geschäftsabschlüsse zu ventilieren erlauben, die beide Geschäftspartner auf der »sicheren« Seite der Unterscheidung riskanter Kommunikation zu plazieren erlauben. Vor diesen Kommunikationsformen, die typischerweise auf die Macht von self-fulfilling prophecies setzen, wird in der Literatur zum Kreditgeschäft immer wieder gewarnt.[95] Die entscheidende und gegenwärtig ungelöste Frage ist, in welchem Ausmaß die Adressenorientierung und Kundenpflege im Bankgeschäft unverzichtbar ist. Die Präferenzen gerade der deutschen Universalbanken liegen eindeutig eher beim »relationship banking« als beim »deal-based banking«.[96]
Um die aktuellen Tendenzen zu testen, ob man eher auf Relationship Banking oder auf Deal-based Banking setze, stellten wir in den Experteninterviews die Frage, ob man gegenüber Klein- und Mittelbetrieben im Unterschied zu Großbetrieben jeweils eher auf die Strategie eines Angebots eines umfassenden und strukturell angelegten Dienstleistungspakets zur Abwicklung der Finanzierungsgeschäfte des Unternehmens oder eher auf die Strategie eines Angebots einzelner, gelegenheitsbezogener und als

---

94 Vgl. etwa Benölken 1978.
95 Siehe nur die Beschreibung der Risiken des Aufeinandertreffens bestimmter Typen von Unternehmern (der selbstbewußt Tüchtige, der Blender, der Phantast, der Lobbyist, der Ungeeignete) und »Pouvoir-Trägern« (Kreditsachbearbeiter: der fachlich Versierte, der Prestigebetonte, der Ängstliche, der Kundenanwalt, der Überforderte) bei Schmoll 1987, S. 142 ff.
96 Siehe Reimnitz 1987.

günstig dargestellter Finanzierungsgeschäfte setze. 55% der Befragten gaben an, daß sie im Verkehr mit Klein- und Mittelbetrieben eher auf das Angebot an umfassenden Dienstleistungspaketen abstellen denn auf das Angebot an einzelnen Finanzierungsgeschäften (32%). Umgekehrt gaben 68% der Befragten an, daß sie im Verkehr mit Großbetrieben eher auf das Angebot von einzelnen Finanzierungsgeschäften denn auf das Angebot umfassender Dienstleistungspakete (23%) abstellen.

Man würde es allerdings, wenn man hier überhaupt Spielraum für Strategien hätte, überwiegend bevorzugen, allen Unternehmen Dienstleistungspakete anzubieten, weil dies den Vorteil biete, aus Informationen, die im Zusammenhang mit einem Geschäft anfallen, auf mögliche andere Geschäfte zu schließen und diese entsprechend anzubieten. Daß Großbetriebe und zunehmend auch Klein- und Mittelbetriebe als »Rosinenpicker« auftreten, die die Leistungen verschiedener Banken untereinander vergleichen und rasch zu wechseln bereit sind, versucht man dadurch auszugleichen, daß Relationship Banking nicht wie früher auf das selbstverständliche Bereitstehen einer Hausbank für Betriebsmittel- und Investitionskredite bezogen wird, sondern eher auf einen im Zusammenhang mit den komplexen Opportunitäten moderner Geld- und Kapitalmärkte anfallenden Beratungs- und Problemlösungsbedarf der Wirtschaftsunternehmen. Die Banken treten zunehmend weniger als Kreditvermittler denn als Experten in der unter Umständen dann auch direkt über den Markt laufenden Lösung von Finanzierungsproblemen auf, also zum Beispiel bei der Mittelaufnahme und -bereitstellung oder bei Absicherungstechniken von Zins- und Währungsgeschäften.

Im übrigen war festzustellen, daß die Geschäftsofferten an unterschiedlich große Wirtschaftsunternehmen in einem zu hohen Maße gelegenheits- und einzelfallbezogen sind, als daß sich allgemeinere Aussagen zu einem je unterschiedlichen Verhalten der Banken gegenüber unterschiedlich großen Unternehmen treffen ließen. So trifft die Möglichkeit, Klein- und Mittelbetriebe mit umfassenden Dienstleistungspaketen zu versorgen, nach Darstellung einiger Banker auf ein stark entwickeltes Selbstbewußtsein und Mißtrauen dieser Betriebe gegenüber einem allzu unternehmerischen Zugriff der Banken auf die Unternehmen. Daß Banken und Unternehmen in einem hohen Maße gelegenheitsbezogen denken, steht andererseits jedoch nicht im Widerspruch dazu, daß mit Geschäftsabschlüssen auch Beziehungspflege getrieben wird. Tatsächlich ist der eine Aspekt als Ergänzung des anderen zu sehen. Für die Risikoabsicherungstechniken der Banken heißt das umgekehrt, daß Risiken vor dem Hintergrund einer generellen Risikoaversion und einer grundsätzlichen Bereitschaft, auf Geschäfte zu verzichten, auch im Sinne von Opportunitäten der Marktpflege kalkuliert werden, was die Bereitschaft zum Eingehen auch größerer Risiken zu fördern scheint.

Ein wichtiger Schritt, die Verfahren des Risikomanagements präziser auf die im Markt beobachteten Risikostrukturen einerseits und die verfügbaren oder neu zu entwickelnden Risikoinstrumente andererseits zu beziehen, besteht im Organisationsprinzip der Projektgruppe oder Problemlösungsgruppe.[97] Um allerdings die Organisationsentwicklung der Banken nicht nur auf die Verfahren von Versuch und Irrtum zu verweisen, wäre es erforderlich, Vorstellungen zu entwickeln, im welchen Verhältnis organisationsstrukturierende Unterscheidungen wie Akquisition und Kontrolle, relationship banking und deal-based banking, hierarchisierte Entscheidungsverfahren und heterarchisierte Problemlösungsgruppen usw. auf die Unterscheidung riskanter Kommunikation zu beziehen wären. Die riskanten Kommunikationen innerhalb einer Organisation, die immer auch etwas mit Karriereoptionen zu tun haben,[98] sind nicht unbedingt diejenigen riskanten Kommunikationen, die es im Risikomanagement zu bewältigen gilt. Daher leuchten Versuche ein, Organisationsprinzipien zu entwickeln oder auch beizubehalten, die quer zur Unterscheidung von Risiko und Gefahr stehen und statt dessen auf Risiko versus Sicherheit setzen. Aber wie vermeidet man die ebenso naheliegende wie irreführende Versuchung, die Organisation insgesamt auf der vermeintlich »sicheren« Seite dieser Unterscheidung zu plazieren?

Unser Eindruck ist insgesamt, daß Veränderungen des Risikomanagements gegenwärtig weniger vom Blick auf die organisatorischen Probleme als vielmehr vom Blick auf die als Risikoinstrumente konzipierten Finanzierungsinstrumente her angeregt wer-

---

97 Raettig/Reinhardt 1989, S. 53, sprechen von für den Umgang mit Finanzinnovationen geeigneten »problem solving tribes«, die allerdings mit den Organisationsstrukturen deutscher Universalbanken nur schwer zu vereinbaren seien.
98 Siehe Boltanski 1990, S. 146 ff. und 247 ff.

den können. Möglicherweise können organisatorische Überlegungen aus den Techniken der Erhöhung der signal-to-noise ratio, die im Verhältnis zu den Märkten bereits funktionieren, neue Anregungen gewinnen. Das »whitening« der black boxes durch die Beobachtung von Risikoinstrumenten, die wir im folgenden beschreiben, könnte dann auch für die Entwicklung neuer Verfahren des Risikomanagements von Bedeutung sein.

7. Risikoinstrumente

Verschiedene Umstände sind für den seit 2 Jahrzehnten rapide wachsenden Bedarf an neuen Finanzinstrumenten verantwortlich. Erwin W. Heri verweist auf die seit den 50er und 60er Jahren gewachsene Volatilität von Zinsen und Wechselkursen, die einen Bedarf an Absicherungsinstrumenten schafft; auf Deregulierungen im Finanzbereich, die zunehmend ungehinderte Transaktionen in den Zeitzonen zwischen London, New York und Tokio ermöglichen; auf die Zahlungsbilanzungleichgewichte zunächst der OPEC-Länder und dann der Überschußländer Japan, Deutschland und Schweiz, die Finanzierungsprobleme geschaffen haben, deren Bewältigung auch Raum für andere Geschäfte bot; auf die Schuldenkrise, die das Kreditrating der Banken verschlechterte und die Unternehmen zu eigenen Orientierungen am Kapitalmarkt zwang; auf das zunehmend institutionelle im Gegensatz zu individuellem Sparen, das größere Mittel mit zentralerem Zugriff mobilisierte; auf die neuen technologischen Möglichkeiten der Telekommunikation und des Einsatzes von Rechnern zu Kommunikations- und Kalkulationszwecken; auf die innovativen Elemente in den Finanzinstrumenten, die diese ebenso maßzuschneidern erlaubte wie Kredite; und schließlich auf die jahrelange Hausse der Märkte, die diese Entwicklungen stützte.[99]
Die wichtigste Aufgabe der neuen Finanzinstrumente ist nach Einschätzung von Beobachtern die Aufschnürung traditioneller Risikopakete und die Umverteilung von Risiken im Markt.[100]

99 Heri 1989.
100 Siehe Rudolph 1987, S. 38 ff.; Raettig/Reinhardt 1989, S. 52 f. Man schätzt, daß es etwa 500 dieser neuen Instrumente gibt – wobei sich der Großteil dieser Instrumente aus Variationen und Kombinationen ergibt. Siehe zum Überblick BBk, Monatsbericht April 1986,

Gunter Dufey spricht von der seit der Entstehung der Euromärkte gegebenen (und erforderten) Möglichkeit eines Financial Engineering in der Kombination verschiedener Währungen, Märkte und Institutionen.[101] Wir wollen noch grundsätzlicher formulieren, daß Finanzierungsinstrumente die Differenz der an riskanter Kommunikation im Wirtschaftssystem Beteiligten setzen und überbrücken. Genau das macht sie zu »Risikoinstrumenten«.[102] Sie setzen die Differenz, indem sie die etwa in einem Kredit noch kompakt und ungeschieden vorhandenen Risiken »zerfällen«, das heißt identifizieren und auf verschiedene, zum Teil neue Marktpartner mit heterogenen Erwartungen[103] zwecks Übernahme verteilen. Und sie überbrücken die Differenz, indem sie die Risikoübernahme des einen zur Voraussetzung der Risikoübernahme des anderen machen.

Ein gutes Beispiel ist ein klassisches Termindarlehen, in dem, wie einige Banken zu ihrer Überraschung feststellen mußten und müssen, eine Warenoption enthalten ist, und zwar eine ungedeckte, eine naked commodity option: »Wenn ein Kreditnehmer, der ein Darlehen erhalten hat, damit eine Bohranlage finanziert und der Rohölpreis nun von 40 US-$ Barrel auf 15 $ Barrel sinkt, dann sinkt auch der Wert der Bohranlage entsprechend im Preis: Wenn nun der Wert des Anlagegutes geringer ist als der des Terminkredits, dann wird der Unternehmer, wie viele Banken herausgefunden haben, die Sache einfach der Bank überschreiben. Die Bank ist dann der stolze Besitzer dieser Anlage.«[104] Nichts hindert nun die Bank daran, die Option zu decken, d.h. eine Option zu kaufen, zu einem gegebenen Preis zu einem bestimmten Termin eine Bohranlage an den Optionsverkäufer (den Stillhalter) zu verkaufen (put option) – wobei sie diese Option nur wahrnehmen wird, falls der Ölpreis tatsächlich sinkt und die Bohranlage tatsächlich der Bank überschrieben wird, weil der

    S. 25 ff.; Bank for International Settlements 1986; OECD, Hrsg., 1988; mit einem Ausblick auf die neunziger Jahre: Euromoney 9, 1989, und Sonderheft »Funding Techniques« von Euromoney, January 1990. Vgl. zu den Konsequenzen für den Wettbewerb unter Banken Bröker 1989, S. 31 ff.
101 Dufey 1989, S. 18.
102 Die Idee ist nicht neu. Siehe Arnold 1964
103 Heterogenität im Sinne von Streit 1983.
104 So Dufey 1989, S. 17.

Kredit notleidend wird. Andernfalls hat die Bank nur die Prämie für den Erwerb der Option, die sie nicht wahrnehmen wird, verloren.

Die Voraussetzungen für die Möglichkeit des Kaufs einer solchen Option sind natürlich erstens, daß es einen Markt für Warenoptionen gibt, auf dem Optionen für Bohranlagen gehandelt werden können, was in der Regel nur dann der Fall ist, wenn entsprechende Warenoptionen einerseits standardisiert werden können und andererseits ausreichend viele Fälle erwartbar sind, so daß der Markt eine seine Funktionsfähigkeit sichernde »Tiefe« (Liquidität) erhält. Und die zweite Voraussetzung ist, daß sich ein Optionsverkäufer findet, der die Wahrscheinlichkeit, daß die Ölpreise sinken, für so gering hält, daß er bereit ist, das Risiko, daß sie tatsächlich sinken, gegen eine Prämie in Kauf zu nehmen.

Ein anderes Beispiel sind Absicherungsfazilitäten wie Note Issuance Facilities (NIFs) oder Revolving Underwriting Facilities (RUFs), in denen die Verfügbarkeitsgarantie und die Mittelaufbringung getrennt werden und die einen, die Underwriter, gegen eine Prämie die Verfügbarkeit garantieren und die anderen in der Regel kurzfristig die Mittel bereitstellen. »The function of funding the borrower's requirements is transferred from one of lending money into one of selling up a borrowing mechanism. The function of maturity transformation is turned into one of underwriting.«[105]

Eine weitere Möglichkeit liegt darin, etwa die Zinsgarantie aus einem Kreditgeschäft herauszulösen und als Terminkontrakt, als Future zu handeln.[106] In diesem Fall erwirbt die Bank, die mit der Möglichkeit steigender, also die Refinanzierung des vergebenen Kredits verteuernder Zinsen rechnet, von einem Terminkontraktverkäufer, der nicht mit steigenden Zinsen rechnet und seine Refinanzierung daher sichergestellt sieht und die Prämie für das Geschäft kassieren möchte, die Möglichkeit (unter Umständen auch in Form einer call option), zu einem bestimmten Termin Mittel zu einem vereinbarten (niedrigeren) Zinssatz aufzunehmen.

Eine weitere Stufe des Raffinements erreichen diese risikozerfällenden und -verteilenden Geschäfte durch die Kombination mit

---

105 Vgl. Bank for International Settlements 1986, S. 9 und 32.
106 Siehe Dufey 1989, S. 16.

Möglichkeiten der Konditionentransformation, die in Zinssatz- und Währungsswaps liegen. Swaps ermöglichen unter den Bedingungen unterschiedlich regulierter Märkte, bei unterschiedlicher Zugänglichkeit von Märkten oder bei unterschiedlicher Eingespieltheit von Beobachtungen zweiter Ordnung den Austausch von Konditionen (Zinssätzen, Wechselkursen) zwischen verschiedenen Geschäftspartnern, zum Beispiel zwischen Unternehmen, von denen das eine ein sehr gutes Kreditstanding auf einem bestimmten Kapitalmarkt hat, jedoch kurzfristige Geschäfte zur Absicherung eines bestimmten Wechselkursrisikos sucht, und das andere – etwa als Inländer – jederzeit Zugriff auf die betreffende Währung hat, jedoch nach der Möglichkeit einer günstigen langfristigen Kreditaufnahme sucht. In der Regel treten Banken bei solchen Geschäften als Vermittler auf,[107] die entweder fallweise entsprechende Interessenten zusammenbringen und unter Umständen selbst die entsprechenden Gegenpositionen einnehmen, so daß für die beteiligten Unternehmen das Erfüllungsrisiko sinkt, oder auch bereits eine ganze Palette von Swaps in ihrem Angebot halten – man spricht dann von bought deals[108] – und entsprechende Nachfrage sofort bedienen können.

Eines der entwickeltsten und zunehmend nachgefragten Instrumente sind schließlich die Multiple Option Credit Facilities, die es einem Schuldner ermöglichen, während der Dauer einer vertraglichen Bindung zwischen verschiedenen Finanzierungsinstrumenten und unter alternativen Währungen frei auszuwählen.[109]

Man könnte weitere Finanzinstrumente untersuchen und jeweils detaillierter die enthaltenen Risikoelemente untersuchen.[110] Darauf kommt es uns hier nicht an. Für uns ist eine systematische Antwort auf die Frage wichtiger, was den Erfolg dieser neuen Finanzinstrumente als Risikoinstrumente derart begründet, daß ihnen neben den Vorteilen, Risikoabsicherung und Fristentransformation zu ermöglichen, auch noch nachgesagt wird, sie seien billiger, sie erschlössen mehr finanzielle Ressourcen und sie besäßen eine höhere Liquidität als herkömmliche Finanzinstrumente wie etwa der klassische Kredit.[111]

107 Vgl. Carstensen 1986. Siehe zu Swaps auch oben, S. 63 f.
108 Siehe Herrhausen 1987, S. 47 f.
109 Vgl. nur Reimnitz 1987.
110 Siehe etwa Panowitz 1989.
111 Vgl. Lomax 1988.

Zwar bestehen noch sehr grundsätzliche Zweifel, etwa, ob nicht viele dieser Instrumente zu falschen, die Risiken nicht adäquat widergebenden Preisen gehandelt würden,[112] ob ihnen nicht der eigentliche Test erst bevorstünde, wenn die Konjunktur der 70er und 80er Jahre nachlasse und die Märkte sich weniger haussierend zeigten, oder ob die neuen Techniken letztlich nicht mindestens ebensosehr das Gesamtsystem tendenziell auch gefährdende Spekulationsinstrumente wie Steuerungsinstrumente seien.[113] Und unbestritten ist, daß die neuen Instrumente erheblichen Anteil an den Tendenzen der Disintermediation und der Securitization haben, die die Banken zunehmend aus der Rolle des Risikoträgers verdrängen und in die Rolle des Vermittlers bei reduzierter Risikoträgerschaft bringen.[114] Überdies sind viele Fragen der Rechnungslegung und Buchführung dieser Instrumente und der Offenlegung der aus ihnen entstehenden (schwebenden) Verpflichtungen gegenüber Anteilseignern an Banken, Einlegern und der Bankenaufsicht noch ungeklärt.[115]

Dennoch kann die rasche Ausbreitung der neuen Finanzinstrumente unseres Erachtens nicht nur aus den Gründen der Transaktionskostenreduktion, Risikoabsicherung, Effizienzsteigerung und Gewinnmöglichkeiten erklärt werden: Zwar legen die Banken mehr und mehr Gewicht auf die Provisionsspanne anstelle der Zinsspanne als Gewinnbasis und gewinnen die Unternehmen,

112 So Wessel 1988, S. 80.
113 Siehe etwa Heri 1989, S. 23 f.; Panowitz 1989, S. 90.
114 Vgl. Gleske 1986. Gleske meint, daß in den 70er Jahren 80% der internationalen Finanzierungsmittel Bankkredite waren, während heute die verbrieften Forderungen einen Anteil genau dieser Höhe halten. Ein Problem dieser Entwicklung ist, daß die Banken vor allem ihrer hochwertigen Aktiva beraubt werden und damit die Durchschnittsqualität ihrer Aktiva sinkt.
115 Siehe den Überblick in OECD, Hrsg., 1986, S. 81: »In the future, it may well be that the income statement (as one of the truly future-oriented financial statements) of non-banks as well as banks will be completely risk-oriented, i.e. source-oriented in the very sense of the word. (...) Such financial statements would constitute a giant step forward to the purely economically oriented financial statements, to the liberation of reporting from its legal, historical handcuffs – a decisive step forward ›devoutly to be wished‹ for the benefit of all parties having a legitimate interest in financial statements, such as investors, employees, creditors, governments, etc.«

verglichen mit dem klassischen Bankkredit, günstigere und selbstbestimmtere Finanzierungsmöglichkeiten. Eine wesentliche Rolle scheint jedoch darüber hinaus die Funktion der Finanzinstrumente als Risikoinstrumente im dreistelligen Netzwerk der Risikoverarbeitung zu spielen. Die Finanzinstrumente bieten Optionen an, genau jene dritte Position gegenüber den Banken und den Unternehmen einzunehmen, die ein »whitening« der Interaktionen zwischen black boxes ermöglicht. Denn Risikoinstrumente erübrigen es, einen Geschäftspartner auf alle die kontingenten Aktionsmöglichkeiten hin zu überprüfen und zu überwachen, die in einer kompakten Risikokommunikation wie einem Kreditgeschäft enthalten sind.

Am Leitfaden der Unterscheidung riskanter Kommunikation wird die kompakte Risikokommunikation in ihre einzelnen Risikoelemente derart zerfällt, daß jedes einzelne dieser Risikoelemente einem Risikoträger zugeordnet werden kann, dessen Interesse an diesem Geschäft für alle anderen um so kalkulierbarer wird, je präziser sein Risiko eingegrenzt werden kann. In diesem Sinne passen sich die Risikoinstrumente den Risikostrukturen an, die die Marktbeobachtung offenlegt. Alle Transparenz, die einem Bankgeschäft beziehungsweise, allgemeiner, einem Finanzierungsgeschäft eignen kann, resultiert dann nicht aus dem Kalkül der Intentionen aller Beteiligten, sondern aus dem Finanzierungsinstrument selbst, dessen »Intelligenz« darin liegt, eine Selektion der am Geschäft Beteiligten derart vorzusteuern, daß sich ihre Intentionen aus der Beteiligung ergeben und nicht umgekehrt die Beteiligung erst auf ihre Intentionen hin überprüft werden muß.

Ein Finanzinstrument ist ein Instrument der Vorwegselektion kontingenter Aktionsoptionen mit dem Ziel der Einschränkung eben dieser Kontingenzen. Und wenn dies funktioniert, kann über die Reduktion der Komplexität der Risikoelemente eines speziellen Finanzierungsgeschäfts durch die Zerfällung der Risikoelemente die Komplexität des Finanzierungsgeschäfts durch Neukombination und Einzelübernahme der Risikoelemente enorm gesteigert werden.

Es ist alles andere als beliebig, nach welchen Kriterien die Risikozerfällung vorgenommen wird. Denn worauf es ankommt, ist die Einsteuerung der Finanzinstrumente als Risikoinstrumente in die über Marktbeobachtungen erschlossenen Risikostrukturen. Gunther Dufey spricht, wie gesagt, vom »magischen Dreieck«

Währung, Markt und Institutionen. Man könnte auch versuchen, nach sozialen, sachlichen und zeitlichen Kriterien zu unterscheiden, um die Risikoinstrumente auf einer abstrakteren Ebene an die Kommunikationstheorie anzuschließen, die eben diese drei Sinndimensionen unterscheidet.[116] Unter sozialen Kriterien würden dann neben allgemeinen Formen des Ratings von Bonität etwa auch verschiedene über Macht und/oder über Vereinbarung laufende Organisationsformen von Märkten, die den Zutritt auf bestimmte Teilnehmer begrenzen, oder auch Unterschiede in der politischen, rechtlichen und institutionellen Regulierung von Märkten, die sonst unter »geographischen« Unterschieden abgehandelt werden, erfaßt werden können. Sachlich ginge es vor allem um Risikoeinschätzungen im Kontext der Erwartungsstrukturen des Wirtschaftssystems und zeitlich um das Kalkül der Fristen im Hinblick auf Abwartebereitschaften und Opportunitätskosten der Festlegung von Geldern. Je nachdem, wie genau man in die Einzelanalyse von Finanzierungsinstrumenten als Risikoinstrumenten einsteigen möchte, bietet sich eine mehr oder weniger detaillierte Unterscheidung dieser Sinndimensionen als Apparat von Folgeunterscheidungen zur Unterscheidung riskanter Kommunikation an.

Die Einnahme der Position des Dritten durch die Risikoinstrumente bleibt nicht ohne Folgen für die Organisation und das Selbstverständnis der Banken – einschließlich ihrer Verfahren des Risikomanagements – wie auch für ihre Kommunikations- und Handlungsopportunitäten in den verschiedenen Märkten. Unter Verweis auf das Verwischen der Grenzen zwischen Refinanzierung (capital market function), Liquiditätsmanagement (treasury function) und Geschäftspolitik gegenüber Unternehmen (corporate banking function) hält David Lomax größere Umstellungen in der Theorie der Banken für erforderlich: »It is no exaggeration to say that the advent of new financial instruments has been part of a process which has precipitated major rethinking by banks, both of their strategic business direction and their own fundamental internal structure.«[117] Unsere Beschreibung des Netzwerks der Risikoverarbeitung versteht sich als ein Beitrag zu dieser neuen Theorie der Banken.

116 Siehe Luhmann 1984, S. 111 ff.
117 Lomax 1988, S. 64.

Die Kommunikations- und Handlungsopportunitäten der Banken kreisen, seit es die neuen Finanzierungsinstrumente auf zunehmend liquiden Märkten gibt, weniger um das direkte Angebot von Finanzmitteln, als vielmehr um die Sicherstellung und Pflege der Plazierungsmöglichkeiten von Schuldtiteln aller Art. Die Plazierungskraft im Primärgeschäft und die Handelskapazität im Sekundärgeschäft werden zu den wichtigsten Voraussetzungen und dem wichtigsten Ergebnis der Wettbewerbsfähigkeit von Banken am Markt.[118] Zu bestimmten Teilen läuft das auf eine Disintermediation der Banken hinaus, weil die Unternehmen, sobald ein liquider Sekundärmarkt existiert, ihre Schuldtitel auch selbst begeben können. Zu anderen Teilen ergeben sich aber auch neue Spezialisierungschancen in einem sich stärker als Angebot an Finanzdienstleistungen verstehenden Geschäft, wobei sich mehr und mehr herausstellt, daß als »global player« nur wenige Banken in Frage kommen und diese nicht die Palette aller Bankgeschäfte im Angebot haben, sondern sich in der Regel auf bestimmte Marktsegmente spezialisieren, in denen sie sowohl ihren Ruf aufbauen und verteidigen wie auch Anknüpfungspunkte zu den übrigen Bankgeschäften gewinnen.[119]

Neuerdings werden Tendenzen zur Disintermediation auch dadurch gestärkt, daß sogenannte Rating-Agenturen (wie Standard & Poors oder Moody's) auf eigene Rechnung (und eigenes Risiko?) die Aufgabe der Kreditwürdigkeitseinschätzung von Großschuldnern (Länder, Großunternehmen, Banken) übernehmen und ihre Ergebnisse in standardisierten Skalen regelmäßig publizieren. Die Bank kann ihre Kreditentscheidungen dann im Endeffekt auf Investitionsentscheidungen in Kredite reduzieren, deren Bonität ihr von der Rating-Agentur mitgeteilt wird.

Wenn man Finanzierungsinstrumente als Risikoinstrumente innerhalb eines Netzwerks der Risikoverarbeitung beschreibt, könnte auch die Diskussion um die »Macht der Banken« unseres Erachtens im Hinblick auf Determinanten der Schuldtitelplazierungskraft problemgenauer geführt werden als es bisher im Hinblick auf Industriebeteiligungen, Depotstimmrechte und Aufsichtsratssitze getan wird.[120] Industriebeteiligungen, Depot-

118 Siehe Herrhausen 1987, S. 47 f.
119 Siehe dazu sehr aufschlußreich das Supplement »Banks of the Decade« zu Euromoney 1, January 1990.
120 Vgl. vor allem den Bericht der Studienkommission »Grundsatzfragen

stimmrechte und Aufsichtsratssitze sind dann als Faktoren der Gestaltung von »Beziehungsgeflechten« im Sinne von Hans Otto Eglau[121] zu untersuchen, in denen die Chancen riskanter Kommunikation getestet und ihre Risiken beobachtet werden. Darin liegen immerhin Ansätze zu einer Anwendung der Unterscheidung riskanter Kommunikation auf sich selbst. Die Funktion der auch in der Soziologie diskutierten »interlocking directorates«[122] ist dann darin zu sehen, daß im Spiegel sowohl der Beobachtung von Risikostrukturen wie auch der Eruierung der Möglichkeit des Kaufs oder Verkaufs bestimmter Finanzierungsinstrumente eine Verdopplung der Unterscheidung riskanter Kommunikation und damit eine rudimentäre Reflexion dieser Unterscheidung (gleichsam im Horizont ihrer selbst, also im Hinblick auf Alternativen und Opportunitätskosten) stattfindet.

8. Bankenaufsicht und Notenbank

Risikoverarbeitung durch Banken findet nicht in einem in Banken angesiedelten, lokalisierbaren und adressierbaren Verfahren des Risikomanagements statt, sondern, wie beschrieben, in einem dreistelligen Netzwerk der Risikoverarbeitung, das neben dem Risikomanagement der Banken auf die Beobachtung von Risikostrukturen im Markt und auf Finanzierungsinstrumente als Risikoinstrumente zurückgreift und seine Einheit aus der Unterscheidung riskanter Kommunikation bezieht. Dieser Befund hat Konsequenzen für die Bankenpolitik, das Bankrecht im allgemeinen und die Bankenaufsicht im besonderen, denen wir hier in einigen Andeutungen nachgehen.

Die Diskussion um die allgemeine Bankenpolitik hat sich seit dem einflußreichen Gutachten von Wolfgang Stützel in der Frage festgefahren, ob den Banken eine »Sonderstellung« in der Gewerbeordnung einer modernen Volkswirtschaft einzuräumen ist oder nicht. Stützel hatte seinerzeit festgehalten, daß die Verabschiedung eines Kreditwesengesetzes nach der Weltwirtschaftskrise und insbesondere die Ausnahme der Banken vom Kartellverbot auf dem

    der Kreditwirtschaft« 1979; ferner Jürgens/Lindner 1974, Moesch/ Simmert 1976, Schmidt 1980, Lisle-Williams 1984, Sörgel 1986.
121 Siehe Eglau 1989, S. 241 ff.; vgl. auch Pfeiffer 1987.
122 Siehe Dooley 1969, Levine 1972, Mariolis 1975.

Mißverständnis beruhen, das Bankensystem insgesamt sei als »Apparat« aufzufassen, der die Geldversorgung und die Kreditversorgung der Volkswirtschaft sicherstelle und mit Geldforderungen handele, deren Bonität, da auf Zentralbankgeld beruhend, öffentlich garantiert werde.[123] Das Mißverständnis, so Stützel, sei darin begründet, daß man bankpolitische Maßnahmen an Bestandsgrößen monetisierbarer Forderungen orientiere und nicht an der Erweiterung oder Einschränkung von Finanzierungsspielräumen. Tatsächlich seien letztlich ausschließlich diese Finanzierungsspielräume dafür verantwortlich, wer welche Einflußmöglichkeiten auf die Ausgaben anderer habe oder nicht habe.[124]

Man unterschätze, mit anderen Worten, die Zugriffsmöglichkeiten der Notenbank, die über ihre Geld- und Kreditpolitik den einzig und allein entscheidenden Parameter kontrolliere, von dem die Handlungsmöglichkeiten der Banken abhingen, nämlich die Gewinnmarge der Banken, die Relation von Aufwand und Ertrag.[125] Der Forderung von Stützel, Bankpolitik sei erstens auf Notenbankpolitik und zweitens auf die Verpflichtung zur Aufstellung einer von Wirtschaftsprüfern ähnlich wie im Aktienrecht zu prüfenden Sonderbilanz zum Gläubigerschutz zu begrenzen,[126] wird jedoch immer wieder von Bankenvertretern widersprochen, die die Sonderstellung der Banken und damit die Ausnahme vom Kartellverbot damit rechtfertigen, daß Banken erstens auf dem Gebiet der technischen und juristischen Verfahren des Zahlungsverkehrs, zweitens beim Betreiben gemeinsamer Einlagensicherungssysteme und drittens bei der Vergabe von Konsortialkrediten vor besonderen Kooperationserfordernissen stünden.[127]

Interessant ist, daß nun ausgerechnet die Einlagenversicherung als Argument herhalten muß, die Ausnahme vom Kartellverbot zu rechtfertigen. Stützel hatte seinerzeit von der Einführung einer Einlagenversicherung abgeraten, weil eine Gläubigerschutzbilanz eine wesentlich bessere Beobachtung des Bankverhaltens durch die Einleger und Gläubiger der Bank gewährleiste. Denn die Ver-

---

123 Siehe Stützel 1961/1962, Stützel 1983.
124 Siehe Stützel 1961 1962, S. 56, und Stützel 1983, S. 19.
125 Siehe auch Becker 1982.
126 Siehe Stützel 1961 1962, S. 127 f., und Stützel 1983, S. 40 ff.; sowie Bieg 1983, S. 26 ff.
127 So zuletzt Herrhausen 1988, S. 122 f.

sicherung wiege die Einleger und Gläubiger in falscher Sicherheit.[128] Inzwischen sind auch andere Bedenken geäußert worden: Mit der Einlagensicherung treten Moral Hazard-Probleme auf, weil die Banken Anreize zur Übernahme größerer Risiken hätten; die Risikoüberwachung sei nun anstelle von den wirklich Interessierten von der Regierung beziehungsweise von den die Versicherung tragenden Banken selbst zu übernehmen; das Verhalten von unversicherten Banken und Finanzinstituten werfe besondere Probleme auf, da diese von der Sicherung des Gesamtsystems profitieren zu können glaubten und Einleger in diesen Banken von einem Risk-Monitoring zu einem (billigeren) Rumor-Monitoring übergingen, um im Zweifelsfall ihre Gelder einer versicherten Bank überschreiben zu können.[129]

Es wird sogar vermutet, daß die internationale Verschuldungskrise in diesem Ausmaß nicht entstanden wäre, wenn sich die Banken nicht darauf hätten verlassen können, daß die Einleger ihre Gelder auch dann nicht zurückziehen, wenn die Bank extrem risikoreich handelt.[130] In der Krise der Sparbanken (saving & loan institutions) in den USA wurden ähnliche Erfahrungen gemacht.[131] Aus all dem folgt, daß die »Solidarinstitution«[132] Einlagensicherung mit ihren Vorteilen einer allgemeinen Vertrauensabsicherung gegen den Nachteil abzuwägen ist, daß sie ohne risikopolitische Verhaltensmaßregeln nicht zu haben ist.[133] Aber wer stellt diese Verhaltensmaßregeln auf und wie wird ihre Einhaltung überwacht? Risikopolitische Maßnahmen können sehr unterschiedlich strukturiert sein. Sie können auf die Stärkung diskretionärer Eingriffsmacht der regulatorischen Instanzen hin-

128 Vgl. Stützel 1983, S. 48.
129 Siehe Benston et al. 1986, S. 17 ff., 26 und 81 ff.
130 So Hauptmann 1987, S. 115.
131 Hier kam noch hinzu, daß die Bankenaufsicht, in dem Fall das Federal Home Loan Bank Board (FHLBB), die sich zuspitzende Krise schon deswegen übersah, weil sie die Aktiva und Passiva der Sparbanken zu historischen Buchwerten und nicht zu Marktwerten bewertete und entsprechend nach dem starken Zinsanstieg, der die langfristigen Festzinsanleihen stark entwertete, überbewertete. Siehe dazu Benston/Kaufman 1990, S. 82.
132 So Ronge 1978 zum Nachweis, daß nicht nur die Politik, sondern auch die Wirtschaft zu »handlungsmäßig-organisatorischen Problemlösungen« in der Lage ist.
133 Vgl. Krümmel 1984.

auslaufen oder sie können auf die Stärkung der Überwachungskapazität der Märkte abzielen. Aus dem Ablauf der Krise der Sparbanken in den USA und Reaktionen auf Vorschläge zur Behebung von Strukturmängeln kann man den Eindruck gewinnen, daß es der Bankenaufsicht oft auch darum geht, ihre diskretionäre Macht zu wahren.[134]

Die Probleme regulativer Wirtschaftspolitik sind inzwischen zu bekannt, um sie hier im Zusammenhang der Bankenpolitik noch einmal darstellen zu müssen.[135] Allerdings ist noch einmal zu unterstreichen, daß die Politik ihrerseits von der Wirtschaft unter dem Gesichtspunkt regulatorischer Risiken wahrgenommen wird.[136] Das führt jedoch nur in einem begrenzten Ausmaße dazu, daß die Politik in die Risikostrukturen der Wirtschaft eingebaut werden könnte. Statt dessen fungiert die Politik eher im Sinne einer Zusatzstrukturierung wirtschaftlicher Kommunikation, die dann allerdings in einer Art und Weise auf politisch induzierte Anreize und Risiken reagiert, die für die Politik im Prinzip unvorhersehbar ist.[136a] Welche Erwartungsstrukturen politische Maßnahmen in der Wirtschaft jeweils freisetzen, ist für die Politik in jedem Einzelfall nicht vorherzusehen.

Vor dem Hintergrund unserer Beschreibung des Netzwerks der Risikoverarbeitung durch Banken können wir das Problem der Bankenpolitik und der Bankenaufsicht etwas anders formulieren, als das bisher im Rahmen der Diskussion um die »Sonderstellung« der Banken und die Einlagensicherungssysteme möglich war. Denn das von der Bankenpolitik zu stellende und von der Bankenaufsicht zu bewältigende Grundproblem der Überwachung riskanten Bankenhandelns liegt, wenn unsere Beschreibung des Netzwerkes der Risikoverarbeitung zutrifft, darin, nicht ihrerseits in die Falle der organisatorischen Wahrnehmung der Risikoproblematik zu gehen und Risiko und Sicherheit zu unterscheiden, um dann alle Tendenzen der Banken, sich auf der Seite der Sicherheit zu verorten, auch noch politisch und rechtlich zu stärken und zu fördern.

134 Siehe Benston/Kaufman 1990, S. 94 f.
135 Siehe dazu Black/Miller/Posner 1978; Lehner/Schubert/Geile 1983; Kane 1988.
136 Benston et al. 1986, S. 11 f. und 137.
136a Eine äußerst anregende Studie dazu ist Newbery/Stiglitz 1981; vgl. dazu auch Baecker 1987a.

Denn dann würde zwischen den Banken und der Bankenaufsicht alle Kommunikation über die Risiken des Bankgeschäfts nur als Kommunikation über Gefahren laufen können. Die Mißverständnisse, die immer wieder daraus entstehen würden, daß die Prämissen der Risikoübernahme als der Geschäftsbasis von Banken zwischen den Kreditinstituten und der Bankenaufsicht nicht geteilt werden, könnten dann nur dadurch aufgefangen werden, daß die Bankenaufsicht den Banken eine Art von Pauschalplazet der Gewinnorientierung gibt, das die Bankenaufsicht an die Banken ausliefert und problemgenauen Beobachtungen eher den Blick verstellt. Erwarten müßte man dann auch, daß entweder symbolische Politik das Pauschalplazet zu kompensieren hätte, um der Öffentlichkeit eine funktionstüchtige Bankenpolitik vorführen zu können, oder aber die Kommunikation zwischen den Banken und der Bankenaufsicht ernsthaft behindert wird, wenn die Bankenaufsicht dann doch auf Sicherheit insistiert.

Zur Vermeidung dieser Kommunikationssperren und zur Grundlegung einer risikogenauen Bankenpolitik und Bankenaufsicht wäre es daher unseres Erachtens erforderlich, die Unterscheidung von Risiko und Gefahr zur Grundlage der Beobachtungen des Bankenverhaltens zu machen und, daraus abgeleitet, die Unterscheidung riskanter Kommunikation daraufhin zu beobachten, ob sie und wie sie in der Wirtschaft von den Banken gehandhabt wird und welche Folgen diese Handhabung für die Wirtschaft hat. Die Beobachtung der Handhabung der Unterscheidung riskanter Kommunikation müßte sich die Bankenaufsicht zu ihrem Problem machen. Gibt es in der Bankenaufsicht Ansatzpunkte, das Problem in diesem Sinne wahrzunehmen?

Das wichtigste Instrument der Bankenaufsicht in Deutschland sind die im Rahmen der §§ 10 und 10a KWG vom Bundesaufsichtsamt »im Einvernehmen mit der Deutschen Bundesbank und nach Anhörung der Spitzenverbände der Kreditinstitute« erlassenen »Grundsätze über das Eigenkapital und die Liquidität der Kreditinstitute«. Die in den KWG-Novellen 1976, die die Vergabe von Großkrediten neu regelte,[137] und 1984, die die bankaufsichtliche Behandlung von Kreditinstitutsgruppen in Vorschriften zur Konsolidierung der Bilanzen auf eine neue Grundlage

---

137 Vgl. Bellinger 1976, Samm 1976.

stellte,[138] jeweils bestätigten und variierten Vorschriften zur Geschäftsaufnahme von Banken, Struktur- und Ordnungsvorschriften, Melde-, Berichts- und Auskunftspflichten an das BAK, Vorschriften zur Bilanzierung und Pflichtprüfung sowie zu Eingriffsbefugnissen des BAK werden vor allem in den Schreiben des Aufsichtsamts an die Spitzenverbände je nach neu auftretenden Problem- und Risikolagen neu interpretiert, ergänzt und verändert.[139] Im Mittelpunkt der Grundsätze ebenso wie des Schriftverkehrs zu ihnen steht die Anrechnung des Risikogehalts einzelner Bankgeschäfte auf das Eigenkapital des diese Geschäfte tätigenden Kreditinstituts.

Die Bankenaufsicht sorgt also erstens für eine internale, eigenkapitalbezogene Zurechnung der Risiken des Bankgeschäfts auf die Bank, in der diese Geschäfte getätigt werden, und nimmt zweitens analog zur Transparenz schaffenden Einnahme der Position des Dritten durch die Risikoinstrumente ihrerseits die Position eines weiteren Dritten ein und setzt Bilanzierungsvorschriften und Prüfmöglichkeiten zu Zwecken der Transparenzsicherung ein. Mit anderen Worten: Sie fordert zunächst die Übersetzung von Gefahren in Risiken und sichert dann deren Offenlegung (disclosure). So sehr im Bezug auf die Bilanzierungsvorschriften eine allgemeine Skepsis im Hinblick auf die Verfälschung der Bilanz durch »bankfremden« Informationsbedarf[140] und eine besondere Skepsis im Hinblick auf einen Ergänzungsbedarf der Informationsbasis im Hinblick auf die stark gestiegene Bedeutung der nicht-bilanzmäßigen Geschäfte vorherrscht,[141] so sehr hat sich inzwischen die Eigenkapitalorientierung bankaufsichtlicher Regelungsvorschriften als Königsweg der Risikopolitik durchgesetzt.[142] Im Selbstverständnis der bundesdeutschen Bankenaufsicht entspricht dies einem Übergang von wettbewerbsbeschrän-

138 Vgl. Berger 1988.
139 Diese Schreiben sind abgedruckt in Bading/Holzer/Wirsching 1983. Siehe zum Spezialfall der Behandlung von Länderrisiken Berger 1988, S. 74 f.
140 Siehe dazu ausführlich Bieg 1983. Vgl. ferner Ross 1979, Phillips/Zecher 1983, Guttentag/Herring 1986.
141 Siehe Bank for International Settlements 1986, S. 6, und Follak 1988.
142 Vgl. dazu Krümmel 1985, Süchting 1987a, ferner zur gegenwärtigen Diskussion um Maßnahmen und Vorschläge zu einer Erhöhung der Eigenkapitalvorschriften Welmsley 1986, Moulton 1987, BBk Januar

kenden Eingriffsnormen wie etwa den 1958 aufgehobenen Bedarfsprüfungen für Bankenzulassungen oder den 1967 aufgehobenen Vorschriften für Soll- und Habenzinsen zu wettbewerbsfördernden und effizienzsteigernden Strukturnormen.[143]

Man wird den gegenwärtigen Verfahren der Bankenaufsicht sowohl in Deutschland wie international nicht absprechen können, generell erfolgreich zu arbeiten. Hinweise darauf, daß das einzige noch offene Problem die Lösung der sogenannten Exit-Frage sei, also der Frage, wann auf Stützungsmaßnahmen von Banken verzichtet werden soll, die in Solvenzschwierigkeiten geraten sind, die nicht mehr länger als Liquiditätsschwierigkeiten auslegbar sind, und wie die entsprechenden Banken in den Konkurs geschickt werden sollen, reflektieren generell eher politische Zugriffs- und Durchsetzungsprobleme denn Effizienzprobleme – so teuer das Zögern der Politiker die Steuerzahler auch zu stehen kommen mag.[144] Je unverzichtbarer inzwischen Giroeinlagen für die Aufrechterhaltung des Zahlungsverkehrs in der Wirtschaft sind, desto unwahrscheinlicher ist es überdies, daß ein allgemeiner Run das Bankensystem gefährdet.[145] Tatsächlich hängt das Exit-Problem mit der Unwahrscheinlichkeit eines Runs zusammen, wie Jack Guttentag und Richard Herring schreiben: »The development of deposit insurance has eliminated the possibility of runs at most financial institutions, and converted potential runs into walks at others. This innovation has largely transformed the bankruptcy decision from a market-driven process to a deliberate, administrative process.«[146]

    1988, S. 35 ff., Osborn/Evans 1988, BIZ 59, 1989, S. 102 ff., Krumnow 1989.
143 Siehe Bähre 1982; vgl. dazu die Diskussion mit Bankern ebd., S. 37-63. Der Unterschied zwischen Strukturnormen und Eingriffsnormen wird leider nicht näher erläutert und durch den Vorschlag von Frau Bähre, damals Präsidentin des BAK, ergänzend Rentabilitätsnormen (ebd., S. 48) einzuführen, auch eher wieder verwischt. Siehe zu den Uneindeutigkeiten bundesdeutscher Bankenpolitik und -aufsicht auch Krümmel 1985, insbes. S. 103, sowie Gerke 1988.
144 Vgl. Guttentag/Herring 1982 und die amerikanische Diskussion um das Debakel der Sparbanken.
145 So Kaufman 1986, S. 8
146 Guttentag/Herring 1982, S. 105 f.

Dennoch ist es unklar, ob Definitionen der Risikoposition[147] einer Bank durch die Belastung des Eigenkapitals mit dem Risikogehalt einzelner Bankgeschäfte der Anforderung genügen können, eine Beobachtung der Unterscheidung riskanter Kommunikation in unserem Sinne zu ermöglichen. Daher wirken gegenwärtig alle jene Überlegungen und Maßnahmen, die eine Effizienzsteigerung des Bankensystems durch eine entsprechende Wettbewerbspolitik, also vor allem durch Maßnahmen der Deregulierung, zu fördern suchen,[148] risikopolitisch am überzeugendsten. Denn sie schaffen durch die Schaffung eines international vergleichbaren Bankenmarkts die Voraussetzung dafür, daß die Unterscheidung riskanter Kommunikation zumindest unter den Banken und ihren Kunden ungehindert zum Zuge kommen kann. Genau darauf scheint die Doppelbewegung der Deregulierung plus Neuregulierung des Bankenmarktes gegenwärtig hinauszulaufen.

Notenbanken und Bankenaufsicht erfüllen zunehmend einerseits Funktionen der Marktorganisation und werden andererseits ihrerseits Teilnehmer an den Risikostrukturen der Marktwirtschaft. Als Beobachter der Unterscheidung riskanter Kommunikation jedoch kann die Bankenaufsicht, wenn unsere Einschätzung zutrifft, gegenwärtig nicht gelten. Solange sie die Unterscheidung zwischen Gefahr und Risiko nicht trifft, kann sie das Problem der Risikosteuerung nicht in der Weise wahrnehmen, wie es in den Banken zwar nicht reflektiert, aber bereits genutzt wird. Die Tendenzen der Bankorganisationen, auf Sicherheit zu setzen, werden dort, wo sie sich immer wieder einmal durchsetzen, alsbald von gegenläufigen Erfordernissen und Möglichkeiten der Marktteilnahme aufgefangen. Die Tendenzen der Bankenaufsicht, auf Sicherheit zu setzen, haben dieses Korrektiv nicht. Im Gegenteil. Man kann sich kaum eine Begründung der Notwendigkeit von Bankenpolitik vorstellen, die nicht auf Sicherheitsargumente rekurrierte. Das geht jedoch, wie wir hier behaupten, an der Funktionslogik der Risikoverarbeitung durch Kreditinstitute vorbei.

Wenn es die Bankenaufsicht nicht ist: Ist die Notenbank ein Be-

147 Im Sinne der Professoren-Arbeitsgruppe 1987, S. 285 ff., und Süchting 1987a.
148 Siehe dazu Bröker 1986 und Bröker 1989, S. 13 f. et passim; vgl. auch Gancz 1989.

obachter der Unterscheidung riskanter Kommunikation? Die Frage ist nicht leicht zu beantworten. Einerseits belegt das trotz aller Kritik noch unbeirrte Festhalten am Instrument der Mindestreserven,[149] daß zumindest die Deutsche Bundesbank in ihr Kalkül der Geldmengenpolitik nicht einbezieht, daß die Banken aufgrund ihres Liquiditätskostenkalküls von sich aus zur Einhaltung von Liquiditätsreserven kämen, die deswegen, weil sie freiwillig gehalten werden, nicht geringer sein müssen als die Mindestreserven.[150] Insofern kann man vermuten, daß die Bundesbank nicht beobachtet, daß die Banken unserer These gemäß ihr Verhalten an der Unterscheidung riskanter Kommunikation orientieren. Dann muß man auch vermuten, daß auch diese Unterscheidung selbst von der Bundesbank nicht beobachtet wird.

Andererseits orientiert sich die Bundesbank selbst wie jede Notenbank in ihrer Geldpolitik selbstverständlich an der Unterscheidung riskanter Kommunikation. Eine Geldmengenpolitik im Rahmen einer die Finanzierungsspielräume der Banken einschränkenden oder erweiternden Zinspolitik wäre sonst gar nicht durchführbar. Der Zugriff der Notenbank auf die Geschäftspolitik der Geschäftsbanken vollzieht sich über die zinssatzgesteuerte Strukturierung des Fristentransformationsrisikos der Geschäftsbanken.[151] Insofern kann man die Notenbanken als Teilnehmer an jenen Kommunikationen, die durch die Unterscheidung riskanter Kommunikation bezeichnet werden, beschreiben, wenn nicht sogar als »most watched player«.[152] Und dies nicht nur deswegen, weil sie als »lender of last resort« fungiert,[153] sondern schon deswegen, weil sie in ihren Offenmarktoperationen Geschäftspartner aller Geschäftsbanken ist. Marcia Stigum ist allerdings skeptisch, was eine über die Teilnahme an den Bankoperationen hinausgehende Reflexion des Marktgeschehens durch die

149 Siehe zur Kritik Engels 1978, S. 30 f.; vgl. auch Schwolgin 1986. Vgl. jedoch zu Tendenzen, das Instrument der Offenmarktpolitik stärker zu gewichten als das der Mindestreserven Kneeshaw/Van den Bergh 1989.
150 Baltensperger/Milde 1987, S. 13.
151 So Stützel 1983, S. 21. Vgl. generell zum »Handlungsspielraum« der Notenbank (im Sinne von Hansmeyer 1968) Caesar 1981.
152 So Stigum 1983, S. 227 ff.
153 Vgl. Solow 1982; aufschlußreich dazu Mullineux 1985.

Notenbank angeht: »Besides watching the Fed in what might be called the big-picture way – focusing on trend over time – the street also watches the Fed on a moment-to-moment basis, looking for some clue as to whether a change in policy might be underway. (...) A common comment on the desk is that the street constantly attributes motives and levels of sophistication to Fed actions that simply do not exist. This is not surprising, since the Fed itself is groping in a moment-to-moment basis to determine what, if any thing, needs to be done in the very short run.«[154]
Bei diesen Hinweisen müssen wir es einstweilen bewenden lassen. Und das heißt: Wir müssen die Frage: Wie beobachtet man die Unterscheidung riskanter Kommunikation? hier offen lassen, weil wir keinen Beobachter beobachten können, der eine Antwort auf diese Frage gefunden hat. Gibt es einen Beobachter der Unterscheidung riskanter Kommunikation? In der Wirtschaft? Oder nur außerhalb der Wirtschaft?

9. Das Netzwerk der Risikoverarbeitung

Wir können die schon mehrfach formulierte These unserer Überlegungen jetzt abschließend zusammenfassen und einige Konsequenzen für eine Theorie der Banken ziehen. Unsere Leitfrage ist immer noch: Womit handeln Banken? Die These unserer Überlegungen ist, daß Risikoverarbeitung durch Banken nicht primär in den Banken stattfindet, sondern in einem dreistelligen Netzwerk aus Risikostrukturen, Risikomanagement und Risikoinstrumenten.
Die Risikostrukturen sind ein Produkt der Beobachtung des Marktes und dienen zur Identifizierung von Geschäftspartnern, die in dem Maße verläßlich scheinen, wie sie etwas zu verlieren haben.
Das Risikomanagement positioniert die Bank in diesem Netzwerk, zu dem sie selber gehört, wobei die operative Prämisse der Teilhabe an diesem Netzwerk die Unterscheidung riskanter Kommunikation und die ihr vorausliegende Unterscheidung von Risiko und Gefahr sind, die Bank jedoch immer wieder der Versuchung erliegt, eine Unterscheidung von Risiko und Sicherheit

---

154 Stigum 1983, S. 270.

zugrunde zu legen und dementsprechend zu versuchen, sich auf der sicheren Seite des Geschäfts zu verorten. Diese sichere Seite des Geschäfts gibt es jedoch nicht, so daß die Bank alternativ zur Unterscheidung riskanter Kommunikation und bis heute tatsächlich überwiegend zu Formen des Risikomanagements neigt, in denen es vor allem um die Verarbeitung von Überraschungen, die Reduzierung und personale Allokation von »postdecision regret« und den Aufbau von Sicherheitspolstern geht. Risikoverarbeitung ist dann letztlich nur eine Frage der Gewinnmargen der Banken: je höher die Gewinne, desto leichter die Risikobewältigung.

Diese »Nischenkonzeption« des Risikomanagements bleibt in dem Maße ausreichend, wie einerseits die Gewinnsituation der Banken günstig genug ist und andererseits Finanzierungsinstrumente als Risikoinstrumente bereitstehen, die im Markt und an Stelle der Organisationen Risikoverarbeitung betreiben. Die Risikoinstrumente zerfällen und verteilen die Risiken von Finanzierungsgeschäfte exakt auf der Linie der Risikostrukturen, die die Marktbeobachtung offenlegt. In diesen Risikoinstrumenten wird die Existenz von Banken vorausgesetzt: Die Banken selegieren die Instrumente und stellen Überwachungs- und Handelskapazitäten bereit. Eine »disintermediation« der Banken findet in dem Maße statt, wie Investoren direkt oder vermittelt über Börsen miteinander ins Geschäft kommen und die Banken das Schwergewicht ihrer Tätigkeit von der Überwachung der Kredite auf den Handel mit den Instrumenten verlegen. Darum sprechen wir von Risikoverarbeitung *durch* Kreditinstitute – und nicht: *in* Kreditinstituten.

Und dies wiederum gelingt in dem Maße, wie in den Instrumenten selbst die Überwachung der Kreditbeziehungen vorgesteuert ist und die Existenz eines Sekundärmarkts Sanktionschancen bereitstellt, die als funktionale Äquivalente der Kontrollinstanz Bank Durchgriffsmöglichkeiten auf Kreditoren bereitstellen. Die Sanktionsmöglichkeiten des Sekundärmarktes liegen auf der Ebene der Verteuerung von Refinanzierungen bis hin zum Versiegen der Mittel für Projekte, die sich als aussichtslos herausgestellt haben. Der Sekundärmarkt gewinnt also genau dort seine operative Qualität, wo es um die Identifizierung und Ausnutzung von Risikostrukturen geht. Im »Spiegel des Marktes«, um die Formulierung von Harrison C. White aufzugreifen, beobachten sich die Marktteilnehmer, um Erwartungen darüber bilden zu können, was von wem zu erwarten ist.[155] Wenn dies funktioniert, funktionieren auch die Instrumente als Risikoinstrumente, das heißt als Filter und Instanzen der Selektion von Risiken, auf die sich Investoren und Kreditoren einlassen, weil ihre Gewinnerwartungen es ihnen ermöglichen, Entscheidungen zu treffen, von denen sie jetzt schon wissen, daß sie sie zukünftig unter Umständen zu bereuen haben.

Risikoverarbeitung durch Banken findet in einem dreistelligen Netzwerk statt, so unsere These. Wir sprechen von einem »Netzwerk«, weil dies ein Begriff für einen geordneten Zusammenhang ist, der alle Anzeichen einer Unordnung an sich trägt. Das heißt, wir wollen einen Begriff für ein Phänomen anbieten, das von vielen Beobachtern für unübersichtlich und chaotisch gehalten wird, dem unsere soziologische Beobachtung jedoch einen durchaus logischen und konsistenten Aufbau abgewinnt.

Wir verstehen unter einem Netzwerk mit Warren S. McCulloch eine heterarchische Ordnung, die sich im Gegensatz zu einer hierarchischen Ordnung durch scheinbare Inkonsistenzen im Sinne nicht-transitiver Präferenzordnungen und nicht-linearer, also zirkulärer Ursache/Wirkungsverhältnisse auszeichnet.[156] In einer solchen Ordnung herrschen topologisch als funktionale Nachbarschaften beschreibbare Verhältnisse, die ein Verhalten produzieren, das von einem Beobachter mit einer Theorie, die auf einer Rangordnung von Werten beruht, nicht vorhergesagt werden kann. In einer Heterarchie muß man mit prinzipiell unerwartbaren positiven oder negativen Rückkopplungen rechnen, mit dem Zusammenbruch von eben noch bewährten Ebenendifferenzen,[157] mit dem Querschießen von Effekten und mit hoher Resonanzfähigkeit bei punktuell maximaler Insensitivität.

Das dreistellige Netzwerk von Risikostrukturen, Risikomanagement und Risikoinstrumenten ist nicht in die Form eines Entscheidungsbaums zu bringen und auch nicht in die Form der Unterscheidung mehrerer Ebenen. Jedes Element dieses Netzwerks fungiert als Voraussetzung aller anderen. Und alle Elemente prozessieren gleichzeitig und parallel. Es ist ebenso störanfällig wie robust. Es kann das Schwergewicht bis zu einem bestimmten Punkt nach Belieben verlagern, denn es funktioniert

155 Vgl. White 1981/82; siehe dazu auch Baecker 1988a.
156 McCulloch 1945. Siehe auch Baecker 1990a.
157 »Entangled hierarchies« im Sinne von Hofstadter 1985, S. 728 ff.

ohne ein Zentrum und ohne eine Spitze. Aber es ist anfällig für Kettenreaktionen wie zum Beispiel einen um sich greifenden Vertrauensverlust aufgrund positiver Abweichungsverstärkungen. Dieses Netzwerk scheint seinen Aggregatzustand wechseln zu können. Es operiert sowohl im Zustand rigider Kopplung wie im Zustand loser Kopplung.[158] Im Zustand rigider Kopplung gewinnt es eine hohe Rechengeschwindigkeit aus einer geradezu technischen Sicherstellung unmittelbarer Reaktionen auf alle Vorgänge, die von Relevanz scheinen. Und im Zustand loser Kopplung gewinnt es Elastizität und eigene Spielräume, ja sogar eine gewisse Zähigkeit in Form von Reaktionsverzögerungen, indem es bestimmte Vorgänge isoliert und gegenüber anderen Vorgängen abschottet.

Wir wissen fast nichts über Netzwerke, die in diesem Sinne sowohl lose wie auch rigide gekoppelt operieren können. Der Beobachter wird von ihnen schon deswegen unter einen Dauerdruck der Überraschung gesetzt, weil er nie wissen kann, wann sie aus dem einen in den anderen Aggregatzustand wechseln. Wenn sie das tun, dann tun sie es aufgrund ihrer eigenen Geschichte und in Reaktion auf ihre Geschichte, und die ist für jeden Beobachter undurchschaubar. Der Beobachter hat, will er sich nicht abwenden, gar keine andere Chance, als auf Komplexität zuzurechnen.[159] Er kann nicht einmal dem Ratschlag von Karl Weick folgen und ein Diagramm entwerfen, um die Anzahl möglicher negativer Rückkopplungen zwischen den Elementen des Netzwerks und die Anzahl möglicher positiver Rückkopplungen auszuzählen und daraus Stabilisierungs- beziehungsweise Destabilisierungschancen auszurechnen.[160] Denn über den Wechsel zwischen positiver und negativer Rückkopplung verfügt das Netzwerk offensichtlich ebenso wie über den Wechsel zwischen loser und rigider Kopplung. Es hält sich nicht an die Bedingungen seiner Stabilisierung oder Destabilisierung, sondern es lernt.

All dies führt uns dazu, das Netzwerk der Risikoverarbeitung nicht als eine Mechanik zu beschreiben, die das Zusammenspiel von Banken, Unternehmen und Märkten regelt und gleichsam wie eine Technik der Risikobewältigung verläßlich und kalkulierbar zur Verfügung steht. Sondern wir betrachten dieses Zusam-

158 Siehe zu dieser Unterscheidung Perrow 1987, S. 131 f.
159 Im Sinne von Morin 1974.
160 Vgl. Weick 1985, S. 109 ff.

menspiel zwischen Banken, Unternehmen und Märkten selbst als das Netzwerk, das die Risikoverarbeitung leistet, und beschreiben die Dynamik des Netzwerks als eine eminent soziale Dynamik. Seine Flexibilität und Robustheit bezieht es aus der Tatsache, daß es auf der Basis von Kommunikation operiert. Das Netzwerk ist ein Netzwerk der Beobachtung von Beobachtern, denen es darum geht, Zahlungen, Entscheidungen und Zahlungsversprechen so miteinander zu kombinieren, daß Reproduktionschancen für eben diese Zahlungen, Entscheidungen und Zahlungsversprechen gewonnen werden. Das Netzwerk »organisiert« den Kern dessen, worum es in der Wirtschaft geht, nämlich die Wahrnehmung riskanter Gewinnchancen.

Dabei nehmen diese Beobachter immer wieder Bezug auf die Geschichte der Reproduktion dieser Kommunikationen. Rekursivität ist das einzige und auch ausreichende, also notwendige und hinreichende Gesetz der Reproduktion der Kommunikationen und des Netzwerks, das von ihnen lebt. Und in den Rekursionen entstehen Eigenwerte, die sich als wie immer vorläufige und sich gerade deswegen bestätigende Angelpunkte der Reproduktion der Kommunikationen bewähren. Ein solcher Eigenwert ist die Unterscheidung riskanter Kommunikation. Die Unterscheidung riskanter Kommunikation fungiert als Einheit des heterarchisch geordneten Verhältnisses von Risikostrukturen, Risikomanagement und Risikoinstrumenten. Sie stiftet also genausowenig wie das Netzwerk selbst eine Hierarchie in dem Sinne, daß ihr alle anderen Aspekte, die für Bankgeschäfte relevant sein mögen, untergeordnet werden könnten. Sie ist nicht als Präferenzregel ausmünzbar, die Wichtiges von Unwichtigem – geschweige denn, siehe oben, Falsches von Richtigem – zu unterscheiden erlaubte. Aber sie organisiert die Einheit des Netzwerkes in dem Sinne, das sie zu bezeichnen erlaubt, was dazu gehört und was nicht. Sie ist eine Beobachtungsregel, die operativen Wert hat, weil sie die Operationen selegiert und sortiert, die als Zahlungen, Entscheidungen und Zahlungsversprechen zwecks Risikoverarbeitung riskiert werden oder nicht riskiert werden.

Die Unterscheidung riskanter Kommunikation führt nicht, soweit man das bisher erkennen kann, zur Ausdifferenzierung eines eigenen Systems etwa für alle Fälle riskanter Kommunikation im Unterschied zu allen anderen Kommunikationen. Die Unterscheidung riskanter Kommunikation ist nicht deckungsgleich mit einer System/Umwelt-Unterscheidung. Eben deswegen sprechen wir von einem Netzwerk der Risikoverarbeitung und nicht von einem eigenen System. Wir setzen also nicht das Wirtschaftssystem mit einem System der Risikoverarbeitung gleich. Bis auf weiteres gehen wir von einem parasitären Status der Unterscheidung aus, das heißt wir koppeln sie an die Ausdifferenzierung des Wirtschaftssystems einerseits und an den Fristenkalkül der Banken andererseits. Und »bis auf weiteres« heißt hier: vorbehaltlich nicht nur weiterer Schritte in der Ausdifferenzierung der Wirtschaft der Gesellschaft, sondern auch des Einsatzes geeigneter theoretischer Instrumente, um die Transformation einer beobachtungsleitenden Differenz in eine operative, einen eigenen Typus von Systemelement ausdifferenzierende Differenz erfassen zu können.

10. Zeithorizonte und Zahlungsversprechen

Aber woraus bezieht die Unterscheidung riskanter Kommunikation ihre parasitäre Durchsetzungskraft? Warum ist dieser Parasit nicht zu vertreiben, damit man sich sachlich darüber verständigen kann, wer wann welche Güter braucht und worin die ökonomisch sinnvollste, also unaufwendigste Form ihrer Produktion und der Finanzierung dieser Produktion besteht? Warum nutzt die Wirtschaft nicht Chancen, sich auf der Sachebene des Entscheidbaren oder eben nicht Entscheidbaren aus der sozialen Dynamik und dem Verwirrspiel der Beobachtung von Beobachtungen zurückzuziehen? Experimente, die eben dies versuchten, sind unter dem Namen der staatlich erzwungenen Planwirtschaft in großem Stil unternommen worden und in großem Stil gescheitert. Warum läßt sich, so können wir unsere Fragen zusammenfassen, das Problem der Knappheit nicht sachlich regeln und mit sozialen Verteilungsmustern kombinieren, die dauerhaft durchgesetzt werden können und die Reibungsverluste minimieren? Das ist die Gretchenfrage der Wirtschaft der modernen Gesellschaft.
Wir beantworten diese Fragen, indem wir zusätzlich zu den Sach- und Sozialdimensionen, in denen der Sinn der Wirtschaft bisher immer und überwiegend gedacht worden ist, die Zeitdimension ins Spiel bringen. Das Problem der Knappheit ist ja nicht, daß knappe Güter jetzt auf möglichst alle verteilt werden müssen.

Sondern das Problem der Knappheit ist, daß alle Chancen wahrnehmen wollen, um jetzt schon sicherstellen zu können, daß sie auch morgen Zugriff auf knappe Güter haben.[161] Erst wenn man diese Zeitdimension mitberücksichtigt, versteht man die Sprengkraft der Risikofrage.[162] Denn auch das Risiko, das mit aller Wirtschaft einhergeht, besteht nicht darin, jetzt nicht konsumieren oder produzieren zu können, sondern morgen nicht konsumieren oder produzieren zu können. Die wichtigste Sozialleistung der Wirtschaft besteht darin, dieses Risiko auf das Risiko engzuführen, *morgen nicht zahlungsfähig zu sein*. An diese Engführung auf das Medium der Wirtschaft, auf Geld, schließt das Netzwerk der Risikoverarbeitung an. Und nur dank dieser Engführung wird es in dem Maße operationsfähig, wie sich das Medium Geld zur Bearbeitung der Zeitdimension der Knappheitsbewältigung unter Absehung von sachlichen und sozialen Kriterien eignet.

Das Problem der Wirtschaft entsteht auf der Sach- und auf der Sozialebene. Aber es wird auf der Zeitebene bewältigt, und zwar so bewältigt, daß es sich auf der Sach- und Sozialebene reproduziert. Anders ginge es nicht. Auf eine endgültige Bedürfnisbefriedigung kann und muß verzichtet werden. Denn die Zeit läuft ja weiter, und jede Bedürfnisbefriedigung heute ist mit dem Risiko behaftet, morgen hungrig zu sein, weil man die Mittel nicht mehr hat, um weitere Bedürfnisbefriedigung sicherzustellen. Diese Bewältigung des Knappheitsproblems auf der Zeitebene, die dazu führt, daß es sich auf der Sach- und Sozialebene reproduziert, ist das Paradox der Wirtschaft, das sie funktionsfähig erhält.

Das Netzwerk der Risikoverarbeitung hängt sich genau dort ein, wo es um die Bewältigung des Knappheitsproblems auf der Zeitebene geht. Die Unterscheidung riskanter Kommunikation, die den Zusammenhang von Risikostrukturen, Risikomanagement und Risikoinstrumenten voraussetzt, organisiert und bestätigt diesen Zusammenhang zugleich, indem sie unterschiedliche Zeithorizonte des Wirtschaftens differenziert. Das Netzwerk der Risikoverarbeitung funktioniert als Einheit auf der Basis der Differenz der Zeithorizonte unterschiedlicher Marktteilnehmer, die sich über die Unterscheidung riskanter Kommunikation wechselweise in ein Verhältnis der Beobachtung von Beobachtungen bringen.

161 Siehe Luhmann 1988, S. 177 ff.
162 Vgl. Luhmann 1990, S. 31 ff., und Luhmann, in Vorbereitung.

Wir unterscheiden drei Gruppen von Marktteilnehmern, Unternehmen, Banken und Börsen, wobei wir unter Börsen alle jene Vermögensanleger subsumieren, die Kapitaltitel unterschiedlichen Risikogehalts erwerben und handeln. Wie die unterschiedlichen Zeithorizonte aussehen, können wir nur hypothetisch beantworten. Empirischen Untersuchungen dieser Frage vorgreifend, vermuten wir, daß sich Unternehmen eher langfristig, Banken eher mittelfristig und Börsen eher kurzfristig orientieren und verhalten. Wahrscheinlich müßte diese Hypothese für verschiedene Branchen der Wirtschaft, für verschiedene Typen von Banken und für verschiedene Arten von Börsen stark differenziert werden, aber als eine erste Orientierungshilfe mag sie ausreichen, den Punkt klären zu helfen, auf den es uns hier ankommt.
Schon mit einer Festlegung darauf, was denn als lang-, mittel- und kurzfristig zu gelten hat, setzt sich die Hypothese manchem Zweifel aus, doch wollen wir annehmen, daß kurzfristige Zeithorizonte in Stunden und Tagen, allenfalls Wochen rechnen, mittelfristige Zeithorizonte in Monaten und langfristige Zeithorizonte in Jahren. Dabei beziehen sich die Zeithorizonte jeweils auf den Kern des Geschäfts der jeweiligen Marktteilnehmer. Wir vermuten also, daß die Investitions- und Produktionspläne der Unternehmen eher langfristig orientiert sind, die Vermögensanlage- und Kreditvergabeentscheidungen der Banken eher mittelfristig und der Erwerb von und Handel mit Vermögenstiteln an den Börsen kurzfristig. In dieser Formulierung hat die Hypothese ausreichende Plausibilität, um mit ihr hier arbeiten zu können.
Diese Unterscheidung der Zeithorizonte kombinieren wir mit der Unterscheidung zwischen Spekulation und Investition, wie sie die Portfolioselektionstheorie anbietet, und vermuten, daß wirtschaftliches Verhalten am kurzfristigen und am langfristigen Ende, wenn man so sagen darf, eher zur Spekulation neigt beziehungsweise auf Spekulation angewiesen ist und nur in dem Maße, in dem es mittelfristig operiert, Möglichkeiten investiven Kalküls durch Reflexion auf die Varianzrate der Gewinne wahrnehmen kann. Langfristig kann ein Unternehmen nur darauf spekulieren, daß entweder die Bedürfnisstrukturen, auf die es setzt, wenn es seine Produktionskapazität aufrechterhält oder ausbaut, erhalten bleiben oder daß es ihm gelingt, seine Produktionskapazität so flexibel zu halten, daß es sie geänderten Bedürfnisstrukturen anpassen kann. Letzteres verlagert den Zeithorizont der Unterneh-

menskalküle jedoch schon eher in den mittelfristigen Bereich, so daß wir unter der Voraussetzung, daß hier ständig verglichen wird, welche Produktionsmöglichkeiten man unter Bezug auf welche Erwartungen einsetzt, bereits von einem investiven Verhalten sprechen kann.[163]

Und kurzfristig geht es nur darum, an den Börsen so rechtzeitig disponieren zu können, daß man Gewinnchancen mitnehmen kann, die sich immer nur mehr oder weniger zufällig ergeben. Und auch hier gilt wiederum, daß spekulatives Verhalten an der Börse um so mehr zu investivem Verhalten wird, je mehr es auf einen mittelfristigen Zeithorizont abstellt und im Hinblick auf die Varianzrate von Gewinnen Diversifikationschancen wahrnimmt. Banken sind mehr oder weniger gezwungen, ihre Entscheidungen über Aktiv- und Passivgeschäfte mittelfristig zu orientieren. Denn sie müssen sich auf Fristen festlegen. Die Festlegung auf Fristen ist das Basisgeschäft der Banken. Ohne Festlegung auf Fristen könnten sie nicht mit Zahlungsversprechen handeln. Aber jede Festlegung ist spekulativ. Natürlich können Banken auch spekulieren, ohne sich auf Fristen festzulegen. Sie tun dies zum Beispiel, wenn sie langfristig eigene Unternehmensstrategien festlegen, oder auch dann, wenn sie kurzfristig als Börsenteilnehmer agieren und dort Gewinnchancen mitnehmen. Der Handel mit Zahlungsversprechen jedoch treibt die Spekulation auf eine Spitze, wo sie nur noch in Investition umkippen kann. Die Auszeichnung einer Fristigkeitsstruktur der Geschäfte zwingt, gleichsam gegenläufig zur Festlegung auf Zeitpunkte der Erfüllung der Versprechen, zur Beachtung der Möglichkeit der Nichterfüllung. Mit den Zeitpunkten, zu denen Einlagen, Kredite und andere Zahlungsversprechen fällig werden, wird das Risiko augenfällig, auf das man sich mit diesen Geschäften eingelassen hat. Je genauer man weiß, wann man zu zahlen hat, desto mehr Gründe fallen einem ein, warum man dazu unter Umständen gar nicht in der Lage ist. Die Festlegung auf Fristen, die die Kontingenz der Zahlungen reduziert, erweitert sie zugleich.

Dieses Paradox der gleichzeitigen Steigerung von Sicherheit und Unsicherheit zwingt die Banken zu investivem, ihr Engagement streuendem, Verhalten. Sie kompensieren die Unsicherheit des ei-

---

[163] Siehe zur Flexibilisierung der Produktion und zum »Ende der Massenproduktion« die Diskussion in der Nachfolge von Kern/Schumann 1986 und Piore/Sabel 1985.

nen Geschäfts nur durch eine entsprechende Sicherheit eines anderen Geschäfts, für das jedoch, da sich auch hier wieder Sicherheit mit Unsicherheit paart, dasselbe gilt. Die Geschäfte müssen gestreut werden, und niemand weiß, ob dadurch letztlich mehr Sicherheit oder mehr Unsicherheit produziert wird. In diesem Sinne sind Bankgeschäfte schwebende Geschäfte. Und auf schwebende Geschäfte kann man sich nur mittelfristig einlassen. Denn dann kann man immer wieder und kurzfristig Chancen wahrnehmen, zusätzlich andere Geschäfte abzuschließen, die langfristig die Chance steigern, schlechte durch gute mittelfristige Geschäfte derart kompensieren zu können, daß ausreichende Gewinne gesichert scheinen. Und genau das hält die Banken in Atem: der laufende Versuch, das Gesamtportefeuille der mittelfristigen Bindungen immer wieder so zu variieren, daß das Bankgeschäft aus der Zone der Spekulation in die Zone der Investition geführt wird.

Zahlungsversprechen sind Geschäfte auf des Messers Schneide. Sie erkaufen die Reduktion der tatsächlichen Kontingenz aller Zahlungen durch die Erweiterung der beobachteten Kontingenz bestimmter Zahlungen. Indem sie Adressen, Fristen, Optionen und Konditionen aus dem Zahlungsstrom der Wirtschaft gleichsam herausschneiden, wird an genau diesen Adressen, Fristen, Optionen und Konditionen die Unwahrscheinlichkeit der Zahlungen augenfällig. Jetzt geht es nicht mehr nur um die Kontingenz von Zahlungen, sondern um die Kontingenz der Möglichkeit, Zahlungsversprechen erfüllen zu wollen oder zu können. Aber auf genau diese Ergänzung der Kontingenz der Zahlungen durch die Kontingenz der Erfüllung von Zahlungsversprechen kommt es an.

Denn diese Kontingenzverschiebung etabliert eine Differenz, die auf der Ebene der Beobachtungen gleichberechtigt neben die Differenz tritt, die auf der Ebene der Operationen die Bank vom Rest der Wirtschaft zu differenzieren erlaubte. Erst die operationale Geschlossenheit der Bank gegenüber dem Wirtschaftssystem ermöglicht, so hatten wir gesehen,[164] eine Informationsverarbeitung, die Zahlungsversprechen und Zahlungen voneinander abzusetzen und aufeinander zu beziehen erlaubt. Auch für die Frage der Risikoverarbeitung kommt es auf eine solche Differenz an, die, noch einmal mit Bateson, zwei Entitäten setzt, »die so be-

---

164 Siehe oben, Abschn. 1.5.

schaffen sind, daß der Unterschied zwischen ihnen ihrer wechselseitigen Beziehung immanent sein kann.«[165] Der entscheidende Punkt ist jetzt, daß die Reflexion auf die Kontingenz der Erfüllung von Zahlungsversprechen nicht nur danach fragt, ob derjenige, der das Versprechen abgibt, es halten will, sondern vor allem und wesentlich, ob er es halten kann. Die Differenz, die jetzt gesetzt wird, ist nicht die Differenz zwischen der Bank einerseits und Einlegern, Unternehmen, Investoren andererseits, sondern die Differenz zwischen diesen Einlegern, Unternehmen, Investoren und dem Rest der Wirtschaft.

Es kommt jetzt, mit anderen Worten, nicht mehr darauf an, die Bank operativ aus dem Rest der Wirtschaft auszudifferenzieren. Dies ist bereits geleistet. Sondern es kommt darauf an, daß die Bank ihrerseits beobachtet, daß auch ihre Geschäftspartner in diesem Sinne ausdifferenziert sind und daher der Kontingenz der Zahlungen ausgesetzt sind. Diese Differenz ist der Unterschied, der die Informationen produziert, auf die hin eine Bank das Risiko bestimmter Geschäfte übernimmt oder nicht übernimmt. Aus der Reflexion auf die Kontingenz der Erfüllung von Zahlungsversprechen gewinnt die Bank die Kriterien der Beobachtung ihrer Geschäftspartner im Hinblick auf deren Differenz zum Rest der Wirtschaft. Adressen und Fristen, Optionen und Konditionen sind die Stangen, mit denen die Banken im Nebel der Wirtschaft herumstochern. An ihnen kristallisiert alles, was als »whitening« der Interaktion von black boxes in der black box Wirtschaft möglich ist.

Die Annahme von Zahlungsversprechen zwingt zur Einnahme einer Beobachtungsposition zweiter Ordnung, von der aus die Banken beobachten, wie Einleger, Kreditnehmer, Investoren ihre Differenz zum Rest der Wirtschaft beobachten und bewältigen. Und genau dasselbe passiert auf seiten der Einleger, Unternehmen, Investoren, insoweit sie Zahlungsversprechen annehmen, sei es von Banken, sei es – im Rahmen gleichsam privater Bankgeschäfte – von anderen. In diesem Netz der Beobachtung von Beobachtungen wird das Netzwerk der Risikoverarbeitung verankert. Die Risiken des Bankgeschäfts ebenso wie die Risikoverarbeitung durch Banken hängen also daran, daß Zahlungsversprechen abgegeben werden, die die Kontingenz der Zahlungen, das

---

165 Bateson 1982, S. 87. Siehe oben, S. 55.

generelle Kennzeichen der Autopoiesis der Wirtschaft, durch die Festlegung auf Fristen, die auf Adressen zugerechnet werden, zugleich reduzieren und steigern. In diesem »zugleich« nisten sich die Banken ein.

Banken handeln mit den Risiken von Zahlungsversprechen. Sie produzieren und sie bewältigen diese Risiken, indem sie sich auf Fristen festlegen. Aber immerhin: Würden sie sich auf Fristen nicht festlegen, könnten sie Zinsen weder kassieren noch bezahlen. Zinsen sind der Preis dafür, daß in der Wirtschaft die Position bezogen wird, von der aus die Unterscheidung riskanter Kommunikation getroffen werden kann. Ohne diese Unterscheidung fiele es schwer, die Zukunftslastigkeit der Wirtschaft der modernen Gesellschaft zu bewältigen. Ohne diese Unterscheidung hätte sich die Wirtschaft allerdings wohl auch nicht so entwickelt, wie sie sich entwickelt hat.

Literatur

Aglietta, Michel, und André Orléan, 1984, La violence de la monnaie, 2. Aufl., Paris

Akerlof, George A., 1970, The Market for ›Lemons‹: Quality Uncertainty and the Market Mechanism, in: Quarterly Journal of Economics 84, S. 488-500

Allais, Maurice, 1987, The Credit Mechanism and its Implications, in: G.R. Feiwel, Hrsg., Arrow and the Foundations of the Theory of Economic Policy, London, S. 491-561

Apfelthaler, Siegfried, 1939, Das Risikoproblem im Bankbetrieb, Wien

Argyris, Chris, 1954a, Human Relations in a Bank, in: Harvard Business Review 5/32, S. 63-72

Argyris, Chris, 1954b, Organization of a Bank: A Study of Organization and the Fusion Process, New Haven, Conn., Reprint New York 1977

Arnold, Hans, 1964, Risikentransformation: Finanzierungsinstrumente und Finanzierungsinstitute als Institutionen zur Transformation von Unsicherheitsstrukturen, Diss. Saarbrücken

Arrow, Kenneth J., 1951, Alternative Approaches to the Theory of Choice in Risk-Taking Situations, in: Econometrica 19, S. 404-437

Arrow, Kenneth J., 1964, The Role of Securities in the Optimal Allocation of Risk-Bearing, in: Review of Economic Studies 31, S. 91-96

Arrow, Kenneth J., 1987, Rationality of Self and Others in an Economic System, in: R.M. Hogarth und M.W. Reder, Hrsg., Rational Choice: The Contrast between Economics and Psychology, Chicago, S. 201-215

Ashauer, Günther, 1988, Das Einlagengeschäft, in: N. Kloten und J.H. von Stein, Hrsg., Geld-, Bank- und Börsenwesen: Ein Handbuch (Obst/Hintner), 38., völlig neu bearb. und erw. Aufl., Stuttgart, S. 443-464

Bading, Arnulf, Siegfried Holzer und Hans Wirsching, 1983, Kreditwesengesetz mit Erläuterungen und Neubestimmungen für die Praxis der Kreditgenossenschaften, 2. Aufl. plus Ergänzungslieferungen, Wiesbaden

Baecker, Dirk, 1985, Die Freiheit des Gegenstandes: Von der Identität zur Differenz. Perspektivenwechsel in den Wissenschaften, in: Delfin V, S. 76-88

Baecker, Dirk, 1987, Das Gedächtnis der Wirtschaft, in: ders. et al., Hrsg., Theorie als Passion: Niklas Luhmann zum 60. Geburtstag, Frankfurt am Main, S. 519-546

Baecker, Dirk, 1987a, Die Beobachtung der Politik durch die Wirtschaft, in: M. Glagow und H. Willke, Hrsg., Dezentrale Gesellschaftssteue-

rung: Probleme der Integration polyzentrischer Gesellschaft, Pfaffenweiler, S. 65-73
Baecker, Dirk, 1988, Information und Risiko in der Marktwirtschaft, Frankfurt am Main
Baecker, Dirk, 1988a, Die Unwahrscheinlichkeit der Marktwirtschaft, in: Freibeuter 35, S. 54-64
Baecker, Dirk, 1989, Rationalität oder Risiko? in: M. Glagow, H. Willke und H. Wiesenthal, Hrsg., Gesellschaftliche Steuerungsrationalität und partikulare Handlungsstrategien, Pfaffenweiler, S. 31-54
Baecker, Dirk, 1989a, Die Weltsicht der Banken, in: M. Glagow, H. Wiesenthal und H. Willke, Hrsg., Systemische Steuerung und partikulare Handlungsstrategien, Pfaffenweiler, S. 263-277
Baecker, Dirk, 1990a, Die Wirtschaft als selbstreferentielles soziales System, in: K.-H. Hillmann und E. Lange, Hrsg., Theoretische Ansätze zur Wirtschaftssoziologie, Universität Bielefeld, Preprint, S. 1-25
Baecker, Dirk, 1990b, Die Metamorphosen des Geldes, in: Delfin XIV, Dezember, S. 16-27
Baecker, Dirk, 1991, Überlegungen zur Form des Gedächtnisses, in: S. J. Schmidt, Hrsg., Gedächtnis: Probleme und Perspektiven der interdisziplinären Gedächtnisforschung, Frankfurt am Main, S. 337-359
Beck, Ulrich, 1986, Risikogesellschaft: Auf dem Weg in eine andere Moderne, Frankfurt am Main
Beck, Ulrich, 1988, Gegengifte: Die organisierte Unverantwortlichkeit, Frankfurt am Main
Bagehot, Walter, 1873, Lombard Street: A Description of the Money Market, New York (zit. nach dem Reprint Homewood, Ill. 1962)
Bähre, Inge Lore, 1982, Der Zusammenhang zwischen wirtschaftlicher Entwicklung und Bankenaufsicht von 1934 bis zur Gegenwart, in: Der Zusammenhang zwischen wirtschaftlicher Entwicklung und Bankengesetzgebung. 7. Symposium zur Bankgeschichte am 9.10 1981. 8. Beiheft zum »Bankhistorischen Archiv«, Frankfurt am Main, S. 23-35
Baltensperger, Ernst, 1980, Alternative Approaches to the Theory of the Banking Firm, in: Journal of Monetary Economics 6, S. 1-37
Baltensperger, Ernst, 1983, Zur Entwicklung der Bankwissenschaft in den USA, in: Die Bank 9, S. 408-414
Baltensperger, Ernst, und Helmuth Milde, 1987, Theorie des Bankverhaltens, Berlin
Bangert, Michael, 1987, Zinsrisiko-Management in Banken, Wiesbaden
Bank deutscher Länder (BdL), Monatsberichte, 1949-1951, 1.- 3. Jahrgang, Frankfurt am Main
Bank for International Settlements, 1986, Recent Innovations in International Banking, Basel, April
Bank für Internationalen Zahlungsausgleich (BIZ), 1936-1989, Jahresbericht 6-58, Basel

Bataille, Georges, 1975, Die Aufhebung der Ökonomie. Das theoretische Werk, Bd 1, München

Bateson, Gregory, 1981, Ökologie des Geistes, Frankfurt am Main

Bateson, Gregory, 1982, Geist und Natur: Eine notwendige Einheit, dt. Frankfurt am Main

Baumol, William, 1982, Contestable Markets: An Uprising in the Theory of Industry Structure, in: American Economic Review 72, S. 31-15

Baumol, William u. a., 1982, Contestable Markets and the Theory of Industry Structure, New York

Becker, Wolf-Dieter, 1982, Für eine neue Bankpolitik, in: Zeitschrift für das gesamte Kreditwesen 35, S. 1115-1116

Beier, Joachim, und Klaus-Dieter Jacob, 1987, Der Konsumentenkredit in der Bundesrepublik Deutschland, Frankfurt am Main

Bellinger, Bernhard, 1976, Bankverluste und Bankenaufsicht, in: Österreichisches Bank-Archiv 24, S. 351-362

Bendix, Reinhard, 1989, Ein Blick auf die Sozialwissenschaften, in: Über Soziologie. Soziale Welt Heft 1/2, 40. Jg., S. 44-56

Benölken, Heinz, 1978, Marktorientierte Absatzorganisation in Kreditinstituten: Überblick über den Diskussionsstand, in: Zeitschrift für Organisation 47, 306-317

Benston, George J. et al., 1986, Perspectives on Safe and Sound Banking: Past, Present, and Future, Cambridge, Mass.

Benston, George J., und George G. Kaufman, 1990, Understanding the Savings-and-Loan Debacle, in: Public Interest 99, S. 79-95

Berger, Karl-Heinz, 1987, Standing-Risiken und stille Rücklagen der Bank, Österreichisches Bank-Archiv 35, S. 221-231

Berger, Karl-Heinz, 1988, Länderrisiken und bankaufsichtsrechtliche Normen, in: W. Gerke, Hrsg., Bankrisiken und Bankrecht, Wiesbaden, S. 63-79

Bergsten, C. Fred, William R. Cline und John Williamson, 1985, Bank Lending to Developing Countries: The Policy Alternatives, Washington, D.C.

Bieg, Hartmut, 1983, Bankbilanzen und Bankaufsicht, München

Black, Fischer, 1971, Implications of the Random Walk Hypothesis for Portfolio Management, in: Financial Analysts Journal 2/17, S. 16-22

Black, Fischer, Morton H. Miller und Richard A. Posner, 1978, An Approach to the Regulation of Bank Holding Companies, in: Journal of Business 51, 379-412

Bogaert, Raymond, 1980, Ursprung und Entwicklung der Depositenbank im Altertum und Mittelalter, in: ders. und Peter Claus Hartmann, Essays zur historischen Entwicklung des Bankensystems, Mannheim, S. 9-26

Bogaert, Raymond, 1986, Grundzüge des Bankwesens im alten Griechenland, Konstanzer Althistorische Vorträge und Forschungen, hrsg. von W. Schuller, Heft 18, Konstanz

Boltanski, Luc, 1990, Die Führungskräfte: Entstehung einer sozialen Gruppe, dt. Frankfurt am Main und New York

Born, Karl Erich, 1967, Die deutsche Bankenkrise 1931: Finanzen und Politik, München

Brainard, Lawrence C., 1985, Current Illusions about the International Debt Crisis, in: The World Economy, March, 1-9

Breuer, Rolf-E., 1988, Das Effektengeschäft, in: N. Kloten und J. H. von Stein, Hrsg., Geld-, Bank- und Börsenwesen: Ein Handbuch (Obst/Hintner), 38., völlig neu bearb. und erw. Aufl., Stuttgart, S. 464-509.

Bröker, Günther, 1986, Strukturwandlungen im Bankenwesen – ein Überblick, in: Österreichisches Bank-Archiv 34, S. 67-81

Bröker, Günther, 1989, Competition in Banking, Paris: OECD

Bühler, Wilhelm, 1988, Securitisation: Kreditbankprinzip contra Investmentbanking? in: Die Bank 3, S. 129-132

Büschgen, Hans E., 1984, Strukturwandlungen in Finanzsystemen I-II, Österreichisches Bank-Archiv 32, S. 3-13 und S. 49-56

Bussmann, Karl F., 1955, Das betriebswirtschaftliche Risiko, Meisenheim am Glan

Cable, John, 1985, Capital Market Information and Industrial Performance: the Role of West German Banks, Economic Journal 95, S. 118-132

Caesar, Rolf, 1981, Der Handlungsspielraum von Notenbanken: Theoretische Analyse und internationaler Vergleich, Baden-Baden

Campbell, Tim S., und William A. Kracaw, 1980, Information Production, Market Signaling, and the Theory of Financial Intermediation, Journal of Finance 35, S. 863-882

Carstensen, Meinhard, 1986, Finanzinnovationen in der praktischen Anwendung einer Geschäftsbank, in: Die Bank 7, S. 352-356

Carstensen, Meinhard, 1987, Ertrags- und risikoorientierte Gesamtbanksteuerung unter Berücksichtigung der Finanzinnovationen, in: H. J. Krümmel und B. Rudolph, Hrsg., Bankmanagement für neue Märkte, Frankfurt am Main, S. 131-139

Carstensen, Meinhard, 1988, Wechselkurssicherung, in: N. Kloten und J.H. von Stein, Hrsg., Geld-, Bank- und Börsenwesen: Ein Handbuch (Obst/Hintner), 38., völlig neu bearb. und erw. Aufl., Stuttgart, S. 594-603.

Cornish, Christopher K., 1989, When the Trader May Relax, in: Euromoney, February, S. 71-73

Dempfle, Eugen, 1988, Risiken ausgewählter Finanzinnovationen, in: Österreichisches Bank-Archiv 36, S. 135-146

Derrida, Jacques, 1988, Mémoires. Für Paul de Man, dt. Wien

Deutsche Bundesbank (BBk), Monatsberichte 1961-1989, 11.-41. Jahrgang, Frankfurt am Main

De Viti de Marco, Antonio, 1935, Die Funktion der Bank: Einführung in die gegenwärtigen Geld- und Bankprobleme, Wien

Diamond, D., 1984, Financial Intermediation and Delegated Monitoring, in: Review of Economic Studies 51, S. 393-414

Dooley, Peter C., 1969, The Interlocking Directorate, in: American Economic Review 59, S. 314-323

Douglas, Mary, und Aaron Wildavsky, 1982, Risk and Culture: An Essay on the Selection of Technical and Environmental Dangers, Berkeley

Dufey, Gunter, 1989, Finanzinnovationen heute – Bestandsaufnahme und Ausblick, in: K.-M. Burger, Hrsg., Finanzinnovationen – Risiken und ihre Bewältigung, Stuttgart, S. 13-21

Dworak, Brigitte M., 1985, Das Länderrisiko als bankbetriebliches Problem, Berlin

Edgeworth, F.Y., 1888, The Mathematical Theory of Banking, in: Journal of the Royal Statistical Society 51, S. 113-127

Eglau, Hans Otto, 1989, Wie Gott in Frankfurt: Die Deutsche Bank und die deutsche Industrie, Düsseldorf

Emery, F.E., und E. L. Trist, 1956, The Causal Texture of Organizational Environments, in: Human Relations 18, S. 21-32

Engels, Wolfram, 1978, Bankensolvenztheorien und Praxis der Bankenaufsicht, in: Bankhistorisches Archiv, 3. Beiheft: Die Banken im Spannungsfeld von Notenbank und Bankenaufsicht. 4. Symposion zur Bankengeschichte, Frankfurt am Main, S. 23-31

Euromoney 1989, September

Euromoney 1990a, January: Supplement »Banks of the Decade«

Euromoney 1990b, January: Supplement »Funding Techniques«

Fahning, Hans, 1984/85, Früherkennung von Kreditrisiken, Jahrbuch Der Übersee-Club, Hamburg, S. 1-16

Fama, Eugene F., 1980, Banking in the Theory of Finance, in: Journal of Monetary Economics 6, S. 39-57

Follak, Klaus Peter, 1988, Bankaufsichtliches Risikomanagement im Zeichen der Finanzinnovationen: Internationale Harmonisierung oder Begriffsverwirrung? in: Österreichisches Bank-Archiv 36, S. 235-255 und S. 349-365

Freimer, Marshall, und Myron J. Gordon, 1965, Why Bankers Ration Credit, Quarterly Journal of Economics 79, S. 397-416

Friedman, Benjamin M., 1980, Postwar Changes in the American Financial Market, in: M. Feldstein, Hrsg., The American Economy in Transition, Chicago und London, S. 9-78

Friedman, Milton, und Anna Jacobson Schwartz, 1963, A Monetary History of the United States: 1867-1960, Princeton, N.J., S. 352

Gancz, Alexander, 1989, Der Wettbewerb im Bankgeschäft, in: Österreichisches Bankarchiv 37, S. 692-699

Gaytas, Ivo G., und Julian I. Mahari, 1988, Im Banne des Investment Banking, Stuttgart

Geertz, Clifford, 1978, The Bazaar Economy: Information and Search in Peasant Marketing, American Economic Review Papers & Proceedings 68, S. 28-32

Gerke, Wolfgang, 1988, Hemmnisse für die Börsenneueinführung innovativer Mittelstandsunternehmen durch Beschränkung der Gewerbefreiheit für Investmentbanken, in: ders., Hrsg., Bankrisiken und Bankrecht, Wiesbaden, S. 213-228

Gerke, Wolfgang, und Ottmar Kayser, 1987, Bewertung eines Rückversicherungskonzepts für die Deckung von Kreditausfallrisiken der Kreditinstitute, Zeitschrift für Betriebswirtschaft 57, S. 662-683

Glanville, Ranulph, 1988, Objekte, Berlin

Gleske, Leonhard, 1986, Finanzinnovationen aus Sicht der Notenbanken und der Bankaufsichtsbehörden, in: Die Bank 6, S. 280-285

Goldfarb, David R., 1987, Hedging Interest Rate Risk in Banking, Journal of Futures Markets 7, S. 35-47

Goldschmidt, Amnon, 1981, On the Definition and Measurement of Bank Output, in: Journal of Banking and Finance 5, S. 575-581

Gondring, H., und A. Hermann, 1986, Zins- und Währungsswaps aus sparkassen- und bankrechtlicher Sicht, in: Österreichisches Bank-Archiv 34, S. 327-339.

Gonzalez, Emmanuel, 1983, Call a Country a Company and It Looks Better, Euromoney 2, S. 47-55

Greenwald, Bruce, Joseph E. Stiglitz und Andrew Weiss, 1984, Informational Imperfections in the Capital Markets and Macroeconomic Fluctuations, in: American Economic Review Papers & Proceedings 74, S. 194-199

Grosch, Ulrich F., 1989, Modelle der Bankunternehmung: Einzel- und gesamtwirtschaftliche Ansätze, Tübingen

Günther, Gotthard, 1976, Cybernetic Ontology and Transjunctional Operations, in: ders., Beiträge zur Grundlegung einer operationsfähigen Dialektik, Band 1, Hamburg, S. 249-328

Günther, Gotthard, 1976-1980, Beiträge zur Grundlegung einer operationsfähigen Dialektik, 3 Bde., Hamburg

Guttentag, Jack und Richard Herring, 1985, Commercial Bank Lending to Developing Countries: From Overlending to Underlending to Structural Reform, in: G. W. Smith und C. T. Cuddington, Hrsg., International Debt and the Developing Countries, Washington, D.C., S. 129-150

Guttentag, Jack, und Richard Herring, 1982, The Insolvency of Financial Institutions: Assessment and Regulatory Disposition, in: P. Wachtel, ed., Crises in the Economic and Financial Structure, Lexington, Mass.-Toronto, 99-126

Guttentag, Jack, und Richard Herring, 1986, Disclosure Policy and International Banking, in: Journal of Banking and Finance 10, S. 75-97

Gwynne, S. C., 1983, Adventures in the Loan Trade, in: Harpers Magazine, September, S. 22-26

Gwynne, S. C., 1986, Selling Money, New York

Haller, Matthias, 1986, Risiko-Management: Eckpunkte eines integrierten Konzepts. Künftige Entwicklungen im Risikomanagement, in: Schriften zur Unternehmensführung, hrsg. von H. Jacob, Bd 33: Risiko-Management, Wiesbaden, S. 7-43 und S. 117-127

Handbuch des Kreditgeschäfts, 1989, 5., wesentl. erw. Aufl., Wiesbaden

Hankel, Wilhelm, 1988, Hintergründe der internationalen Schuldenkrise, in: Aus Politik und Zeitgeschichte B 33-34/88, 12. August

Hansmeyer, Karl-Heinrich, 1968, Wandlungen im Handlungsspielraum der Notenbank? in: C. A. Andreae, K. H. Hansmeyer und G. Scherhorn, Hrsg., Geldtheorie und Geldpolitik: Gustav Schmölders zum 65. Geburtstag, Berlin, S. 155-166

Harrington, R., 1987, Asset and Liability Management by Banks, Paris: OECD

Harrison, J. Richard, und James G. March, 1984, Decision Making and Postdecision Surprises, in: Administrative Science Quarterly 29, S. 26-42

Haumer, H., 1982, Das Bankwesen im Spiegel der wirtschaftlichen Entwicklung: Risikoträger oder Risikotransformator? in: Österreichisches Bank-Archiv 30, S. 397-409

Hauptmann, Karlheinz, 1987, Internationale Verschuldung und Kreditrisiken: Eine Analyse ihrer makroökonomischen Grundlagen, Frankfurt am Main

Hauschildt, Jürgen, 1988, Krisendiagnose durch Bilanzanalyse, Köln

Hauser, Heinz, 1979, Qualitätsinformationen und Marktstrukturen, Kyklos 32, S. 739-763

Heider, Fritz, 1926, Ding und Medium, in: Symposion. Philosophische Zeitschrift für Forschung und Aussprache 1, S. 109-157

Henning, Friedrich-Wilhelm, 1973, Die Liquidität der Banken in der Weimarer Republik, in: H. Winkel, Hrsg., Finanz- und wirtschaftspolitische Fragen der Zwischenkriegszeit, Berlin, S. 45-92

Heri, Erwin W., 1989, Expansion der Finanzmärkte: Ursachen, Konsequenzen, Perspektiven, in: Kyklos 42, S. 17-37

Herrhausen, Alfred, 1987, Finanzinnovationen und neue Märkte: Die geschäftspolitische Sicht, in: H. J. Krümmel und B. Rudolph, Hrsg., Bankmanagement für neue Märkte, Frankfurt am Main, S. 46-56

Herrhausen, Alfred, 1988, Großbanken und Ordnungspolitik, in: Die Bank 3, S. 120-129

Hilferding, Rudolf, 1973, Das Finanzkapital [1910], 2 Bände, 2. Aufl., Frankfurt am Main

Hofstadter, Douglas R., 1985, Gödel, Escher, Bach: Ein Endloses Geflochtenes Band, Stuttgart

Hölscher, Reinhold, 1987, Risikokosten-Management in Kreditinstituten: Ein integratives Modell zur Messung und ertragsorientierten Steuerung der bankbetrieblichen Erfolgsrisiken, Frankfurt am Main 1987

Horstmann, Theo, 1985, Um »das schlechteste Bankensystem der Welt«: Die interalliierten Auseinandersetzungen über amerikanische Pläne zur Reform des deutschen Bankenwesens 1945/46, Bankhistorisches Archiv 11, S. 3-27

Jacob, Adolf-Friedrich, 1988, Gedanken zur Risikosteuerung im Bankbetrieb, in: bank und markt 1/17, S. 6-11

Jaffee, Dwight M., und Thomas Russell, 1976, Imperfect Information, Uncertainty, and Credit Rationing, Quarterly Journal of Economics 90, S. 651-666

James, Harold, 1986, The German Slump: Politics and Economics 1924-1936, Oxford

Jürgens, Ulrich, und Gudrun Lindner, 1974, Zur Funktion und Macht der Banken, in: Kursbuch 36, Juni, S. 121-160

Kahneman, Daniel, Hrsg., 1982, Judgement under Uncertainty: Heuristics and Biases, Cambridge, Reprint 1984.

Kane, Edward J., 1988, Interaction of Financial and Regulatory Innovation, American Economic Review Papers & Proceedings 78, S. 328-334

Karten, Walter, 1972, Die Unsicherheit des Risikobegriffs: Zur Terminologie der Versicherungsbetriebslehre, P. Braess/D. Farny/R. Schmidt, Hrsg., Praxis und Theorie der Versicherungsbetriebslehre: Festgabe für H. L. Müller-Lutz, Karlsruhe, S. 149-169

Kaufman, George O., 1986, Banking Risk in Historical Perspective, in: Staff Memorandum, Federal Reserve Bank of Chicago, Chicago

Kern, Horst, und Michael Schumann, 1986, Das Ende der Arbeitsteilung? Rationalisierung in der industriellen Produktion, 3. Aufl., München

Kindleberger, Charles P., 1973, Die Weltwirtschaftskrise 1929-1939. Geschichte der Weltwirtschaft im 20. Jahrhundert, hrsg. von W. Fischer, Bd 4, München

Klein, Michael A., 1971, A Theory of the Banking Firm, in: Journal of Money, Credit, and Banking 3, S. 205-218

Kleine, Friedrich-Michael, 1986, Die Risikoposition eines Kreditinstituts: Konzeption einer umfassenden bankaufsichtsrechtlichen Verhaltensnorm, Wiesbaden

Kneeshaw, J.T., und P. Van den Bergh, 1989, Changes in Central Bank Money Market Operating Procedures in the 1980s, BIS economic papers 23, Basle

Knight, Frank H., 1921, Risk, Uncertainty, and Profit, New York, Reprint 1965

Kohler, Daniel F., 1986, To Pay or Not to Pay: A Model of International Defaults, in: Journal of Policy Analysis and Management 5, S. 742-760

Köllhofer, Dietrich, 1988, Informationswesen und Kontrolle im Bankbetrieb, in: N. Kloten und J.H. von Stein, Hrsg., Geld-, Bank- und Börsenwesen: Ein Handbuch (Obst/ Hintner), 38., völlig neu bearb. und erw. Aufl., Stuttgart, S. 706-804

König, René, 1967, Die Beobachtung, in: Handbuch der empirischen Sozialforschung, 2., veränd. Aufl., 1. Bd, Stuttgart, S. 107-135

Krugman, Paul, 1985, International Debt Strategies in an Uncertain World, in: G.W. Smith und J.T. Cuddington, Hrsg., International Debt and the Developing Countries, Washington, D.C., S. 79-100.

Krümmel, Hans J., 1984, Schutzzweck und Aufsichtseingriffe: Über den Run auf die Bankschalter und seine Verhinderung, in: Kredit und Kapital 17, S. 474-489

Krümmel, Hans J., 1985, Bedeutung und Funktionen des Eigenkapitals in der modernen Kreditwirtschaft, Österreichisches Bank-Archiv 33, S. 187-198

Krümmel, Hans Jürgen, 1985, Einige Probleme der Konstruktion bankaufsichtlicher Risikobegrenzungsregeln, in: K.-H. Forster, Hrsg., Bankaufsicht, Bankbilanz und Bankprüfung – unter Berücksichtigung der Dritten KWG-Novelle. Festschrift für W. Schulz, Düsseldorf

Krumnow, Jürgen, 1989, Bilanzierung und internationale Eigenkapitalstandards, in: Die Bank 9, S. 472-478

Kugler, Albert, 1985, Konzeptionelle Ansätze zur Analyse und Gestaltung von Zinsänderungsrisiken in Kreditinstituten, Frankfurt am Main-Bern-New York

Kugler, Hartmut, 1988, Phaetons Sturz in die frühe Neuzeit: Ein Versuch über das Risikobewußtsein, in: Th. Cramer, Hrsg., Wege in die Neuzeit, München, S. 122-145

Kuske, Bruno, 1949, Die Begriffe Angst und Abenteuer in der deutschen Wirtschaft des Mittelalters: Ein Beitrag zur Geschichte des Unternehmertums, Zeitschrift für handelswissenschaftliche Forschung, N.F. 1, S. 547-550

Lehner, Franz, Klaus Schubert und Birgit Geile, 1983, Die strukturelle Rationalität regulativer Wirtschaftspolitik: Theoretische Überlegungen am Beispiel der Bankenpolitik in Kanada, der Bundesrepublik Deutschland, der Schweiz und den Vereinigten Staaten, in: Politische Vierteljahresschrift 24, S. 361-384

Leland, Hyne E., und David H. Pyle, 1977, Informational Asymmetries, Financial Structure, and Financial Intermediation, in: Journal of Finance 32, S. 371-387

Levine, Joel H., 1972, The Sphere of Influence, in: American Sociological Review 37, 14-27

Lewis, David, 1969, Convention: A Philosophical Study, Cambridge, Mass.

Lisle-Williams, Michael, 1984, Coordinators and Controllers of Capital: The Social and Economic Significance of the British Merchant Banks, in: Social Science Information 23, S. 95-128

Lomax, David F., 1988, The Importance of New Financial Instruments for Activities of Banks, in: OECD, Hrsg., New Financial Instruments: Disclosure and Accounting, Paris, S. 58-64

Lucas, Robert E., und Thomas S. Sargent, Hrsg., 1981, Rational Expectations and Econometric Practice, London

Luhmann, Niklas, 1978, Organisation und Entscheidung, Vorträge G 232 der Rheinisch-Westfälischen Akademie der Wissenschaften, Opladen

Luhmann, Niklas, 1982, Interaktion, Organisation, Gesellschaft, in: ders., Soziologische Aufklärung 2, 2. Aufl., Opladen, S. 9-20

Luhmann, Niklas, 1984, Soziale Systeme: Grundriß einer allgemeinen Theorie, Frankfurt am Main

Luhmann, Niklas, 1986, Ökologische Kommunikation: Kann die moderne Gesellschaft sich auf ökologische Gefährdungen einstellen? Opladen

Luhmann, Niklas, 1986, Die Welt als Wille ohne Vorstellung: Sicherheit und Risiko aus der Sicht der Sozialwissenschaften, Die politische Meinung 239, 1986, S. 18-21

Luhmann, Niklas, 1988, Die Wirtschaft der Gesellschaft, Frankfurt am Main

Luhmann, Niklas, 1988a, Erkenntnis als Konstruktion, Bern

Luhmann, Niklas, 1988b, Organisation, in: W. Küpper und G. Ortmann, Hrsg., Mikropolitik: Rationalität, Macht und Spiele in Organisationen, Opladen, S. 165-185

Luhmann, Niklas, 1990, Risiko und Gefahr, Hochschule St. Gallen, Aulavorträge Nr. 48, St. Gallen

Luhmann, Niklas, in Vorbereitung, Soziologie des Risikos

Luhmann, Niklas, und Peter Fuchs, 1989, Reden und Schweigen, Frankfurt am Main

Lundberg, George A., 1942, Social Research: A Study in Gathering Data, New York-London

Luther, Hans, 1964, Vor dem Abgrund 1930-33: Reichsbankpräsident in Krisenzeiten, Berlin

Malliaris, A.G., und Georg G. Kaufman, 1984, Duration based Strategies for Managing Bank Interest Rate Risk, in: Beiträge zum 3. Symposion Geld, Banken und Versicherungen an der Universität Karlsruhe, Karlsruhe

Mariolis, Peter, 1975, Interlocking Directorates and Control of Corporations: The Theory of Bank Control, in: Social Science Quarterly 56, S. 425-439

Markowitz, Harry M., 1952, Portfolio Selection, in: Journal of Finance 7, S. 77-91

Martin, Paul C., 1988, Aufwärts ohne Ende: Die neue Theorie des Reichtums, München

Maturana, Humberto R., 1981, Autopoiesis, in: M. Zeleny, Hrsg., Autopoiesis: A Theory of Living Organization, New York-Oxford, S. 21-33

Maturana, Humberto R., 1982, Erkennen: Die Organisation und Verkörperung von Wirklichkeit: Ausgewählte Arbeiten zur biologischen Epistemologie, Braunschweig-Wiesbaden

McCulloch, Warren S., 1945, A Heterarchy of Values Determined by the Topology of Nervous Nets, in: Bulletin of Mathematical Biophysics 7, 1945, S. 89-93 (zit. nach dem Abdruck in: Cybernetics of Cybernetics, B.C.L. Report No. 73.38, Urbana, Ill., 1974, S. 65-67)

Mehr, Robert B., und Bob A. Hedges, 1977, Risk Management: Concepts and Applications, Homewood, Ill.

Meier-Preschany, Manfred, 1980, Die Finanzierung von Entwicklungsländern: Eine Herausforderung für die Industriestaaten, Tübingen

Melzer, Wolfgang, 1985, Strukturmängel internationaler Finanzmärkte als Ursache der Verschuldungssituation der Entwicklungsländer, Frankfurt-Bern-New York

Merton, Robert K., 1968, The Self-fulfilling Prophecy, in: Antioch Review 1948 (zit. nach dem Wiederabdruck in: ders., Social Theory and Social Structure, enlarged edition, New York-London S. 475-490)

Meyer zu Selhausen, Hermann, 1987, Explaining and Controlling a Bank's Risk: Sensitivity Analysis of an Asset and Liability Coordination Model, in: European Journal of Operational Research 28, S. 261-278

Moesch, Irene, und Diethard B. Simmert, 1976, Banken: Strukturen, Macht, Reformen, Köln

Morgenstern, Oskar, und Clive W.J. Granger, 1970, Predictability of Stock Market Prices, Lexington, Mass.

Morin, Edgar, 1974, Complexity, in: International Social Science Journal 26, S. 555-582

Moulton, Janice M., 1987, New Guidelines for Bank Capital, in: Federal Reserve Bank of Philadelphia Business Review July/August, S. 19-33

Müller, Albert, 1986, Risikoeinschätzung und Bankverhalten, Schweizerische Zeitschrift für Volkswirtschaft und Statistik 122, S. 371-386.

Müller, Wolfgang, und Werner G. Seifert, 1978, Organisation des Risk Management, Journal für Betriebswirtschaft 23, S. 15-27

Mullineux, Andy, 1985, Do We Need the Bank of England? in: Lloyds Bank Review Nr. 157, London, July, S. 13-24

Muth, John F., 1961, Rational Expectations and the Theory of Price Movements, in: Econometrica 29, S. 315-335

Nahr, Gottfried, 1980, Kreditrationierung, Information und Unsicherheit: Zur Bestimmung von Kredithöhe und Zinssatz bei Kreditverhandlungen, Frankfurt am Main

Newbery, David M.G., und Joseph E. Stiglitz, The Theory of Commodity Price Stabilization: A Study in the Economics of Risk, Oxford 1981, vorgelegt

Niehans, Jürg, 1980, Theorie des Geldes: Synthese der monetären Mikro- und Makroökonomie, Bern-Stuttgart

Niehans, Jürg, 1985, International Debt with Unenforceable Claims, in: Federal Reserve Bank of San Francisco Economic Review, Nr. 1, Winter, S. 64-79

Nunnenkamp, Peter, 1986, Das internationale Schuldenproblem: Ein Fall für die Regierungen der Gläubigerländer? Eine kritische Analyse des Baker-Plans, Kiel

Nunnenkamp, Peter, und Georg Junge, 1985, Die Kreditbeziehungen zwischen westlichen Geschäftsbanken und Entwicklungsländern: Unternehmerisches oder gesellschaftliches Risiko? München-Köln-London

O'Hara, Maureen, 1983, A Dynamic Theory of the Banking Firm, in: Journal of Finance 38, S. 127-140

OECD, Hrsg., 1988, New Financial Instruments: Disclosure and Accounting, Paris 1988

OMGUS, 1985, Ermittlungen gegen die Deutsche Bank (1946/47), Nördlingen

OMGUS, 1986, Ermittlungen gegen die Dresdner Bank (1946), Nördlingen

Orr, Daniel, und W. G. Mellon, 1961, Stochastic Reserve Losses and Expansion of Bank Credit, in: American Economic Review 51, S. 614-623

Osborn, Neil, und Garry Evans, 1988, Cooke's Medicine: Kill or Cure?, in: Euromoney 7, S. 34-48

Panowitz, Rudolf, 1989, Risiken aus Finanzinnovationen und ihre Beurteilung durch die Bankenaufsicht, in: K.-M. Burger, Hrsg., Finanzinnovationen – Risiken und ihre Bewertung, Stuttgart, S. 73-98

Parsons, Talcott, und Neil J. Smelser, 1984, Economy and Society: A Study in the Integration of Economic and Social Theory [1956], Reprint London

Paulsen, Andreas, 1953, Liquidität und Risiko in der wirtschaftlichen Entwicklung, Frankfurt am Main-Berlin

Perrow, Charles, 1987, Normale Katastrophen: Die unvermeidbaren Risiken der Großtechnik, Frankfurt am Main und New York

Peters, Tom, 1988, Kreatives Chaos: Die neue Management-Praxis, dt. Hamburg

Pfeiffer, Hermannus, 1987, Das Imperium der Deutschen Bank, Frankfurt am Main und New York

Philipp, Fritz, 1976, Art. Risiko und Risikopolitik, in: Handwörterbuch der Betriebswirtschaft, 4. Aufl., Bd 3, Stuttgart, Sp. 3453-3460

Phillips, S., und J. Zecher, 1983, The SEC and the Public Interest, London

Piore, Michael J., und Charles F. Sabel, 1985, Das Ende der Massenproduktion: Studie über die Requalifizierung der Arbeit und die Rückkehr der Ökonomie in die Gesellschaft, Berlin

Pohl, Manfred, 1983, Die Entwicklung des privaten Bankwesens nach 1945, in: G. Aschhoff u. a., Hrsg., Deutsche Bankengeschichte, Bd 3, Frankfurt am Main, S. 205-276

Prim, Jürgen, 1936, Risikoprobleme im Kredit: Eine Untersuchung über den Einfluß des Risikos auf Kreditprüfung und Zinshöhe, Leipzig

Professoren-Arbeitsgruppe, 1987, Begrenzung des Risikopotentials von Kreditinstituten, Die Betriebswirtschaft 47, , S. 285 ff.

Raettig, Lutz, und Horst Reinhardt, 1989, Finanzinnovationen aus dispositiver und akquisitorischer Sicht der Banken, in: K.-M. Burger, Hrsg., Finanzinnovationen – Risiken und ihre Bewältigung, Stuttgart, S. 45-57

Reimnitz, Jürgen, 1987, Neuere Entwicklungen im internationalen Emissions- und Konsortialgeschäft, in: B. Rudolph, Hrsg., Kapitalmarktanalyse: Institutionen, Institute und Anlagestrategien, Frankfurt am Main, S. 11-25

Remmers, Johann, 1985, Probleme der Erfassung und Steuerung des Zinsänderungsrisikos mit Hilfe des bankbetrieblichen Rechnungswesens, in: R. Kolbeck, Hrsg., Risikovorsorge: Das Rechnungswesen als Informationsinstrument zur Steuerung und Kontrolle bankbetrieblicher Risiken, Frankfurt am Main, S. 61-85

Rescher, Nicholas, 1983, Risk: A Philosophical Introduction to the Theory of Risk Evaluation and Management, Lankam-London-New York

Rödl, Helmut, 1979, Kreditrisiken und ihre Früherkennung, Düsseldorf-Frankfurt

Ronge, Volker, 1978, »Solidarische« Selbstorganisation der Wirtschaft: Der Einlagensicherungsfonds deutscher Banken, in: Leviathan 6, S. 176-202

Röpke, Wilhelm, 1960, Der Platz der Bank in einer entwickelten Volkswirtschaft, in: Festschrift 175 Jahre C. G. Trinkaus, Düsseldorf, S. 109-139

Ross, Stephen A., 1979, Disclosure Regulation in Financial Markets: Implications of Modern Finance Theory and Signaling Theory, in: F. R. Edwards, Hrsg., Issues in Financial Regulation, New York, 177-202

Rudolph, Bernd, 1974, Die Kreditvergabeentscheidung der Banken: Der Einfluß von Zinsen und Sicherheiten auf die Kreditgewährung, Opladen

Rudolph, Bernd, 1987, Innovationen zur Steuerung und Begrenzung bankbetrieblicher Risiken, in: H. J. Krümmel und B. Rudolph, Hrsg., Bankmanagement für neue Märkte, Frankfurt am Main, S. 19-45

Samm, Carl-Theodor, 1976, Zur Novellierung des Kreditwesengesetzes:

Konsequenzen aus dem Herstatt-Debakel, in: Österreichisches Bank-Archiv 24, S. 308-322

Samuelson, Paul A., 1976, Is Real-world Price a Tale told by the Idiot of Chance? in: Review of Economics and Statistics 58, S. 120-123

Santomero, Anthony M., 1984, Modeling the Banking Firm: A Survey, in: Journal of Money, Credit, and Banking 16, S. 576-602

Schierenbeck, Henner, 1984, Bilanzstrukturmanagement in Kreditinstituten, in: ders. und H. Wielens, Hrsg., Bilanzstrukturmanagement in Kreditinstituten, Frankfurt am Main, S. 9-28

Schilling, Werner, 1987, Aktuelle Entwicklungen im Wertpapiergeschäft und ihre Auswirkungen auf das deutsche Börsenwesen, in: B. Rudolph, Hrsg., Kapitalmarktanalyse: Institutionen, Institute und Anlagestrategien, Frankfurt am Main, S. 27-47

Schmidt, Reinhard H., 1980, Kann man über die »Macht der Banken« wissenschaftlich reden? in: G. Reber, Hrsg., Macht in Organisationen, Stuttgart, S. 283-299

Schmoll, Anton, 1983, Theorie und Praxis der Kreditprüfung unter besonderer Berücksichtigung der Klein- und Mittelbetriebe I-III, Österreichisches Bank-Archiv 31, S. 87-106, 165-191 und 212-232

Schmoll, Anton, 1985, Ansätze zu einer Typologie der Kreditentscheidungen: unter besonderer Berücksichtigung der Entscheidungssituation während der Kreditlaufzeit, Österreichisches Bank-Archiv 33, S. 396-404

Schmoll, Anton, 1985a, Betreuungsorganisation bei gefährdeten Engagements, in: Österreichisches Bank-Archiv 33, S. 3-11

Schmoll, Anton, 1987, Verhaltensbeobachtungen im Kreditgeschäft, in: Österreichisches Bank-Archiv 35, S. 137-151

Schmoll, Anton, 1988, Kreditkultur: Erfolgsfaktor im Kreditgeschäft der Banken, Wien-Wiesbaden

Schneider, Friedrich, und Bruno S. Frey, 1985, Die Kreditvergabe der Weltbank an Entwicklungsländer: Eine erklärende Analyse, in: H. Giersch, Hrsg., Probleme und Perspektiven der weltwirtschaftlichen Entwicklung, Berlin, 439-452

Schneider-Gädicke, Karl-Herbert, 1987, Zukunft des Investment Banking in der Bundesrepublik Deutschland, in: B. Rudolph, Hrsg., Kapitalmarktanalyse: Institutionen, Institute und Anlagestrategien, Frankfurt am Main, S. 147-161

Schwolgin, Armin, 1986, Finanzielle Innovationen und Mindestreservepolitik: Reformvorschläge auf Grund amerikanischer und deutscher Entwicklungen, Frankfurt am Main

Seipp, Walter, 1984, Risikopolitik im Firmenkreditgeschäft, Österreichisches Bank-Archiv 32, 87-99

Shale, Tony, 1989, The Great Risk-Management Systems Failure, in: Euromoney, February, S. 66-70

Short, James F., 1984, The Social Fabric at Risk: Toward the Social Transformation of Risk Analysis, in: American Sociological Review 49, S. 711-725

Simmel, Georg, 1900, Philosophie des Geldes, Berlin, zit. nach der Gesamtausgabe Bd 6, Frankfurt am Main 1989

Simmel, Georg, 1903, Soziologie der Konkurrenz, zit. nach dem Abdruck in: ders., Schriften zur Soziologie: Eine Auswahl, hrsg. und eingel. von H.-J. Dahme und O. Rammstedt, Frankfurt am Main 1983, S. 173-193

Snowden, P.N., 1985, Emerging Risk in International Banking: Origins of Financial Vulnerability in the 1980s, London

Solow, Robert M., 1982, On the Lender of Last Resort, in: Ch.P. Kindleberger und J.-P. Laffargue, Hrsg., Financial Crises: Theory, History, and Policy, Cambridge, S. 237-248

Somary, Felix, 1934, Bankpolitik, 3., neubearbeitete Aufl., Tübingen

Somary, Felix, 1959, Erinnerungen aus meinem Leben, 2. Aufl., Zürich

Sombart, Werner, 1916, Der moderne Kapitalismus, unveränderter Nachdruck der 2., neubearbeiteten Aufl., München-Leipzig, Bd II, München 1987

Sörgel, Angelina, 1986, Die eigentlichen Hausherren der Republik? Macht und Einfluß der Großbanken, in: Blätter für deutsche und internationale Politik 1/31

Spence, A. Michael, 1974, Market Signaling: Informational Transfer in Hiring and Related Screening Processes, Cambridge, Mass.

Spencer-Brown, G., 1979, Laws of Form, New York

Stammer, Karin, 1987, Nichtbanken als Substitutionskonkurrenten auf dem Bankleistungsmarkt, Frankfurt am Main

Stiglitz, Joseph E., und Andrew Weiss, 1981, Credit Rationing in Markets with Imperfect Information, in: Journal of Finance 71, S. 393-410

Stigum, Marcia, 1983, The Money Market: Myth, Reality, and Practice, Homewood, Ill. 1978, rev. edition

Stigum, Marcia, und Rene O. Branch, 1983, Managing Bank Assets and Liabilities: Strategies for Risk Control and Profit, Homewood, Ill.

Streit, Manfred E., 1983, Heterogene Erwartungen, Preisbildung und Informationseffizienz auf spekulativen Märkten, Zeitschrift für die gesamte Staatswissenschaft 139, S. 67-79

Stucken, Rudolf, 1964, Deutsche Geld- und Kreditpolitik 1914 bis 1963, 3. Aufl., Tübingen

Studienkommission »Grundsatzfragen der Kreditwirtschaft«, 1979, in: Schriftenreihe des Bundesministeriums der Finanzen, Heft 28, Bonn

Stürmer, Michael, Gabriele Teichmann und Wilhelm Treue, 1989, Wägen und Wagen: Sal. Oppenheim jr. & Cie. Geschichte einer Bank und einer Familie, München und Zürich

Stützel, Wolfgang, 1961/1962, Die Aufgaben der Banken in der Wirtschaftsordnung der Bundesrepublik und die demgemäß anzustrebende

Organisation des Bankenapparats. Gutachten (1. Fassung) dem Herrn Bundesminister für Wirtschaft erstattet, 3 Bde., Universität des Saarlandes

Stützel, Wolfgang, 1983, Bankpolitik heute und morgen: Ein Gutachten, 3. Aufl., Frankfurt am Main

Stützel, Wolfgang, 1988, Die Rolle des Finanzvermögens in der modernen Wirtschaft, in: N. Kloten und J.H. von Stein, Hrsg., Geld-, Bank- und Börsenwesen: Ein Handbuch (Obst/Hintner), 38., völlig neu bearb. und erw. Aufl., Stuttgart, S. 45-60

Süchting, Joachim, 1987, Bankmanagement, 2., überarb. Aufl., Stuttgart

Süchting, Joachim, 1982, Zum Problem des »angemessenen« Eigenkapitals von Kreditinstituten, Zeitschrift für betriebswirtschaftliche Forschung 34, S. 397-415

Süchting, Joachim, 1987a, Überlegungen zu einer umfassenden Risikobegrenzung im Bankbetrieb, in: Österreichisches Bank-Archiv 35, S. 679-689

Sweezy, Paul M., 1941, The Decline of the Investment Banker, in: Antioch Review 1941

Sweezy, Paul M., 1953, The Present as History: Essays and Reviews on Capitalism and Socialism, New York und London

Talmor, Eli, 1980, A Normative Approach to Bank Capital Adequacy, Journal of Financial and Quantitative Analysis 15, S. 758-811

Toevs, Alden L., 1986, Uses of Duration Analysis for the Control of Interest Rate Risk, in: R. B. Platt, ed., Controlling Interest Rate Risk: New Techniques and Applications for Money Management, New York, S. 28-61

Tversky, Amos, und Daniel Kahneman, 1974, Judgement under uncertainty: Heuristics and biases, in: Science 185, S. 1124-1131

Varela, Francisco, 1983, L'auto-organisation: de l'apparence au mécanisme, in: P. Dumouchel und J. P. Dupuy, Hrsg., L'auto-organisation: de la physique au politique, Paris, S. 147-164

Varela, Francisco, 1984, Two Principles for Self-Organization, in: H. Ulrich und G.J. B. Probst, Hrsg., Self-Organization and Management in Social Systems, Berlin etc., S. 25-32

Vaz, N.M., und F.J. Varela, 1978, Self and Non-Sense: An Organism-Centered Approach to Immunology, Medical Hypotheses 4, S. 231-267

von Foerster, Heinz, 1977, The Curious Behavior of Complex Systems: Lessons from Biology, in: H. A. Linstone/W. H. Clive Simmonds, Hrsg., Futures Research: New Directions, Reading, Mass., S. 104-113

von Foerster, Heinz, 1981, Observing Systems, Seaside, Cal.

von Foerster, Heinz, 1984, Principles of Self-Organization – In a Socio-Managerial Context, in: H. Ulrich und G.J. B. Probst, Hrsg., Self-Organization and Management of Social Systems: Insights, Promises, Doubts, and Questions, Berlin etc., S. 2-24

von Foerster, Heinz, 1985, Sicht und Einsicht: Versuche zu einer operativen Erkenntnistheorie, Braunschweig und Wiesbaden

von Stein, Johann Heinrich und Manfred Kirschner, 1988, Kreditleistungen, in: N. Kloten/J.H. von Stein, Hrsg., Geld-, Bank- und Börsenwesen: Ein Handbuch (Obst/Hintner), 38., völlig neu bearb. und erw. Aufl., Stuttgart, S. 304-442.

Wandel, Eckhard, 1982, Die deutsche Bankengesetzgebung vom Beginn der Industrialisierung bis zur Weltwirtschaftskrise in ihren zeitgeschichtlichen Zusammenhängen, in: Der Zusammenhang zwischen wirtschaftlicher Entwicklung und Bankengesetzgebung. 7. Symposium zur Bankgeschichte am 9.10.1981. 8. Beiheft zum »Bankhistorischen Archiv«, Frankfurt am Main, S. 13-20

Wandel, Eckhard, 1983, Das deutsche Bankwesen im Dritten Reich (1933-1945), in: G. Aschhoff u. a., Hrsg., Deutsche Bankengeschichte, Bd. 3, Frankfurt am Main, S. 147-203.

Weaver, Warren, 1948, Science and Complexity, American Scientist 36, S. 536-544

Weaver, Warren, 1963, Lady Luck: The Theory of Probability, New York

Weber, Max, 1972, Wirtschaft und Gesellschaft: Grundriß der verstehenden Soziologie, Studienausgabe, Tübingen

Weick, Karl E., 1985, Der Prozeß des Organisierens, Frankfurt am Main

Welmsley, J., 1986, Weighting Risks, Österreichisches Bank-Archiv 34, S. 182-186

Wermuth, Dieter, 1988, Zins- und Währungsswaps, in: N. Kloten und J.H. von Stein, Hrsg., Geld-, Bank- und Börsenwesen: Ein Handbuch (Obst/Hintner), 38., völlig neu bearb. und erw. Aufl., Stuttgart, S. 580-593

Wessel, Pieter, 1988, New Financial Instruments: Characteristics, Information Needs and Accounting Implications. Summary, in: OECD, Hrsg., New Financial Instruments: Disclosure and Accounting, Paris, S. 79-81

White, Harrison C., 1981/82, Where Do Markets Come From? in: American Journal of Sociology 87, S. 517-547

Wildavsky, Aaron, 1988, Searching for Safety, New Brunswick

Wilhelm, Jochen, 1982, Die Bereitschaft der Banken zur Risikoübernahme im Kreditgeschäft, Kredit und Kapital 15, S. 572-601

Williamson, Oliver E., und William G. Ouchi, 1983, The Markets and Hierarchies Programme of Research: Origins, Implications, Prospects, in: A. Francis u. a., Hrsg., Power, Efficiency, and Institutions, London, S. 13-34

Wilson, Neil, 1989, Curiouser and curiouser..., in: The Banker, April, S. 16-20

Wimmer, Rudolf, 1989, Die Steuerung komplexer Organisationen: Ein

Reformulierungsversuch der Führungsproblematik in systemischer Sicht, in: K. Sandner, Hrsg., Politische Prozesse in Unternehmen, Berlin, S. 131-156.

Winston, Gordon C., 1982, The Timing of Economic Activity: Firms, Households, and Markets in Time-Specific Analysis, Cambridge

Ziegler, Hans, 1957, Risiko und Wirtschaftsordnungen, Diss. Freiburg

Zimmerer, Carl , 1988, Vermittlung von Unternehmen und Beteiligungen, in: N. Kloten und J.H. von Stein, Hrsg., Geld-, Bank- und Börsenwesen: Ein Handbuch (Obst/Hintner), 38., völlig neu bearb. und erw. Aufl., Stuttgart, S. 510-513

Sachregister

Abkopplung 36
Absicherungsfazilitäten 160
Adressen 113-116, 183 f.
Aktiv- und Passivgeschäfte 57
Aufsichtsratsitze 165
Ausdifferenzierung 37
Autopoiesis 33-37, 42 f., 45 f., 51

Banken 13, 22-33, 47-56, 183
Bankenaufsicht 170-173
Bankenkrise 68-76
Bankenpolitik 166-170
Bankgeschäfte 57-65
Beobachtung, s. Operation und Beobachtung
Betrugsrisiko 108 f.
Bilanzierungsvorschriften 171
Bilanzstrukturmanagement 31, 143
bilanzunwirksame Geschäfte 58, 62-65
Blindheit 139, 151
Börse 182 f.
Börsenkrach 101 f.
Bonität 110
Bürokratisierung 153

delegated monitoring 32
Depotstimmrechte 165
Disintermediation 162, 165
Diversifikation 143-147
Doppelkreislauf 24

Effektengeschäft 62 f.
Eigengeschäft 116
Eigenkapital 68, 148 f., 171
Einlagengeschäft 58-60
Einlagensicherung 167 f.
Entscheidung 45-47
Euphorieeffekt 120

Erwartungen 41, 136 f.
Exit-Problem 172

Finanzierungsinstrumente 135, 163
Finanzkapital 23
Form und Medium 49, 51, 55
Fremdreferenz 39, 42, 49, 144
Fristen 129, 183-186
Fristentransformation 28, 70, 110, 127, 174
Frühwarnsysteme 114, 151

Gedächtnis 37, 74
Gefahr, s. Risiko und Gefahr
Geheimhaltung 154 f.
Geld 24 f., 181
Geschichte 17-19, 178
Goldene Bankregel 109 f.
Grenze 36 f.

Herdenverhalten 90-94

Industriebeteiligungen 165
Information 36
informationelle Asymmetrie 29 f.
Input und Output 35
Interbankenmarkt 82, 88
interlocking directorate 166
internationale Verschuldung 82-94, 96, 103
Interviews 17
Investition 67, 182 f.
Investment Banking 64 f.

Kartellverbot 166
Knappheit 180 f.
Kommunikation 41 f., 126-131, 179
Kommunikationssperren 135, 170
Kompetenzheterarchie 153 f.

205

Konditionen 184 f.
Konkurrenz, s. Wettbewerb
Kreditausfallrisiko 112-116
Kreditgeschäft 60-62, 141 f.
Kreditrationierung 141 f.
Kreditschöpfung 56
Kreditvernichtung 56
Kreditwürdigkeit 111, 113
Kreditwürdigkeitsprüfung 152, 165
Kriegsfinanzierung 78
Kundenorientierung 155

Länderrisiko 82
Limite 152
Liquiditätsrisiko 91, 109-111, 113, 148

Macht der Banken 9, 165 f.
Management 115 f.
Mindestreserven 174
Multiple Option Credit Facilities 161

Netzwerk 34, 177-180
Nicht-Trivialmaschine 18
Notenbank, s. Zentralbank

Offenmarktoperationen 174
Operation und Beobachtung 32, 38 f., 122, 125
operationale Schließung 34-37
Operationsrisiko 142
Organisation 11, 45-47
Organisationskultur 153
Organisationsstreß 153
Output 32; s. Input und Output

Paradox 22-25, 181, 183
Parasit 127, 130, 180
Person 115
Planwirtschaft 180
Preise 42-44
Prognosen 54
Projektfinanzierung 86, 114

Projektgruppe 157

random walk 52-55, 139
Rating-Agenturen 165
Rationalität 136-138
Refinanzierung 29
regulatorisches Risiko 146-148, 169
Rekursivität 179
Risiko 11 f., 118-126, 136 f.
Risiko und Gefahr 121, 151, 153, 170
Risiko und Sicherheit 123, 151, 153, 169
Risikoarbitrage 27 f.
Risikoattribution 131-134
Risikoaversion 117-119
Risikoinstrumente 124 f., 158-166
Risikomanagement 124 f., 140-158
Risikoposition 143, 148-150
Risikostrukturen 124 f., 136-140
Risikoübernahme 118, 136 f., 150
Risikoverarbeitung 13-15, 19 f., 28, 117, 122-124, 126, 175-180
Risikozerfällung 159-163
Run 69, 75, 109, 172

second order cybernetics 38 f.
securitization, s. Verbriefung
Selbstbeobachtung 37
Selbstreferenz 33, 39, 42, 44, 49, 120-125
Selbstverstärkung der Krise 71-73
Sicherheit, s. Risiko und Sicherheit
Sicherheitenstellung 144 f.
Signale 70 f.
Solvenzrisiko 91, 111
Sonderstellung der Banken 11
Spekulation 143 f., 182 f.
Staatsfinanzierung 78
Standingrisiko 142
stille Reserven 142
strukturdeterminiertes System 17-19
Swaps 63 f., 161

System und Umwelt 7 f., 34
systemisches Risiko 31, 147 f.

Termindarlehen 159
Terminkontrakt 160
Tochterfirmenrisiko 116 f.
Transformationsleistungen 28, 122

Umwelt, s. System und Umwelt
Unterscheidung 39 f.
Unterscheidung riskanter Kommunikation 123-125, 126-131, 136, 150 f., 170, 179

Verbriefung 100, 162
Vermögenstransformation 27
Verschuldung 60; s. auch internationale Verschuldung

Währungsreform 79

Wechselkursrisiko 116
Weisungshierarchie 153 f.
Weltwirtschaftskrise 70
Wettbewerb 69, 89, 149
Wette 131 (Fn. 54)
Wiederaufbau 79 f.
Wirtschaft 40-44
window dressing 109 f. (Fn. 6)

Zahlung 42-44
Zahlungsmittelversorgung 27
Zahlungsversprechen 49-52, 183 f.
Zeit 36
Zeithorizonte 181-183
Zentralbank 22, 82, 111, 167, 173-175
Zinsen 186
Zinssatzänderungsrisiko 88, 90, 111 f., 148
Zufallsgeschehen, s. random walk

Dirk Baecker
im Suhrkamp Verlag

Form und Formen der Kommunikation.
stw 1828. 285 Seiten

Die Form des Unternehmens. stw 1453. 288 Seiten

Organisation als System. Aufsätze. stw 1434. 377 Seiten

Organisation und Management. Aufsätze.
stw 1614. 352 Seiten

Studien zur nächsten Gesellschaft. stw 1856. 229 Seiten

Soziologie und Systemtheorie
im Suhrkamp Verlag
Eine Auswahl

Dirk Baecker
- Die Form des Unternehmens. stw 1453. 288 Seiten
- Organisation und Management. stw 1614. 348 Seiten
- Organisation als System. stw 1434. 384 Seiten

Claudio Baraldi/Giancarlo Corsi/Elena Esposito. GLU. Glossar zu Niklas Luhmanns Theorie sozialer Systeme. stw 1226. 248 Seiten

Karl-Heinrich Bette. Systemtheorie und Sport. stw 1399. 307 Seiten

Günter Burkart/Gunter Runkel (Hg.). Luhmann und die Kulturtheorie. stw 1725. 289 Seiten

Elena Esposito
- Die Fiktion der wahrscheinlichen Realität. Aus dem Italienischen von Nicole Reinhardt. es 2485. 127 Seiten
- Soziales Vergessen. Formen und Medien des Gedächtnisses der Gesellschaft. stw 1557. 419 Seiten
- Die Verbindlichkeit des Vorübergehenden: Paradoxien der Mode. 192 Seiten. Kartoniert

Peter Fuchs
- Die Erreichbarkeit der Gesellschaft. Zur Konstruktion und Imagination gesellschaftlicher Einheit. 291 Seiten. Gebunden
- Intervention und Erfahrung. stw 1427. 160 Seiten
- Moderne Kommunikation. Zur Theorie des operativen Displacements. 248 Seiten. Gebunden

- Die Umschrift. Zwei kommunikationstheoretische Studien: »japanische Kommunikation« und »Autismus«.
  stw 1216. 198 Seiten
- Das Unbewußte in Psychoanalyse und Systemtheorie. Die Herrschaft der Verlautbarung und die Erreichbarkeit des Bewußtseins. stw 1373. 240 Seiten

Peter Fuchs/Andreas Göbel (Hg.). Der Mensch – das Medium der Gesellschaft? stw 1177. 368 Seiten

Hans-Joachim Giegel/Uwe Schimank. Beobachter der Moderne. Niklas Luhmanns ›Die Gesellschaft der Gesellschaft‹. stw 1612. 352 Seiten

Matthias Grundmann (Hg.). Konstruktivistische Sozialisationsforschung. Lebensweltliche Erfahrungskontexte, individuelle Handlungskompetenzen und die Konstruktion sozialer Strukturen. Beiträge zur Soziogenese der Handlungsfähigkeit. stw 1429. 352 Seiten

Kai-Uwe Hellmann. Soziologie der Marke.
stw 1679. 532 Seiten

Kai-Uwe Hellmann/Rainer Schmalz-Bruns. Theorie der Politik. Niklas Luhmanns politische Soziologie.
stw 1583. 319 Seiten

André Kieserling
- Kommunikation unter Anwesenden. Studien über Interaktionssysteme. 520 Seiten. Gebunden
- Selbstbeschreibung und Fremdbeschreibung. Beiträge zu einer Soziologie des soziologischen Wissens.
  stw 1613. 306 Seiten

Bruno Latour
- Die Hoffnung der Pandora. Untersuchungen zur Wirklichkeit der Wissenschaft. Aus dem Englischen von Gustav Roßler. stw 1595. 386 Seiten
- Eine neue Soziologie für eine neue Gesellschaft. Aus dem Englischen von Gustav Roßler. Mit Abbildungen. 488 Seiten. Gebunden
- Das Parlament der Dinge. Für eine politische Ökologie. Aus dem Französischen von Gustav Roßler. 365 Seiten
- Wir sind nie modern gewesen. Versuch einer symmetrischen Anthropologie. Aus dem Französischen von Gustav Roßler. stw 1861. 205 Seiten

Dieter Lenzen (Hg.). Irritationen des Erziehungssystems. Pädagogische Resonanzen auf Niklas Luhmann. stw 1657. 236 Seiten

Niklas Luhmann
- Ausdifferenzierung des Rechts. Beiträge zur Rechtssoziologie und Rechtstheorie. stw 1418. 459 Seiten
- Das Erziehungssystem der Gesellschaft. Herausgegeben von Dieter Lenzen. stw 1593. 236 Seiten
- Funktion der Religion. stw 407. 324 Seiten
- Die Gesellschaft der Gesellschaft. Zwei Bände. stw 1360. 1164 Seiten
- Gesellschaftsstruktur und Semantik. Studien zur Wissenssoziologie der modernen Gesellschaft.
  Band 1. stw 1091. 319 Seiten
  Band 2. stw 1092. 294 Seiten
  Band 3. stw 1093. 458 Seiten
  Band 4. stw 1438. 185 Seiten
- Ideenevolution. Beiträge zur Wissenssoziologie. Herausgegeben von Andre Kieserling. stw 1870. 400 Seiten
- Die Kunst der Gesellschaft. stw 1303. 517 Seiten
- Legitimation durch Verfahren. stw 443. 261 Seiten

- Liebe als Passion. Zur Codierung von Intimität.
  stw 1124. 231 Seiten
- Die Moral der Gesellschaft. Herausgegeben von Detlef
  Horster. stw 1871. 401 SeitenDie Politik der Gesellschaft.
  Herausgegeben von André Kieserling. stw 1582. 444 Seiten
- Protest. Systemtheorie und soziale Bewegungen. Herausgegeben und eingeleitet von Kai-Uwe Hellmann.
  stw 1256. 216 Seiten
- Das Recht der Gesellschaft. stw 1183. 598 Seiten
- Die Religion der Gesellschaft. stw 1581. 368 Seiten
- Schriften zur Kunst und Literatur. Herausgegeben und mit
  einem Nachwort von Niels Werber. stw 1872. 300 Seiten
- Schriften zur Pädagogik. Herausgegeben und mit einem
  Vorwort von Dieter Lenzen. stw 1697. 350 Seiten
- Soziale Systeme. Grundriß einer allgemeinen Theorie.
  stw 666. 675 Seiten
- Theorie der Gesellschaft. Neun Bände in Kassette. Die Kassette enthält: Soziale Systeme / Die Gesellschaft der Gesellschaft / Die Wissenschaft der Gesellschaft / Die Wirtschaft der Gesellschaft / Das Recht der Gesellschaft / Die Kunst der Gesellschaft / Die Politik der Gesellschaft / Die Religion der Gesellschaft / Das Erziehungssystem der Gesellschaft. Zusammen 5100 Seiten
- Die Wirtschaft der Gesellschaft. stw 1152. 356 Seiten
- Die Wissenschaft der Gesellschaft. stw 1001. 732 Seiten
- Zweckbegriff und Systemrationalität. Über die Funktion
  von Zwecken in sozialen Systemen. stw 12. 390 Seiten

Niklas Luhmann/Peter Fuchs. Reden und Schweigen.
stw 848. 227 Seiten

Niklas Luhmann/Karl Eberhard Schorr. Reflexionsprobleme
im Erziehungssystem. stw 740. 390 Seiten

Niklas Luhmann/Karl Eberhard Schorr (Hg.). Zwischen Intransparenz und Verstehen. Fragen an die Pädagogik. stw 572. 325 Seiten

Niklas Luhmann/Stephan H. Pfürtner (Hg.). Theorietechnik und Moral. stw 206. 267 Seiten

Rudolf Maresch/Niels Werber (Hg.)
- Kommunikation – Medien – Macht. stw 1408. 450 Seiten
- Raum – Wissen – Macht. stw 1603. 309 Seiten

Richard Münch. Offene Räume. Soziale Integration diesseits und jenseits des Nationalstaats. stw 1515. 318 Seiten

Armin Nassehi. Der soziologische Diskurs der Moderne. 502 Seiten. Gebunden

Armin Nassehi/Gerd Nollmann (Hg.). Bourdieu und Luhmann. Ein Theorievergleich. stw 1696. 272 Seiten

Frithard Scholz. Freiheit als Indifferenz. Alteuropäische Probleme mit der Systemtheorie Niklas Luhmanns. 287 Seiten. Kartoniert

Rudolf Stichweh
- Der frühmoderne Staat und die europäische Universität. Zur Interaktion von Politik und Erziehungssystem im Prozeß ihrer Ausdifferenzierung im 16.-18. Jahrhundert. 427 Seiten. Gebunden
- Wissenschaft, Universität, Profession. Soziologische Analysen. stw 1146. 402 Seiten
- Theorie der Weltgesellschaft. Soziologische Analysen. stw 1500. 275 Seiten

Helmut Willke
- Atopia. Studien zur atopischen Gesellschaft. stw 1516. 263 Seiten
- Dystopia. Studien zur Krisis des Wissens in der modernen Gesellschaft. stw 1559. 291 Seiten
- Heterotopia. Studien zur Krisis der Ordnung moderner Gesellschaften. stw 1658. 356 Seiten
- Supervision des Staates. 380 Seiten. Gebunden